U1019784

教育部 财政部高等学校特色专业教材建设

教育学 ● 易连云 总主编

教育科学研究方法

JIAOYUBU CAIZHENGBU GAODENG XUEXIAO TESE ZHUANYE
JIAOCAI JIANSHE JIAOYUXUE

杨晓萍 主 编

西南大学出版社
国家一级出版社 全国百佳图书出版单位

内容简介

本书较为全面、系统地探讨了教育科学研究方法。全书共分10章，第一章从整体上把握了教育科学研究方法之梗概；第二章论述了作为教育科学研究过程初始环节和关键环节的选题；第三章至第九章重点介绍了观察法、文献法、调查法、个案研究法、内容分析法、行动研究法、教育实验法等7种常用的教育科学研究方法；第十章讨论了作为教育科学研究过程最后环节的研究报告的撰写。

本书文字简洁，通俗易懂，取材新颖，例证充分，各章之后附有相关案例，操作性强，以便读者学习和应用。该书可作为高等学校教育学科的教学用书，也可供广大教育工作者和教育科学研究人员参考、使用。

图书在版编目(CIP)数据

教育科学研究方法/杨晓萍主编．—重庆：西南师范大学出版社，2006.6

教育部　财政部高等学校特色专业教材建设·教育学

ISBN 978-7-5621-3610-1

Ⅰ．教…　Ⅱ．杨…　Ⅲ．教育科学—研究方法

Ⅳ．G40—034

中国版本图书馆 CIP 数据核字(2006)第 053298 号

教育部　财政部高等学校特色专业教材建设·教育学

教育科学研究方法

杨晓萍　主编

责任编辑：杨　萍　钟孝钢　张浩宇

封面设计：雷　桥　梅木子

照　　排：重庆新综艺图文广告有限责任公司

出版发行：西南大学出版社(原西南师范大学出版社)

(重庆·北碚　邮编 400715)

(网址：www.xdcbs.com)

印　　刷：重庆紫石东南印务有限公司

幅面尺寸：185mm×260mm

印　　张：15.75

字　　数：410 千字

版　　次：2012 年 9 月　第 2 版

印　　次：2023 年 1 月　第 12 次印刷

书　　号：ISBN 978-7-5621-3610-1

定　　价：42.00 元

《教育部 财政部高等学校特色专业教材建设·教育学》

丛书编写指导委员会

丛书总编委会

总　序

西南大学教育学院发展历史悠久，学术渊源深厚。其前身西南师范学院教育系始建于 1950 年。1952 年全国院系调整时，复旦大学相辉学院教育系、四川大学教育系、重庆大学教育系、国立女子师范学院教育系、四川省立教育学院教育系、川东教育学部教育系和公民训育系、华西协和大学家政系、昆明师范学院教育系、贵州师范学院教育系等 9 个高校教育类专业相继并入。2011 年 7 月，为了建设一批国内一流、国际上有影响的高水平学科，推动高水平、研究型综合性大学的建设进程，学校以教育学院为主干、联合教育科学研究所、高等教育研究所、教育部西南基础教育研究中心等教育类教学科研机构进行整合成立了以研究型发展为特色的西南大学教育学部。

2007 年原教育学院教育学专业被获准为教育部财政部（教高函[2007]25 号）第一批特色专业，教育学这个历史悠久的专业从此具有了新的发展契机进而进入到一个新的发展阶段。4 年来，原教育学院认真落实特色专业建设规划，立足学院优秀学术传统，以高水平的教育教学研究为平台，不断铸造新的本科培养模式，彰显出鲜明特色。

经过半个多世纪的发奋图强，教育学部在人才培养、科学研究和学科建设方面取得了卓越的成就。现拥有 5 个本科专业；教育学博士后科研流动站；教育学一级学科博士学位授权点，涵盖了近 20 个教育学与心理学二级学科博士学位授权点。

在近几年的特色专业建设中，教育学部成功申报了课程与教学论国家重点学科；重庆市教育学一级学科重点学科；课程与教学论国家级教学团队，教育学、课程与教学论、教师教育基础课程 3 门重庆市教学团队；课程与教学论、比较教育学、课程教学技术与艺术 3 门国家级精品课程，课程与教学论、比较教育学、课程教学技术与艺术、大学生心理健康教育、高校美育等 5 门重庆市精品课程；西南基础教育研究中心、心理健康教育研究中心 2 个重庆市人文社会科学重点研究基地。

西南大学教育学专业在人才培养方面积累了丰富的经验且取得了较为突出的成绩。在半个多世纪的发展历程中，教育学部构建了从本科生到博士后的人才培养体系，不仅走出了一大批享誉中外的学人大家，而且为国家培养了众多优秀的人民教师、高水平教育管理干部和教育科学研究专门人才，同时也积累了丰富的教育教学经验，探索了一系列教师职前培养与职后培训的新模式。

根据专业建设与发展的需要，学院鼓励教师从事高水平的教育教学科研，特别注重教学科研的成果转化，着力建设高水平的教材、精品课程、高水平的教学团队，同时注意学生的科研意识培养与科研能力的提高。我们组织编写了以教师为主的本科特色专业教材建设和以免费师范生科研为主的学生科研论文系列两套丛书。

本套丛书主要针对特色专业教材建设，我们选择了教育学大类中重要的基础课程进行教材建设和改革，从指导思想到编写体例均试图有所创新，以期适应现代教育理论发展和学生自身发展的需要，同时也为了满足高水平职后教师培养的需要。

我们深深的知道，目标虽然清楚，可要达到它却未必轻松，已经作出的努力也未必尽如人意。瑕疵自然在所难免，望广大同行指正，是为序。

易连云

前　言

“科教兴国，教育先行”。当前，突飞猛进的社会发展，在为教育提供众多发展机遇的同时，也给教育提出了更高的要求和严峻的挑战。教育要发展，教育要改革，必须加强教育科学研究。

任何科学研究都离不开方法。探索、发现、揭示研究对象本质属性和规律的研究过程本身，必须借助一定的方法才能得以实现。教育科学研究方法对于教育科学研究能否取得成效以及成效的大小，往往具有决定性作用。对于从事教育科学研究的工作者而言，学习和掌握教育科学研究方法之重要性自是不言而喻。

本书较为全面、系统地探讨了教育科学研究方法。第一章从整体上把握了教育科学研究方法之梗概；第二章论述了作为教育科学研究过程初始环节和关键环节的选题；第三章至第九章重点介绍了观察法、文献法、调查法、个案研究法、内容分析法、行动研究法、教育实验法等 7 种常用的教育科学研究方法；第十章讨论了作为教育科学研究过程最后环节的研究报告的撰写。

本书文字简洁，通俗易懂，取材新颖，例证充分，各章之后附有相关案例，操作性强，以便读者学习和应用。可作为高等学校教育学科的教学用书，也可供广大教育工作者和教育科学研究人员参考、使用。

本书是集体智慧的结晶。主要是在杨晓萍教授十余年来讲授“教育科学研究方法”这门课程的基础之上，整理、修改、充实而成。全书先由杨晓萍教授拟定基本框架和撰写提纲，然后分工撰写各章内容。具体分工如下：杨晓萍（第四章）；桂诗章（第一章、第二章）；王志成（第三章）；黄俊（第五章）；吕晓（第六章、第七章）；刘智成（第八章）；梁艳（第九章）；李阿芳（第十章）。最后由杨晓萍教授统稿、定稿。

本书在编写过程中，参阅了国内外不少相关研究成果，在此，谨向有关专家和学者一并表示诚挚的谢意。本书的出版，得到了西南师范大学出版社的大力支持，谨致衷心的感谢！

鉴于水平有限，书中疏漏与不足实为难免，敬请专家、同行及广大读者不吝赐教，予以指正。

编者

前 言

目录 MU LU

第一章

绪　论

教育科学研究是充实和完善教育科学理论体系的根本前提；是深化和推进教育教学改革的重要保证；是指导教育教学实践，提高教育教学质量的重要途径；是增强研究者研究能力，提高研究者综合素养的重要手段。而教育科学研究要取得良好成效，方法是前提。某项教育科学研究是事半功倍，还是事倍功半，甚至一败涂地，往往取决于教育科学研究方法。为此，本章首先阐明教育科学研究方法的几个基本概念，然后从对象、特点和步骤等方面对教育科学研究进行相关论述，最后阐述教育科学研究方法的类型、历史沿革和发展趋势，旨在让读者能从整体上认识教育科学研究方法之梗概，更好地学习和掌握教育科学研究方法。

第一节　教育科学研究方法的基本概念

一、科学研究

一般认为，“研究”是一种系统的探究活动。美国学者贝斯特(J. W. Best)和卡恩(J. V. Kahn)曾经比较全面地给出了“研究”的12个特征。概括起来，主要包括这样几种要素：①

从目的来看，研究是一种有计划、有意图的活动。它以发现事物的规律性、解决新问题或改进某种实际情景为目的。

从过程来看，为了达到目的，研究将是按步骤、分阶段进行的，它有一套严格而系统的操作原则和程序。

从方法来看，研究的过程就是运用各种方法认识和解决问题的过程。方法以自己的尺度调节着整个活动的进行，它的正确选择与使用是研究成败的关键。

可以说，研究是一种有目的、有计划地运用各种方法，按照一定的步骤、程序，认识和解决问题的过程。

科学，是由一系列概念、判断及推理构成的具有严密逻辑性、实证性的包含对事物及其现象的本质性、规律性的系统化知识体系。它是人们对客观世界(包括自然界和人类社会)认识的结晶。一般把科学分为自然科学和社会科学两大类。

---

① 郑金洲等著．学校教育研究方法．北京：教育科学出版社，2003. 17

科学研究，是运用严密的研究方法，遵循一定的研究规范，在前人已有科学认识基础上，有目的、有计划、有系统地认识客观世界本质属性和规律的活动。它不是肤浅地记录或收集事实资料，而是要经过概括化、抽象化以及演绎与实证等科学方法，建构出一套理论性架构或科学理论体系，以描述、解释及预测复杂的现象、事实。

从西方一些科学家、教育家对科学的定义可见，科学研究与科学有时是在同一个意义上使用的。比如："科学既是一种知识体系，又是一种导出或达到真理的方法或程序，而后者更为重要。""科学的重点不在于获得结论，而在于观察、实验的方法，以及数学推理，从而才能做出结论。"科学所揭示的事实、规律和关系是科学的结果，也就是"科学的行为"的结果，"科学是发现的方法"①。

德国著名逻辑学家 A. 迈纳把科学研究描述为一种带有 7 个自变量的关系：②

F(C,B,M,I,H,S,G)

其中，F 为科学研究；C 为研究者；B 为研究范围与领域；M 为研究方法；I 为研究机构；H 为物质辅助手段；S 为科学研究的已有成果；G 为社会背景。这 7 个自变量构成了科学研究的基本要素，并体现出科学研究的系统性、客观性、发展性、创造性等显著特征。

二、教育科学研究

教育是人类有意识、有目的、有计划地影响人的身心发展的社会活动和过程，它是一种复杂的社会现象。

顾名思义，教育科学研究就是对教育进行的科学研究。确切地说，教育科学研究是指运用科学的研究方法，遵循一定的研究程序和原则，有目的、有计划、有系统地探索、揭示教育的本质属性和规律的活动过程。它是一个有目的、有意识的认识过程，是一个依据研究性质和任务而合理选用适当的科学研究方法的过程，是一个严格遵循一定的科学研究程序和步骤的过程，是一个探索、发现、揭示教育科学规律的过程。

在自然科学与社会科学的"科学二分法"中，教育科学研究属于社会科学研究；在自然科学、社会科学和人文科学的"科学三分法"中，教育科学研究属于人文科学研究。

三、教育科学研究方法

方法，从语义学的解释是"按照某种途径"（出自希腊文"沿着"和"道路"的意思）；从字面上讲指的是"一门逻各斯"，即"关于沿着——道路——（正确地）行进的学问"。它指的是人的活动的法则，是"行事之条理和判定方形之标准"（引自《中文大辞典》）。③ 在我国，关于"方法"，古人有言："中吾矩者，谓之方；不中吾矩者，谓之不方。是以方与不方，皆可得而知之，此其何故，则方法明也。""方法"最初是对物的度量的一种规范，它相对于度量圆形之法的"圆法"，是度量方形之"方法"。

关于对方法的理解，古希腊与中国古代二者有共同之处，都含有规范的意思。但也有

① 转引自张燕等编著．学前教育科学研究方法．北京：北京师范大学出版社，1999. 2

② 转引自李方著．现代教育研究方法．广州：广东高等教育出版社，2004. 37～38

③ 陈向明著．质的研究与社会科学研究方法．北京：教育科学出版社，2000. 5

明显不同，前者是对物的度量的一种规范，是静态的规范；后者则是对活动的规范，是一种动态的规范。总之，它一开始就与规范化相关。后来，"方法"一词被最广泛地理解为工具与程序。关于工具，黑格尔在《逻辑学》一书中写得十分明白："在探索的认识中，方法也就是工具，是主观方面的某种手段，主观方面通过这个手段和客体发生关系。"他是从主体与客体发生联系时需要有媒介的角度来谈论方法的。此外，也有人把科学方法看做是理论的实际应用，是行动中的理论。在这个意义上，方法与理论的区别是相对的，方法可以看做是一种特殊的理论，即是一种关于人如何认识世界的理论。

可见，人们对于方法内涵的认识存在着一个发展过程，随时间而不断丰富。从把方法看做为对某类静态物度量的规范到对活动的程序、途径、手段的规范；从对个别方法的理解到对方法体系的认识；从对方法功能的认识到对方法结构的认识。人们还把行动操作的方法与思维的方法结合起来，作为方法中不可缺少的、相互依存的两大组成部分。它是人的研究活动的不可缺少的构成因素，它是人们藉以认识对象和改造对象的非实体性的工具，它具有一定的规范性，表现为一系列的要求、原则、标准、程序等，它在活动中起着指导和调节主体的思想和行为（包括指向、程序、方式等方面）的作用，以达到活动前预定的目标。当然，方法的创造、选择与运用会受到活动的任务和对象的一定制约，事物和活动的多面性和多层次性，决定了它的多面性和多层次性。①

据此，可以说，方法就是人们进行某种活动的法则和规范，是为了达到一定的目的而必须遵循的一般的思维方式和行为方式，是研究问题的一般程序和准则。

综上所述，教育科学研究方法就是探索、发现、揭示教育科学规律性知识以解决教育（学）问题，有目的、有计划、有系统地构建教育科学理论的一整套思维方式和行为规则的总和。

第二节 教育科学研究的对象、特点和步骤

一、教育科学研究的对象

关于教育科学研究的对象，众说纷纭，目前尚未形成一致看法。在几种比较典型的观点之中，叶澜教授提出主要存在着3种"窄化"和2种"泛化"两种倾向②。

（一）教育科学研究对象的"窄化"倾向

对教育科学研究对象的窄化，是目前的主要倾向。

第一种观点认为，教育科学研究的对象是教育现象。它似乎只承认物质或实践形态的存在，不承认外化了的观念也是一种客观存在，没有认识到观念不仅以独立的特殊形态直接存在，而且还可以以作用和渗透于实践的间接方式而存在。它忽视了大量的教育科学研究涉及的直接问题就是教育的观念、理论与知识这一现实。比如，对教育史中的某个理论

① 参阅叶澜著．教育研究及其方法．北京：中国科学技术出版社，1990．27～28

② 详见叶澜著．教育研究方法论初探．上海：上海教育出版社，1999．306～308

进行批判性的分析与检验而进行的研究,就不是以可直接观察到的教育现象为对象的。

第二种观点认为,教育科学研究的对象是教育现象及其规律。它增加了可以以观念形态出现的规律,表面上比较完美,但我们清楚,许多教育观念、观点或理论都并非规律。实际上,把规律列入,就会出现研究任务中的部分与对象的混淆。

第三种观点认为,教育科学研究的对象是教育问题。没有问题,就没有必要进行科学研究。只有研究者在教育领域中发现问题,产生疑问,并追问其原因、条件或意义时,才能确定教育科学研究的课题,进而展开研究。从这个意义上说,教育科学研究的对象是问题。但教育问题的说法存在一定程度的模糊性,其实很难界定教育问题和非教育问题这对概念,而且将诸如对教育理论的逻辑要素、结构与功能及教育研究的理论框架等方面的研究的教育学问题(即"教育学科元研究"的对象)排出在教育科学研究的对象之外,似乎也不科学。

(二)教育科学研究对象的"泛化"倾向

第一种观点认为,教育科学研究的对象是"人"。毋庸置疑,教育的对象是"人",但科学研究的对象是"问题"。这种观点把教育科学研究的对象简单等同于教育的对象是不科学的。照此说法,教育科学研究者只要心理学研究清楚了,教育学还有什么好研究的呢?第二种观点认为,教育科学研究的对象是凡是对人的身心产生影响的活动。这样的界定,使一切活动都可以作为教育活动,因为凡是人参加的活动,有哪一种不对人的身心产生这样或那样的影响呢?如此定义,使教育科学研究的对象在第一层面上就产生泛化,无法确定边界。

综上所述,不难看出,教育科学研究的对象应该是"教育问题"和"教育学问题"。这主要是对上述第三种"窄化"所做出的一种"还原",一种合理化补充。教育现象与教育学现象及其规律本身都不是教育科学研究的对象,只有当研究者在这些现象、规律或相关理论、观点之中发现了值得关注的、有研究价值的教育问题与教育学问题,并以发现的"问题"为切入点进行系统的探索与研究,真正意义上的教育科学研究才算开始。

在论述了教育科学研究的对象之后,我们还可以进一步探讨在各种类型各种层次的对象之中,究竟哪一种是重点研究对象。显然,这和研究者的研究能力与水平的层次与级别有关,就目前我国绝大多数教育科学研究者而言,一般都是以"教育问题"为研究对象。其中又重在探寻教育活动中的因果联系,把教育活动中的成败归因作为教育科学研究的重要课题。德国教育学家布雷岑卡(W. Brezinka)强调指出:由于教育行为只能在教育"目的—手段"关系的框架中才能得到理解,因此,教育科学研究的核心对象是作为整体的教育"目的—手段"关系,也就是说,教育科学的主要任务是研究达到既定教育目的的条件,探讨教育行为同既定教育目的的关系,分析教育行为在实现既定教育目的上的有效性与适当性。①

二、教育科学研究的特点

在对教育科学研究的对象有了清晰的认识之后,我们还必须掌握教育科学研究的特

---

① 杨小微主编. 教育研究的原理与方法. 上海:华东师范大学出版社,2002. 31

点。教育科学研究除了具有一般科学研究的系统性、客观性、发展性、创造性等显著特征之外,还体现了如下6个方面的特点:[①]

(一)研究主体的复合性

教育科学研究的主体主要有两部分,一部分是专业科研人员,一部分是来自实践一线的教育管理人员和学校教师。这两部分教育科学研究者是相互依赖、相互促进的关系。专业科研人员无论直接从事应用性研究,还是从事基础性研究,都需要接触实践、了解实践;来自实践一线的教育管理者或学校教师,也有从事教育研究的必要性与可能性。“教育实践人员不像生产线上的工人,只能读懂图纸,掌握操作工序和技能就能完成生产任务,因为再具体的教育理论,也不能代替教师对进行中的教育活动的主动判断和策略选择。正是教育实践的生成性要求教师工作富有创作性。成功教师的实践经验和其中包含的对教育的理解与创造,是教育理论的重要资源。”[②]近些年来,倡导教育实践者成为研究者的呼声日益高涨,这既是提高教师专业化水平的内在要求,也是教师职业享有内在尊严的客观依据。教师只有将自己的专业服务与专业学习、专业研究融为一体,教师职业才不致成为单纯的谋生手段,教师才会在自己的职业生涯中不断地充实自我,发现自我,体验到生命成长的感受与喜悦。

(二)研究资源的丰富性

由于教育科学研究的对象(即“教育问题”和“教育学问题”)本身固有的复杂性、多维性,使得人们要认识它的全部,几乎需要具备不同专业背景的人联合起来,共同参与教育问题的研究,而且对单个研究者而言,也应尽可能地掌握或具备相关学科的知识与素养。教育研究强烈地依赖其他相关学科的成果与方法,这一点既可能是一件好事,同时也可能是一件坏事。说它可能是好事,主要指研究者可以广泛吸收和运用其他相关的研究成果,来思考、阐述和论证教育问题;说它可能是一件坏事,主要是指它在某种意义上妨碍了教育学科的自主性与独立性,容易给研究者留下陷阱,即不从教育的视角出发,不考虑教育问题的特殊性,不考虑教育实践活动自身的逻辑,只是简单地移植、推演其他学科的研究成果。这种做法无助于对教育问题的深入研究,也无助于教育学科取得独立的学术地位。教育学科在吸收其他学科的研究成果时,至少存在理解、吸收、选择、过滤、改造、整合等问题。当然这本身就体现了教育科学研究资源的丰富性。

(三)研究方法的综合性

教育科学研究的方法不只是一种,而是一个方法的组合和体系,它有各种层次和各种类型。其中每一种类型的方法都有它自身的优势,也有它自身的不足。关键在于研究者如何根据自己所选的研究对象或研究问题的特性,来选择与之相适应的研究方法。而且,教育科学研究往往不能只使用一种单一的方法就取得较好的研究效果,必须综合地运用多种教育科学研究方法。特别是随着学科的发展,各学科联系的加强,如自然科学与社会科学的交叉,作为社会科学之一的教育科学研究要依据和吸收其他有关学科的研究成果,了解

---

① 参阅杨小微主编. 教育研究的原理与方法. 上海:华东师范大学出版社,2002. 39 ~ 42

② 叶澜著. 教育研究方法论初探. 上海:上海教育出版社,1999. 335

和借鉴其他学科的基本概念、方法与技术手段等，同时又要考虑到各个学科自身的特点选择和设计最适宜的研究方法。比如不仅要注重运用经验思辨的方法，进行观察和综合性描述，又需尽可能对量的因素加以关注，将定性与定量结合，如此才能获得科学可靠的结论。

(四)研究方式的伦理性

无论是对教育活动进行定性的研究还是定量的研究，它都必须满足一定的伦理道德的要求，即体现教育科学研究的伦理性。当研究者以儿童为研究对象时，这一点显得尤为重要，因为无论从生理上还是从心理上讲，儿童都比成人更脆弱、更易受到伤害。而且，由于不成熟，儿童很难或根本不能评价参加研究对他们意味着什么。根据美国心理学协会和儿童发展研究协会等组织制定的伦理条例，儿童在研究中享有避免伤害、告知同意、隐私权、知道结果、有权处理等权利。比如，若被试对研究是否造成有害影响产生疑问，研究者应该征求其他人的意见；若可能造成伤害，研究人员应该改用其他手段获得预想的资料，或放弃该研究。尤其在研究采用质的研究方式时，教育科学研究的伦理性表现得更为明显。定性的教育研究利用研究者自身作为收集资料的主要工具，这一点之所以可能，就因为教育科学研究的主题与研究的对象都是人，人与人之间具有精神的同质性或共通性，人与人之间可以实现双向交流与互动，人可以运用他的直觉力与洞察力、运用他自己关于生命的体验去直接地理解研究对象，这一点在自然科学研究中是根本不可能的，因为在自然科学研究中，研究主题与研究对象是异质的、无法沟通的。由于这一特点，使得教育科学研究者与教育对象之间具有一种精神生命的"互构性"，即在研究活动中，研究者不仅研究对象，而且直接创造对象，并且在创造对象的同时也创造了自身。当教育实践者(教师)把自己的工作对象作为研究对象时，教育科学研究就具有一种强烈的自我反思特征，实践者通过研究活动得以改变原有的教育观念及行为方式，此时的教育研究就起到了一种"自我解放"的作用。

(五)研究论证的复杂性

教育科学研究的论证相当复杂。以教育理论论证为例，它的复杂性就远比自然科学理论的论证要复杂得多。按英国学者穆尔的看法，大多数教育理论包含一种"假设—建议"的结构，所谓"假设"主要是关于教育目的、受教育者的本性、知识与方法的假设；所谓"建议"主要是关于教育应该怎么做、做什么和如何做的具体建议。"建议"的有效性和合理性，主要取决于"假设"的有效性与合理程度。显然，对这种理论要完全按照自然科学的方法来加以检验和确证似乎是不可能的。但穆尔同时指出，尽管教育理论的确认方法不会同科学理论完全一样，但也不能由此就断定教育理论完全不能接受科学方法的检验与确认。在这里，穆尔不仅指出了对教育理论进行论证是可能的，而且还指出了对教育理论的论证不同于对科学理论的论证，前者需要在不同逻辑水平上进行，并相应采用不同的方法加以论证。教育科学研究论证的复杂性不仅仅体现在教育理论的不同组成部分需要运用不同的方法来论证，或者不同类型的教育理论要运用不同的证明逻辑，还体现在教育理论论证的还原性与不彻底性上。关于"还原性"，主要表现在对教育理论的论证需要追溯教育"建议"背后的那些"假设"是否正确、合理，而要论证这些"假设"是否合理、正确，这又不仅是教育学自身就能做到的，因为这些"假设"是给定的、还原的，是其他学科的结论。

(六)研究工作的艰巨性

我们虽把教育科学研究的对象视为教育问题和教育学问题，但由于教育的对象是

"人",教育科学研究对象中的"问题"(特别是作为主要对象的"教育问题")几乎都与"人"有关,因此在整个教育科学研究中,"人"基本上就成了一个不得不考虑的因素,这大大地提高了教育科学研究的难度。教育科学研究的以上特点,决定了它是一门涉及多种类型的研究对象,需要运用多种研究方法和了解多种其他相关学科的知识,需要运用多种证明逻辑进行论证,具有高度的伦理性、人文性的一种研究,这种研究也许是人类迄今为止最为困难的研究之一,正如瑞士著名儿童心理学家皮亚杰(J. Piaget)所认为的那样:"教育学乃是一门可与其他科学相比较的科学,而且由于它所包括的各种因素的复杂性,这门科学甚至是一门研究起来十分困难的科学。"①

三、教育科学研究的步骤

教育科学研究同其他科学研究一样,必须遵循科学研究的一般程序。一般而言,一项完整的、系统的教育科学研究活动主要有如下 7 个步骤:

(一)确定研究课题

确定研究课题,即选题,就是确定研究什么教育问题的过程。没有问题,就没有所谓的科学研究,选题是教育科学研究的起点,而且是甚为关键的一步。它决定了整个教育科学研究的方向和水平,在教育科学研究过程中具有重要的战略地位。

关于选题的具体问题,详见本书第二章。

(二)查阅文献资料

选题确定之后,就要查阅、收集与本课题有关的文献资料,以了解课题相关的研究成果及研究动态。它不仅可以衡量选题的意义和价值,为形成基本假设提供研究的背景资料,而且它本身就是一种研究方法,是进行教育科学研究、获取研究成果的重要手段。

关于查阅文献资料的具体问题,详见本书第三章。

(三)形成基本假设

在查阅了相关文献资料进而对研究课题的现状有了较清晰的了解之后,研究者必须要提出并形成研究的基本假设。

假设(hypothesis)是根据一定的科学知识和新的科学事实对所研究的问题的规律或原因做出的一种推测性论断和假定性解释,是在进行研究之前预先设想的、暂定的理论。② 研究的基本假设是对与研究课题相关的某些未知事实所做出的基本的假定和猜测。这样的假设不是凭空胡乱提出的,它是有一定根据的猜测。

教育科学研究必须有相应的科学理论为指导,而科学理论在未经实践检验之前仅仅具有科学假设的性质。研究基本假设的功能就在于它是科学理论的先导,在整个教育科学研究活动中起着纲领性的作用。它在一定程度上可以规定研究方向、限定研究范围、拟定研究方法,以指导教育科学研究的逐步深入,避免盲目性。可见,形成一个较好的基本假设是教育科学研究中丝毫不能忽视的一环。

---

① [瑞士]皮亚杰著. 傅统先译. 教育科学与儿童心理学. 北京:文化教育出版社,1981. 13

② 裴娣娜著. 教育研究方法导论. 合肥:安徽教育出版社,2000. 104

要形成一个较好的基本假设,研究者就必须要把握科学合理假设的主要特点。W. J. 吉德和 P. K. 哈特提出,一个好的假设的必要条件是:①

· 以明确的概念为基础;

· 具有经验性的统一;

· 必须有所限制;

· 与有效的技术相联系;

· 与总体理论相关联。

基本假设的形成,取决于研究者教育观念、研究经验与文化水平等主观因素和科学事实与现实条件等客观因素两个方面,它是两者相互结合的产物,是从观察发现到理论发展的中介环节,是由个别到一般、由特殊到普遍的发现方式。基本假设的形成一般需要经过下列程序:②

1. 在收集一定数量的事实、资料基础上,提炼出科学问题。

2. 寻求理论支持,形成初步假设。为了回答问题,要充分运用各种有关的科学知识,并且灵活地展开归纳和演绎、分析和综合、类比和想象等各种思维活动,形成解答问题的基本观点。而这种观点常常表述为新的科学概念,并构成假设的核心。

3. 推演出各种相关现象的理论性陈述。这一阶段,假设发展成比较系统的形态,具有严谨的系统和稳固的结构。

(四)制定研究计划

研究的基本假设业已形成,接下来就是制定研究计划,即是对整个教育科学研究过程进行全面的规划和安排。

具体而言,制定研究计划包括以下几方面的内容:③

1. 课题与假设最后定型。在此之前,研究者也许会在查阅文献资料或提炼基本假设时发现,原来的研究设想有某些不当之处,需要调整,但到设计方案时,课题和假设就不能变动了,否则整个计划就要重新修订。计划中的一切内容与措施,都应严格地针对所要研究的课题或假设。

2. 确定具体的研究方法。主要指收集资料的方法,如观察法、调查法、实验法及访谈法等。这要根据具体的课题要求选定,尤其在较大规模的研究项目中。

3. 制定抽取与分配研究对象的方法。明确研究对象的年龄、人数、抽样方式、抽取地点、分组方式等等。

4. 规定研究实施步骤与过程。详细规定如何收集资料、如何测量、用什么工具或仪器,以及指示语和操作定义、注意事项等。

5. 确定需用的统计方法。统计方法的运用与收集资料的方法、数据的性质有着十分密切的关系,需结合起来尽早考虑。研究者在数据到手之前就应明确使用哪些统计方法。统计方法的确定,应从当时、当地和研究者的具体条件考虑。

---

① 裴娣娜著. 教育研究方法导论. 合肥:安徽教育出版社,2000. 106

② [美]威廉·维尔斯曼著. 袁振国主译. 教育科学研究方法导论. 北京:教育科学出版社. 1997. 67

③ 参阅王坚红编. 学前儿童发展与教育科学研究方法. 北京:人民教育出版社,1991. 15

6. 确定研究人员及工作日程表。研究人员应明确各自职责,并制定详细的工作日程表。在有几个研究者同时观察或测量时,研究之前应统一训练,以达到一致的认识,掌握一定的技能并按照同一个标准从事研究。在时间限制较紧的情况下,更应及早地预先安排,有效地督促项目的如期完成。

制定的详细的研究计划应成文备案,在整个研究实施过程中要不断检查,力求严格按照计划执行。如因实际工作需要而必须做某些调整时,应严格按科学态度办事,保证研究过程及结论的可靠性和科学性,决不弄虚作假或主观臆断。

(五)收集整理资料

这里所说的收集整理的资料,是指获取教育科学研究课题最终所需要的事实材料或数据资料等,并不是查阅文献资料时所收集的资料。此"收集"也非彼"收集",该阶段的"收集",其目的性和针对性都大大增强了。

收集资料的方法很多,如观察法、调查法、实验法、访谈法及测验法等。根据具体的教育科学研究课题本身的性质和任务不同,可以采用一种或综合运用多种方法收集资料。当然,一项研究活动通常都有一种主要使用的、最重要的收集资料的方法。收集资料的方法一般可以视为整个教育科学研究所使用的研究方法。对收集到的资料还要进行初步的整理,如归类别、划等级、列表格(总数、均数、频数分布图等)以及选择适当的方法(Z 检验、t 检验、F 检验等)进行统计检验等。

在收集整理资料阶段,研究者首先必须做好相应的准备工作,特别是如观察记录表、调查问卷、相关设备、图片等物质材料方面的准备。当然所采用的方法及方式不同,准备工作就有差异,如采用实验法一般就要进行预实验,采用问卷法一般就先进行小范围的预测,如是集体研究项目事先就要在研究者集体范围内达成一致意见,需要相关单位或个人提供协同完成就要事先与对方取得联系并征得同意,等等。在收集资料的过程中,研究者应该力求收集基础资料,采集原始数据,注重资料、数据的真实性和可靠度,尽可能增强其客观性,还要注意一定伦理性问题。在整理资料时,要注意方法得当,根据不同性质的资料,合理选用不同的科学方法,如文献型资料主要适用逻辑分析方法,而数据型资料主要运用统计分析等方法。

(六)分析推导结论

通过上述收集整理资料得到的结果,并不等于研究结论,研究者必须对整个研究过程及研究结果进行认真分析总结,科学推导,最终得出研究结论。这是教育科学研究中最重要的一个步骤,往往决定着整个教育科学研究的质量和水平。

该阶段的主要任务是将文献资料分析研究和数据资料整理的结果,用明确的、概括的语言简洁地表达出来。在这个过程中,研究者应注意结合取样范围、资料来源及整理资料的方法等,综合地考虑与研究相关的各种证据和各方面的影响因素,对整个研究中的背景环境、具体条件或特殊情景等做出明确的描述和解释,科学地推导出研究结论。各种统计整理方法不同,其结果在研究结论中的阐述也应有所区别,如仅用相关分析,就不应该得出关于因果关系的研究结论;若是没有进行任何统计检验,下结论时就应该注意措辞的严谨,防止夸大经验性结论,更不能随意地引申与"发挥",夸大研究结论的限定范围及其适用性。

我们应该清楚,结论必须根植于整个研究过程,偏离了这个基础,就会大大降低结论的科学价值。可见,教育科学研究过程的各个步骤是密切相关、紧紧相扣的,上述的任何步骤,都不容忽视。

(七)撰写研究报告

撰写研究报告,是研究者选择适当的形式将研究过程及研究成果明确地表述出来公之于众的主要形式,直接影响着人们对整个研究工作的评价。这是教育科学研究工作的最后阶段,也是一个重要环节。

关于撰写研究报告的具体问题,详见本书第十章。

第三节 教育科学研究方法的类型、历史沿革和发展趋势

一、教育科学研究方法的类型

根据不同的划分维度和标准,可以将教育科学研究方法分为不同的类型。下面介绍几种主要的划分类型:

(一)哲学方法、一般科学方法和具体研究方法

按照概括程度或教育科学研究方法立体体系本身,可以将教育科学研究方法分为哲学方法、一般科学方法和具体研究方法3个层次。

1. 哲学方法

哲学方法是人们认识事物共同规律、一般特性的方法,是各种科学研究中最高级、最抽象、最普遍的方法。它不同于分析、综合、抽象、归纳等一般的思维方法,它是业已形成的一种认识框架与思维路线。人们就是凭借各种认识框架与思维路线,运用基本的思维方法,去认识和把握世界的。

马克思主义辩证唯物论与历史唯物论就是这样一种哲学方法,它为人们认识自然界和人类社会提供了科学的世界观和方法论,为我们正确认识教育现象及其规律提供了指导思想和理论基础。它是我国教育科学研究根本的方法理论和指导思想。

2. 一般科学方法

一般科学方法是认识某一类事物或各类事物的某一方面的规律与特性的方法。它细分起来,可分为两层[①]:一层是以系统科学为代表的横断科学所采用的系统方法;另一层是以对象性质、所属类别做区别的自然科学方法、社会科学方法与科学学方法等。任何一类研究都需要综合运用思维工具、技术工具和符号工具,都要有一套从发现问题到检验结论正确性所具备的顺序与规范,以保证认识、研究活动的有效展开。这些工具、程序、规范的特定结构性组合,可称为“研究范式”(指用于某一类对象的研究方法之相对稳定的结构性组合),它作为区分同一层次中不同类研究对象的方法综合特征,在研究活动的历史长河中形成、变化、发展,逐渐被人们意识到并自觉运用。

---

① 叶澜著. 教育科学研究方法论初探. 上海:上海教育出版社,1999.11

系统方法包括“旧三论”(系统论、信息论、控制论)和“新三论”(耗散结构论、突变论、协同论),它具有跨学科的性质,是现代科学即自然科学与社会人文科学发展综合的结果。它所提供的如整体系统原理、有序性原理、动态原理、反馈原理等,作为科学思维与认识手段,是将哲学方法在各种科学研究之中的具体化,对各种科学研究具有一定的普遍意义,因而它也是指导教育科学研究的方法理论。

3. 具体研究方法

具体研究方法是适用特定的学科的专门的研究方法与技术手段,是针对各个学科的任务与对象的特性,而采用的特定的行为方式和工作方法的总和。

教育科学研究具体的研究方法主要有观察法、文献法、调查法、个案研究法、内容分析法、行动研究法、实验法等。

具体研究方法还包括研究的辅助技术手段。如统计法、图示法、抽样法、制表法和计算机技术等。

必须指出,广义的教育科学研究方法应该指以上三层既相互区别又紧密联系的整个方法立体体系;狭义的教育科学研究方法特指第三层的具体研究方法。本书将要介绍的观察法、文献法、调查法、个案研究法、内容分析法、行动研究法、实验法等(详见本书第三章至第九章),就属于狭义的教育科学研究方法。尽管如此,研究者头脑中一定要形成这样的观念,即具体研究方法的运用离不开一定哲学方法和一般科学方法的指导。

(二)量的研究和质的研究

胡森(T. Husén)认为,教育科学研究使用的两个主要范式之间的冲突在上世纪初就显现出来了,一是模仿自然科学,强调适合于用数学工具来分析的经验的可量化的观察,其研究任务在于确定因果关系,并做出解释;另一范式是从人文学科推衍而来,其注重的是整体和定性的信息,以及说明的方法。[①]

根据教育科学研究的两种“范式”,可以将教育科学研究方法分为量的研究和质的研究两种类型。

1. 量的研究

量的研究,又称“定量研究”或“量化研究”,是一种对事物可以量化的部分进行测量和分析,以检验研究者自己关于该事物的某些理论假设的研究方法。量的研究有一套完备的操作技术,包括抽样方法(如随机抽样、分层抽样、系统抽样、整群抽样)、资料收集方法(如问卷法、实验法)和数学统计方法(如描述性统计、推断性统计)等。其基本研究步骤是:研究者事先建立假设并确定具有因果关系的各种变量,通过概率抽样的方式选择样本,使用经过检测的标准化工具和程序采集数据,对数据进行分析,建立不同变量之间的相关关系,必要时使用实验干预的手段对控制组和实验组进行对比,进而检验研究者自己的理论假设。[②]

2. 质的研究

质的研究,是指研究者在自然情境下采用多种资料收集方法对社会现象进行整体性探

---

① 瞿葆奎主编. 叶澜,施良方选编. 教育学文集·教育研究方法. 北京:人民教育出版社,1988. 179

② 陈向明著. 质的研究方法与社会科学研究. 北京:教育科学出版社,2000. 10

究,使用归纳法分析资料和形成理论,通过与研究对象互动对其行为和意义建构获得解释性理解的一种活动。

从研究的基本思路看,质的研究主要采纳的是一种归纳的方法。归纳的过程通常由如下步骤组成:(1)研究者将自己投入实地发生的各种事情之中,注意了解各方面的情况;(2)寻找当地人使用的本土概念,理解当地的文化习俗,孕育自己的研究问题;(3)扩大自己对研究问题的理解,在研究思路上获得灵感和顿悟;(4)对有关人和事进行描述和解释;(5)创造性地将当地人的生活经历和意义解释组合成一个完整的故事。

归纳的方法决定了质的研究者在收集和分析资料时走的是自下而上的路线,在原始资料的基础上建立分析类别。分析资料与收集资料同时进行,以便在研究现场及时收集需要的资料。资料呈现的主要手法是"深描"(thick description),透过缜密的细节表现被研究者的文化传统、价值观念、行为规范、兴趣、利益和动机。此外,质的研究对伦理道德问题(ethical issues)非常关注,研究者需要事先征求被研究者的同意,对他们提供的信息严格保密。研究者需要公正地对待被研究者和研究的结果,恰当地处理敏感性资料。①

由于在指导思想和操作手段上存在差异,质的研究和量的研究所关注的焦点各有不同,分别使用不同的方法、从不同的角度对事物的不同侧面进行探究。总的来说,量的研究依靠对事物可以量化的部分及其相关关系进行测量、计算和分析,以达到对事物"本质"的一定把握。而质的研究是通过研究者和被研究者之间的互动对事物进行深入、细致、长期的体验,然后对事物的"质"得到一个比较全面的解释性理解。在研究设计上,量的研究走的是实验的路子,而质的研究则强调尽可能在自然情境下收集原始资料。

二者各有其优势和弱点。一般来说,量的方法比较适合在宏观层面对事物进行大规模的调查和预测;而质的研究比较适合在微观层面对个别事物进行细致、动态的描述和分析。量的研究证实的是有关社会现象的平均情况,因而对抽样总体具有代表性;而质的研究擅长于对特殊现象进行探讨,以求发现问题或提出新的看问题的视角。量的研究将事物在某一时刻凝固起来,然后进行数量上的计算;而质的研究使用语言和图片作为表述的手段,在时间的流动中追踪事件的变化过程。量的研究从研究者自己事先设定的假设出发,收集数据对其进行验证;而质的研究强调从当事人的角度了解他们的看法,注意他们的心理状态和意义建构。量的研究极力排除研究者本人对研究的影响,尽量做到价值中立;而质的研究十分重视研究者对研究过程和结果的影响,要求研究者对自己的行为进行不断的反思。②

(三)理性研究法和自然研究法

根据对条件控制的严密程度,可以将教育科学研究方法分为理性研究法和自然研究法两大类型。③

1. 理性研究法

理性研究法是指在自然科学研究中逐渐形成的一套研究方法,以实验法最为典型。它的主要特点是要求严格控制研究过程中的各种条件,分解研究对象,利用各种技术手段对

① 陈向明著. 质的研究方法与社会科学研究. 北京:教育科学出版社,2000. 9 ~ 12

② 陈向明著. 质的研究方法与社会科学研究. 北京:教育科学出版社,2000. 10

③ 参阅叶澜著. 教育研究及其方法. 北京:中国科学技术出版社,1990. 31 ~ 32

研究对象作出定性和定量的分析，并在此基础上，得出客观、准确、反映必然性的结论。采用这种方法，要求研究者尽量不介入，不影响过程的进行，并在研究开始前就对整个研究过程作出设计与规划。

2. 自然研究法

自然研究法与理性研究法相对，它强调在自然（指广义理解，包括人类社会环境在内）条件下，在环境与人的相互作用中，从整体上把握对象。自然研究的目标不在于必然性的揭示，而是真实地描述对象。此种研究法不要求事先设计整个研究过程。强调在研究中根据研究的实际进展情况，确定研究步骤与方法，并要求研究人员介入研究过程，取得被研究者的合作，能身临其境地体验他们的心理和观点。这种方法也被称为人类学的研究方法或人文化的研究方法。因为此种方法首先在人类学研究中被运用，虽然它不如理性方法那么严密，但是赞赏它的人认为，这种方法更富人性，它可以避免分割对象整体以及环境与对象之间联系的危险，体现出社会科学和人文科学的研究特点。在西方，这类研究方法越来越受到重视。

（四）教育活动研究、教育观念研究和教育研究之研究

叶澜教授把“教育存在”按形态分为教育活动型存在、教育观念型存在和教育研究反思型存在 3 种类型。根据教育存在的形态，可以相应地把教育科学研究方法分为教育活动研究、教育观念研究和教育研究之研究 3 种类型：[①]

1. 教育活动研究

教育活动研究即是对“教育活动型存在”进行的科学研究。教育活动型存在是指一切以影响人的身心发展为直接目标的人类实践活动，它是教育中最生动、丰富、多变和基本的存在。它既包括通过教育者与受教育者直接或间接交往进行的微观层面的教育活动，也包括属专门机构内或生活、工作单位内统筹管理的中观层面的教育活动，还包括各级政府行政部门统筹管理的宏观层面的教育活动。凡是对上述 3 个层面所进行的研究，都属于教育活动研究。

2. 教育观念研究

教育观念研究即是对“教育观念型存在”进行的科学研究。教育观念型存在是指各种在教育的认识活动中形成的有关教育的意见、观点、思想、理论、学科等，它包含了人类教育活动多方面的“认识成品”。这些成品可以是粗浅的、常识性的、零散的，也可以是深刻的、科学的、系统的。观念具有物化形态，往往以关于教育的舆论、讲演、讨论、文章、报告、文件、著作等方式存在，它不只是对教育活动进行科学研究的产物，同时包括人类有关教育的经验性、常识性乃至政府部门的决策性认识。凡是对上述有关教育的意见、观点、思想、理论、学科等“认识成品”进行的研究，都属于教育观念研究。

3. 教育研究之研究

教育研究之研究，或称教育学科元研究，是对“教育研究反思型存在”进行的科学研究。教育研究反思型存在是指对教育科学研究活动及教育学科（可视为教育研究活动的系统化成果）本身发展性问题的研究产物，它与教育观念型存在在物化形态上有诸多共同之处，但

---

① 参阅叶澜著．教育研究方法论初探．上海：上海教育出版社，1999. 306 ~ 307

在内容上有着层次的差别。凡是对教育科学研究学、教育学科学及教育学科发展史等教育研究活动的系统化成果进行的再研究,都是教育研究之研究。它是对教育研究活动及其系统化成果进行的再认识、再研究,虽然不直接与教育实践活动发生关系,但为提高人对教育实践活动认识的质量、水平与能力而服务,是教育科学研究自身发展必需的内动机制形成后的产物。当然,对于教育研究之研究这种层次的研究只是少数研究者才能胜任的,它对研究者的教育理论水平和科学研究素养的要求相当之高。

(五)基础研究、应用研究、发展研究、评价研究和预测研究

根据教育科学研究的目的、功能,可以将教育科学研究方法分为基础研究、应用研究、发展研究、评价研究和预测研究 5 种类型。

1. 基础研究

基础研究是建立一般性的概念、原理、原则及理论为现有教育科学知识体系充实新的内容的研究方法。它的主要目的在于认识未知,发现一般性规律,发展和完善教育基本理论,属于纯科学研究或学术研究。通过基础研究,探寻新的事实,阐明新的理论或重新评价原有理论,它回答的是“为什么”的问题,与建立教育科学的一般原理有关。比如,对教育本质、教学过程规律、课程理论、教育目的论等教育科学理论体系方面的研究,都属于基础研究。

2. 应用研究

应用研究是在基础研究得出的一般原理或理论的基础上,以解决某些具体的教育实践问题的研究方法。它主要用于应用或检验理论,解决教育实践问题。这种研究一般要深入考察具体教育实践问题的特殊规律,评价原理或理论在解决教育实践问题中的作用,并提出有较强针对性的应用理论及方法。可见,应用研究具有直接的实用价值,解决某些特定的教育实践问题或提供直接有用的知识,回答的是“是什么”的问题。比如,对当前我国基础教育新课程改革、中学生道德发展问题、城市独生子女家庭教育问题、农村留守子女教育问题等方面的研究,都属于应用研究。

3. 发展研究

发展研究是根据基础研究和应用研究得到的成果,为教育实践工作者提供能够直接运用的教育产品的研究方法。它的主要目的在于发展或开发直接用于教育实践的有效的方法、策略,回答的问题是“如何改进”的问题。发展研究一般有现成操作的特点,它对研究结果通常都作出了较为具体明确的规定,直接提供操作化的产品,即将教育思想、观点、原理及理论等物化到教育产品之中,同时提供一定的操作程序与教育技术策略,非常有利于弥补理论与实践、研究与实际的教育教学之间的鸿沟。比如,对教育发展战略规划问题、教师培训策略、教材建设问题、教学管理问题、贫困地区义务教育实施策略等方面的研究,都属于发展研究。

4. 评价研究

评价研究是通过收集和分析资料数据,根据一定的标准,对教育目标、教育机构、教学、课程、教育计划方案及具体的教育活动等方面的相关价值作出评定判断的研究方法。它回答的是“怎么样”的问题,主要在于收集能够帮助做好决策的资料信息,是为教育政策分析和教育决策提供依据的一个重要工具。比如,对当前我国基础教育课程改革成效、各种教

学方法及策略的对比分析、某个实验教材与传统教材的比较分析等方面的研究,都属于评价研究。

5. 预测研究

预测研究是通过收集和分析相关资料数据,根据一定的理论,分析教育领域中某种现象或问题未来发展的前景和趋势的研究方法。它回答的是"将会怎么样"的问题。比如,对21世纪高等教育大众化走向、未来学习化社会与当今师范教育改革,未来10年中学教育教学改革展望等方面的研究,都属于预测研究。

除了以上5种分类方法之外,我们还可以按照收集资料的手段、技术及研究方式的不同,将教育科学研究方法分为观察法、文献法、调查法、个案研究法、内容分析法、行动研究法、实验法等;按照研究者参与方式的不同,可以将教育科学研究方法分为个体研究、群体研究、综合研究;按照研究对象发展阶段的不同,可以将教育科学研究方法分为历史研究、现状研究;按照研究范围的不同,可以将教育科学研究方法分为宏观研究、中观研究、微观研究;按照研究时间延续性的不同,可以将教育科学研究方法分为:追踪式研究、横断式研究、纵横结合式研究,等等。

当然,我们应该清楚,分类不是目的。更重要的是,通过各种分类使我们对每一类教育科学研究方法的基本特点、适用条件与范围以及它们之间的关系等方面,都能有一个更深层次的把握,加深我们对教育科学研究方法本身的理解,并能据此综合考虑研究者本人的研究能力、水平、兴趣等以及影响研究活动的各种客观因素,以在教育科学研究过程中选择最适当的一种研究方法。这样,有助于教育科学研究取得更大的成效。

二、教育科学研究方法的历史沿革

从教育的整个历史发展来看,教育科学研究方法的发展大致可划分为3个大的历史阶段:古代—近代—现代,即经验与定性分析—定量与实验研究—现代系统科学方法研究。具体来说,教育科学研究方法的发展经历了以下4个历史发展阶段:①

(一)经验主义时期(古希腊~16世纪)

从古希腊直至16世纪近代科学产生之前,古代先哲往往依靠不充分的直觉观察,对教育经验进行总结并直观地认识教育现象,因此带有朴素性和自发性的特点。该时期教育科学研究方法论思想的最高成就主要体现在我国古代教育观和亚里士多德的逻辑学中的方法论思想。这一时期是把教育当做一个整体从总体上进行观察研究的,无论是唯物论还是辩证法,都带有原始的、自发的、朴素的性质。先哲们的研究只是描述整个教育的一般变化,还不能对这种变化的具体过程、原因作出分析,也就不能对教育的一般性质作出完备和清楚的了解。

(二)以分析为主的方法论时期(17世纪~19世纪末20世纪初)

这是从以夸美纽斯《大教学论》教育原理的提出为标志的近代教育科学产生到"新进步主义"教育运动的兴起,以经验论和唯理论两个派别的形成以及实践中重思辨、逻辑和分

① 参阅裴娣娜著. 教育研究方法导论. 合肥:安徽教育出版社,2000. 20~32

析为基本特征的教育科学研究方法论时期，主要深受培根、洛克、笛卡儿、康德等人的影响。该时期的教育科学研究方法开始从经验的描述上升到理论的概括，把教育作为一个发展过程来研究，不仅描述现象的特点，而且着重揭示现象间的联系和发展历程；初步形成了以不同哲学理论指导的两种不同的研究方式和研究风格，即归纳法和演绎法，推动了教育科学研究方法论的发展；心理学思想开始成为教育科学研究方法论的理论基础；主张教育要适应自然，并倡导从自然科学中移植实验方法。

（三）形成独立学科时期（20 世纪初～20 世纪 50 年代）

该时期是随着西欧"新教育"运动的出现以及杜威教育理论的产生并形成实用主义研究方法为主的潮流开始的，使得该时期的教育科学研究方法的哲学基础受西方哲学中的非理性主义、唯科学主义及实用主义教育哲学的影响较大，在研究方法的探讨中，明显地表现出实用主义倾向；同时深受马克思主义辩证唯物论和心理学及心理学研究方法的影响；在教育科学研究方法形成独立学科的同时，教育科学领域内分科的学科研究方法同时也取得了显著进展。当然，该时期构成教育科学研究方法体系的大部分方法是从其他学科移植而来的，还未形成教育科学自身发展的内在逻辑结构体系。

（四）现代教育科学研究方法论的变革（20 世纪 50 年代至今）

由于西方科学哲学的巨大变革，使得人们更多的是用动态的、多元互补的思维方式代替了过去那种静止的、单一的观念去把握复杂客体的运动过程。现代科学的发展和方法论的这种深刻变革，给现代教育科学研究方法论提出了一系列新的亟待解决的问题。比如：现代科学既分化又综合的发展道路，在方法论方面产生了共性与个性的不同要求，如何处理好一般方法与具体方法、共性与个性的关系问题；随着现代科学数学方法的广泛应用，教育科学研究中不仅要采用定性分析研究，而且要使用定量分析研究手段，随之而来的是处理质与量、观察与实验、科学事实与因果性解释、归纳和演绎、类推与概括、假设和理论的关系问题，等等。

三、教育科学研究方法的发展趋势

随着社会的进步和教育科学研究本身的不断深入和发展，教育科学研究方法出现了许多新特点、新趋势。作为研究者，若能很好地把握并顺应这些发展趋势，站在教育科学研究的前沿，将会更有助于教育科学研究取得良好成效。具体而言，教育科学研究主要呈现如下发展趋势：

（一）量的研究与质的研究有机结合

量的研究与质的研究有机结合这一大趋势主要是从研究的"范式"方面来说的。这是教育科学研究方法整体思维模式发展的最显著趋势。

有关量的研究与质的研究相互之间结合的问题，社会科学研究界早在 40 年前就曾经有过一些呼吁。在量的研究占主导地位的 20 世纪 50 年代，特罗（M. Trow）就提出，没有任何一种研究方法应该成为对社会现象进行推论的主宰，占主导地位的量的方法在发挥自己作用的同时也应该吸收别的研究方法的长处。近年来，随着质的研究方法的不断壮大，有关这两种研究方法相互结合的呼声也越来越高。1973 年，西伯（J. Sieber）明确提出，社会科学研究者应该适当地同时使用实地工作和抽样调查的方法。1979 年，库克（T. Cook）和雷查德特（C. Reichardt）在进行教育评估时同时使用了量和质的方法，其文章得到了学术界的重视，被正式发表。进入 90 年代以来，在世界范围内重视多元、强调对话的思潮推动下，社会科学研究界对多种方法之间的结合问题日益关注。而作为包括社会科学研究中两种最主要的研究方法，量的研究与质的研究之间的结合问题已经成为一个跨学科、跨范式的热门话题。①

一般来说，量的研究方法有如下长处：适合在宏观层面大面积地对社会现象进行统计调查；可以通过一定的研究工具和手段对研究者事先设定的理论假设进行检验；可以使用实验干预的手段对控制组和实验组进行对比研究；通过随机抽样可以获得有代表性的数据和研究结果；研究工具和资料收集标准化，研究的效度和信度可以进行相对准确的测量；适合对事情的因果关系以及相关变量之间的关系进行研究。同时，它也有其如下短处：只能对事物的一些比较表层的、可以量化的部分进行测量，不能获得具体的细节内容；测量的时间往往只是一个或几个凝固的点，无法追踪事件发生的过程；只能对研究者事先预定的一些理论假设进行证实，很难了解当事人自己的视角和想法；研究结果只能代表抽样总体中的平均情况，不能兼顾特殊情况；对变量的控制比较大，很难在自然情境下收集资料。

质的研究方法一般比较适宜于下列情况：在微观层面对社会现象进行比较深入细致的描述和分析，对小样本进行个案调查，研究比较深入，便于了解事物的复杂性；注意从当事人的角度找到某一社会现象的问题所在，用开放的方式收集资料，了解当事人看问题的方式和观点；对研究者不熟悉的现象进行探索性研究；注意事件发生的自然情境，在自然情境下研究生活事件；注重了解事件发展的动态过程；通过归纳的手段自下而上建立理论，可以对理论有所创新；分析资料时注意保存资料的文本性质，叙事的方式更加接近一般人的生活，研究结果容易起到迁移的作用。同时它的短处是：不适合在宏观层面对规模较大的人群或社会机构进行研究；不擅长对事情的因果关系或相关关系进行直接的辨别；不能像量的研究那样对研究结果的效度和信度进行工具性的、准确的测量；研究的结果不具备量的研究意义上的代表性，不能推广到其他地点和人群；资料庞杂，没有统一的标准进行整理，给整理和分析资料的工作带来很大的困难；研究没有统一的程序，很难建立公认的质量衡量标准；既费时又费工。②

通过以上分析不难看出，量的研究与质的研究正好互通有无、优势互补，把二者在教育科学研究中有机结合起来，将是教育科学研究方法最显著的一个发展趋势。

（二）教育科学研究方法的综合化

综合化趋势主要是从教育科学研究的方法运用和学科视角方面来说的。教育科学研究方法多种多样，各种方法有其长亦有其短，而且只使用一种单一的方法的教育科学研究往往不易取得较好的研究效果。这就要求在具体的研究中，综合运用各种研究方法，从各种不同的角度、不同的层次、不同的侧面获取信息资料，更能够使研究的论据材料丰富而充分，使教育科学研究取得更好的效果。当然，在这个过程中研究者要根据自己所选的研究

---

① 陈向明著．质的研究方法与社会科学研究．北京：教育科学出版社，2000. 465

② 陈向明著．质的研究方法与社会科学研究．北京：教育科学出版社，2000. 472～473

对象或研究问题的特性选择与之相适应的研究方法,综合运用不等于牵强滥用。特别是随着数学的发展,教育科学研究会越来越多地运用模糊数学、主成分分析、聚类分析、多元分析等较高层次的量化方法,这样可以精确地表达事物数量方面特征,更重要的是提高了研究结论的构造性,从而使研究结论具有更高的清晰度和更强的预见性。另一方面,由于教育的对象是人,决定了教育科学研究不得不考虑"人"这一复杂的要素,不得不涉及社会的、政治的、经济的及心理学等多方面的问题。因而教育科学研究不能仅停留在教育学科领域之内,必须从多学科的视角综合考虑和分析。可以预见,综合运用各种研究方法和从多维的学科视角去探讨和解决教育问题(或教育学问题)将是教育科学研究方法的一大发展趋势。

(三)教育科学研究方法的生态化

生态化趋势主要是从教育科学研究的场景或情景方面来说的。生态化的教育科学研究方法强调在真实的生活和自然的情景中进行研究,提高教育科学研究的外部效度及其实际应用价值。但这一趋势直接导源了实验室实验的局限。实验室实验能够按照严格的设计程序,操纵自变量,控制无关重复,观察因变量的反应,以探求自变量与因变量的因果关系,揭示某些教育规律和特点。但是实验室实验由于情境的人为创设,势必会使研究情境失去"自然性"和"现实性"。也就是说,实验室条件与现实生活中的教育环境相脱离,很难真实反映教育现象或问题的本来面目,可能直接影响到研究结果的有效性和普遍性。事实上,现代系统科学方法的发展,也要求教育科学研究必须在真实的、生态的场景中进行。即使是具体的某一个教育问题(或教育学问题)也不可能是孤立的,它会受很多因素影响,且各种因素之间又会相互作用、相互影响。因而教育科学研究中仅仅用实验室实验,操纵有限的变量,很可能会把一些很有价值的变量也排除在外,从而降低研究的外部效度,影响研究结果的真实性和科学性。因而,教育科学研究不能一直停留在实验室,还必须回到自然的现实生活中。

(四)教育科学研究方法的现代化

现代化趋势主要是从教育科学研究的技术设备和手段方面来说的。随着科学技术的突飞猛进,教育科学研究中已大量采用录音、录像、照相等现代化设备和手段,可以准确记录收集资料,并且可以反复视听,这样获得的资料更为真实客观,分析更为科学准确。又如视崖、信息发生器、眼动仪、自然记录仪、多脑仪等一些特殊的现代化设备和装置的出现与运用,也大大地提高了教育科学研究范围,使教育科学研究更加实践化和多功能化。尤其是电子计算机的广泛运用,直接推动了教育科学研究方法的革新,极大地促进了教育科学研究方法的现代化。它使教育科学研究的多因素分析得以实现,在短时间能够迅速处理庞大的数据资料,使研究向更高层次发展,还可以使教育科学研究中大样本、多变量、多层次的研究成为可能。将电子计算机技术介入思维领域,可以代替人脑的部分功能,这样可以使以往由于计算过于复杂而无法着手的教育科研课题得以顺利进行,并在资料信息的整理、储存、分析、逻辑判断、推理、论证方面都展示了巨大的潜力和可喜的前景。

(五)教育科学研究方法的跨文化

跨文化趋势主要是从教育科学研究的视野方面来说的。跨文化的教育科学研究方法强调以各种不同的文化为样本,通过比较研究,从而探索不同文化背景之间的变量关系。它最初为国外人类学家、社会学家广泛应用,后来逐步移植于教育科学研究方法之中,现已成为教育科学研究方法的一大趋势。多元化是现代文化的发展的基本势态,各种文化之间的相互交流和交融正在不断发展。文化的这种本体变化必将使各种文化特质不断丰富,导致教育的结构、形式和内容的变化与发展,从而扩展教育科学研究方法的视野。在这样的背景下,越来越多的研究者开始重视不同文化背景对教育本身的影响,进而寻求不同社会文化背景教育领域中的共通性和差异性。具体而言,就是将同一教育科学研究课题搁置于不同的社会文化背景之下,以此作为研究的对象,探讨教育与人的发展的共同规律,或从不同社会文化背景的差异之中研究不同的社会文化背景对教育与人的发展的影响。事实上,这是一种在两种或两种以上不同文化背景中进行个体或群体的比较研究。

第二章

教育科学研究选题

任何科学研究都始于问题。没有问题,就没有必要进行科学研究。选题,即选定要研究的中心问题。教育科学研究的选题,就是确定研究什么教育问题的过程。选题是进行教育科学研究的第一步,而且是甚为关键的一步。它决定了整个教育科学研究的方向和水平,在教育科学研究过程中具有重要的战略地位。因此,要有效地开展教育科学研究,必须首先学会如何选题。

第一节 选题的意义

一、选题是教育科学研究的起点

科学研究最终是为了解决问题。发现并提出有意义的问题,是任何一项科学研究的开端。提出一个有价值的问题,本身就是一项极为重要的研究工作。伟大的科学家爱因斯坦(Albert Einstein,1879~1955)对此曾有过一段精辟的论述:"提出一个问题往往比解决一个问题更重要,因为解决问题也许仅仅是一个数学上或实验上的技能而已,而提出新的问题,新的可能性,从新的角度去看待旧的问题,都需要有创造性和想象力,而且标志着科学的真正进步。"①

教育科学研究同其他科学研究一样,都是基于一定的问题的研究。选题是教育科学研究的起点,只有确定了某个教育课题之后,才有研究的问题,才能有的放矢,以确保整个教育科学研究的目的性和方向性。英国科学家贝尔纳(J. D. Bernal,1901~1971)也指出:"课题的形成和选择,无论作为外部的经济技术要求,抑或作为科学本身的要求,都是研究工作中最复杂的一个阶段。一般来说,提出课题比解决问题更困难。如果再加上人力和设备都有一定的局限,测产生的问题之多,是无法一下子全都解决的。所以评价和选择课题便成为研究战略的起点。"②可见,选题具有极其重要的意义。

在此值得一提的是,关于包括教育科学研究在内的各种科学研究的起点问题,涉及两

---

① 爱因斯坦,L·英费尔德著. 物理学的进化. 上海:科学技术出版社,1962.66

② 中国社会科学学院情报研究所编译. 科学学文集. 北京:科学出版社,1980.28~29

种争论,即科学研究是始于问题还是始于观察。[①] 提出“科学研究始于观察”这种观点,一般是基于对认识发生发展过程的分析,目的在于强调认识的实践基础,这是从认识论总体上提出来的,不无道理。作为正式的科学研究过程却是从问题开始的,只有发现、选定问题才有可能引起科学研究,观察必须从一定的研究问题出发,观察如果不引起问题,也只不过是像镜子一样反射、记述观察到的事实而已,而这并不是研究。也就是说,如果不善于从观察中提出问题,不善于把观察到的实际问题转化为科学研究课题,就不可能引起真正意义上的科学研究。只有提出问题,才能决定应该观察什么和如何观察。因此,科学研究始于问题和科学研究始于观察这两种观点是从不同角度提出来的,不能说孰对孰非,二者具有不同的含义。当然,只有明确科学研究始于问题,才能更好地认识科学研究本身是一个能动的、创造性的活动过程。

二、选题决定了教育科学研究的方向和成效

教育以人为对象这一特殊性,决定了其现象和过程必然错综复杂,亟待研究的教育问题必然既有广度又有深度。选题虽从问题中来,但问题并不等于选题,并非其中的每一个问题都值得我们进行教育科学研究,我们也不可能对每一个问题的研究都能取得成效。

在以往的教育科学研究中,一些选题过于热衷引进外国的理论或观点,盲目移植与模仿,急功近利的倾向比较严重等等,这些选题误区直接影响其研究的方向。我们应该选择那些带有全局性、规律性和典型性的有意义的课题,探索教育的内在联系及其与其他领域之间的关系,并且要充分考虑到自己的科研能力、水平等主观条件和经费、时间等客观条件的可行性,才能发挥教育科学研究的综合成效。俗语说得好,“好的开始是成功的一半”。选题是教育科学研究的起点,研究者一旦选定了某个课题,就基本上确定了研究的具体后续步骤,确定了整个研究的方向。所以,能否选择好有价值的研究课题并权衡好主客观条件的适切性,决定了教育科学研究成效的大小。

三、选题是衡量教育科学研究者研究能力和水平的重要标志

教育科学研究者的研究能力和水平,是通过其研究工作的各个方面综合体现出来的,选题就是其中的一个重要方面。选题在一定程度上可以折射出研究者对所选研究课题及其相关领域的熟悉程度和掌握程度,更能反映出其敏锐地发现问题、思考问题、提出问题的能力。选题作为教育科学研究取得成效的必要条件,它是每一个教育科学研究者必须练好的一项基本功。能否很好地选定一个既有研究价值又有研究可行性的课题,是衡量一个教育科学研究者研究能力和水平高低的重要标志。

1900 年,著名的德国数学家希尔伯特(David Hilbert,1862 ~ 1943)在巴黎召开的第二届数学大会上,根据 19 世纪数学研究的成果和发展趋势,提出了 23 个问题,即大家耳熟的“希尔伯特问题”。他从成千上万的数学问题中只提出 23 个问题,这本身就有一个选题的过程。后来围绕这些问题的研究形成了许多数学分支,对上世纪的数学科学产生了极其重

---

① 参阅裴娣娜著.教育研究方法导论.合肥:安徽教育出版社,2000.72 ~ 73

要而深远的影响，它们曾被美誉为“数学女王皇冠上的23颗明珠”。这一选题充分体现了他作为一代数学大师其研究能力和水平之高。

选题过程本身也是教育科学研究者提高研究能力和水平、走向专业技能成熟的重要步骤。“刚开始时，你也许什么课题也想不出，或者，你在浏览文献之后会得出这样的结论：研究已经解决了教育方面的所有问题。接触经验丰富的研究人员所做出的精致入微的理论阐述，你也许会发现，涌动于你心中的进行某一课题研究的初步思路显得多么幼稚可笑，但是，只要你继续研读这些文献，你也会进入较高的思维层次，你的课题研究框架就会更稳固地构建在现有知识基础之上，而且你有希望发展现有知识。”①

第二节 课题的类型

在选题之前，研究者必须对教育科学研究课题的类型有所了解，否则可能会直接影响选题的质量。教育科学研究的课题，按照不同的划分标准，可以划分为多种不同的类型。下面介绍几种较为常见的划分类型。

一、理论性课题和应用性课题

根据所研究课题的性质及研究目的，可以把课题分为理论性课题和应用性课题两大类。② 这是对课题类型最为常见的一种划分。

(一)理论性课题

理论性课题，又称为基础性研究课题。主要包括那些以研究教育现象及过程的基本规律，揭示青少年身心发展以及影响因素间的本质联系，探索新的领域等为基本任务的课题。

理论性课题是不可能都在同一层面上展开的，根据课题对理论不同程度上的突破与发展，又可以分为3级：

1. 一级理论性课题

一级理论性课题是那些对构成教育科学理论体系具有全局性影响的核心概念、基本范畴和基本原理等作突破性研究的课题。教育史上一些世界著名的大教育家选择的都是此类课题，如夸美纽斯(J. A. Comenius，1592～1670)的《大教学论》，赫尔巴特(J. F. Herbart，1776～1841)的《普通教育学》，杜威(J. Dewey，1859～1952)的《民主主义与教育》等。近年来，国内教育理论界关注的教育本质问题，教育与人的全面发展的关系问题，教育的主体性问题等，都属于该级课题。它难度较高，富有开创性，又涉及全局，要求研究者有较强的批判思维能力，较高的专业理论修养和较宽的知识面。

2. 二级理论性课题

二级理论性课题是对教育科学某一领域中已形成的概念、原则作进一步探讨(或使它更完善，或使它更具体细致)的课题。它所要达到的目标不是对理论的根本性突破，而是补

① [美]梅雷迪斯·D，高尔等著．许庆豫等译．教育研究方法导论．南京：江苏教育出版社，2002. 42

② 参见杨小微主编．教育研究的原理与方法．上海：华东师范大学出版社，2002. 68～70

充性的发展,所涉及的不是全体,而是局部。如赫尔巴特的弟子们在发展赫尔巴特学派理论方面所进行的研究,以及近些年我国关于教学过程优化理论的研究,思想品德教育模式构建的研究等课题,都属于该级课题。它一般要求研究人员对该领域内的基础理论有透彻的了解,知其长又知其短,只有这样,才能达到补充完善理论的目的。

3. 三级理论性课题

三级理论性课题指对教育理论中个别原理、概念等作出修正或更详细说明的研究课题。如对教学中启发式原则形成、发展以及基本思想的阐述,对政治思想教育中正面引导原则的分析以及对教育史上某个教育家或某种教育观的分析和评述等。它涉及的范围较小,是对个别理论问题的探讨,所以与前两级课题相比难度较低。

(二)应用性课题

应用性课题,主要包括那些为基础理论寻找各种实际应用可能性途径的课题,是以改造或直接改变教育现象和过程为主要目的。与理论性课题相对应,也可以把应用性课题分为3级:

1. 一级应用性课题

一级应用性课题探讨的是涉及教育实际的某些全局性问题,这类课题要求能提出前人未提出过的解决问题的方法,并能在全国范围内推广,对教育实践的发展具有直接的推动作用。从近年的研究实践看,全国招生制度改革的研究、中国教育法的制订、学生品德评价方法的改革、教育评价的研究等都可算是一级应用性课题。

2. 二级应用性课题

二级应用性课题是教育领域中某一方面或某一部门、地区内提出的实际问题的课题。它的目的主要是寻找在一定条件下解决某些实际问题的有效方法。如,山区或少数民族地区义务教育法的实施、中学语文教学方法改革研究、犯罪青少年的教育问题等。在这些研究中主要涉及的是这些原理原则或方法在某一地区或领域的具体应用。

3. 三级应用性课题

三级应用性课题是与个别实际问题的解决相关的,其研究成果使用的范围更小,大多局限在与该课题研究条件接近的范围内,提出的解决问题的方法,也较多局限在一些操作性问题上。如,为某课程设计一系列高质量的教案、某些教师的富有特色的工作经验总结、关于学生的个案研究等。

二、宏观研究课题、中观研究课题和微观研究课题

根据研究课题的层次和级别,可以把课题分为以下3种类型:

(一)宏观研究课题

宏观研究课题,是对整个教育系统的综合性和系统性及其与其他社会系统之间关系进行研究的课题。它一般涉及面广、范围大,具有较强的方向性、指导性和综合性,既包括教育系统内部带有全面性问题的研究,如教育事业发展、教育制度、教育结构、教育管理、教育投资等,又包括教育系统与外部系统关系的研究,如教育与经济、教育与社会文化、教育与人口等。它相当于上述的一级理论性课题和一级应用性课题。

（二）中观研究课题

中观研究课题，是对教育科学中的某一特定范围、某一领域或某个部门内的教育问题进行研究的课题。例如，学前教育研究、电化教育研究、特殊教育研究、基础教育研究、职业教育研究、继续教育研究、普及九年义务教育的研究、素质教育研究、高中英语教学研究等。它是介于宏观研究和微观研究之间的研究课题，相当于上述二级理论性课题和二级应用性课题。

（三）微观研究课题

微观研究课题，是对教育科学或教育现象中的个别因素进行具体的、细致的研究的课题。它往往针对的是对个别教育理论的个别问题和具体的教育教学实践的研究。例如，促进高中生抽象逻辑思维发展的策略研究、中学数学教学中师生互动的策略研究、小学语文教学方法中的朗读法研究、纠正高三学生厌学情绪的策略研究、中学差生学习障碍研究等。它相当于上述三级理论性课题和三级应用性课题。这类课题一般都是中观或宏观研究课题的一部分（或子课题），如研究素质教育的理论发展、政策沿革，调研素质教育的实施现状，分析总结素质教育实施中的经验、影响因素和体制性障碍，从教育目的、学校办学思想、课程教学、教师队伍、学生课业、评价体系和构建长效机制等方面提出改进思路等，都属于中观研究课题“素质教育研究”的子课题。通常，大多数教育科学研究者所选的课题都是属于该层次的课题。

三、纵向课题、横向课题和自选课题

根据课题的来源，可以将教育科学研究课题划分为下面3种类型：①

（一）纵向来源的课题

纵向来源的课题，一般称为“纵向课题”，是指由国家、省市（区）等上级科研主管部门发布（或招标），个人或集体申报，有关部门及专家审查批准的项目。该类课题在内容上大多与社会热点问题有关，偏重于解决较为重大的实践问题和一些应用性较强的重大理论问题。它大多由一些基金组织资助，项目执行过程中，要由有关管理部门和基金组织实施监督和检查，项目结题时也要由这些部门组织专家鉴定。我国教育方面的纵向课题，主要来自由教育部设在中央教科所的全国教育科学规划领导小组办公室负责组织审批的五年一度的规划项目。这些项目所需经费，由国家哲学社会科学基金、中华基金、教育部基金等共同承担（并非全部经费）。此外，还有教育部一些司局如直属司、社科司、师范司等，也拨出一些专项经费来资助某些热点问题研究。近些年来，各省市教育科学规划办相继成立，也组织实施一些地方规划课题。

（二）横向来源的课题

横向来源的课题，通常也称“委托课题”，是指由一些企事业单位或非直接的上级部门委托实施研究的项目，如由国家移民局委托某科研小组实施的“三峡库区移民心理与对策

---

① 参见杨小微主编．教育研究的原理与方法．上海：华东师范大学出版社，2002. 67～68

研究”，由某国营大型企业委托某教授实施的“企业子弟学校管理体制改革研究”，由某县政府委托某大学教育理论队伍实施的“科教兴县发展战略研究”等等。横向课题也十分重视项目研究的应用性，资助额度一般要比纵向课题大。

（三）研究者自选课题

这类来源的课题虽说主要是个人行为，却是非常重要的研究资源，许多有价值的选题及成果出于其中。绝大多数的硕士论文和博士论文都属于自选课题；许多中小学教师在长期实践中悟出深刻道理或闪现灵感火花因而自觉地展开教育教学研究，也属于自选课题。这类课题可能涉及很专很深的理论前沿问题，也可能针对很现实很具体的实际操作问题。

当然，3 个来源的划分只是相对的，三者之间也是可以转换的。比如，国家的规划课题在组织申报前，一般要向不少专家征询选题意向，以便编制课题申报指南，这样，许多本来只是属于自选课题范围的题目，因为被编入指南而成为纵向课题。

四、描述性课题、相关性课题和因果性课题

根据解决问题的性质、对事物的了解程度和探求的深度来划分，可以将课题分为以下 3 种类型：

（一）描述性课题

描述性课题，主要是对事物或现象进行叙述，了解现状，探讨“是什么（what）”的问题。通常只涉及一个变量。例如，高中生报考理科人数比率是多少？普及农村初中教育的基本经验有哪些？西南少数民族地区小学毕业生识字量是多少？城市中学生适应学校生活难易程度如何？贫困地区中小学新课程改革的主要难点是什么？

（二）相关性课题

相关性课题，主要是了解事物之间的相互关系、密切程度，探讨“如何（how）”的问题。通常涉及两个变量。例如，学生的智力与学业成绩有关联吗？家长的社会地位和学生的道德品质有联系吗？小学生的识字量与语文学业成绩相关吗？

（三）因果性课题

因果性课题，主要了解事物之间的因果关系或规律性，探讨“为什么（why）”的问题。通常涉及两个变量或多个变量。例如，挫折会导致学生侵犯性行为吗？兴趣能提高学生的学业成绩吗？个别化教学可以提高学生学业成就吗？增强教师奖惩力度可以提高贫困地区中小学新课程改革效果吗？

当然，对课题的这种分类，就具体的某一个教育科学研究课题来说，并不意味着非此即彼。一个研究课题往往既有描述性的成分，又有对相关性或因果性方面的探讨，只是其各有侧重而已。

第三节　选题的原则、策略和方法

一、选题的原则

选题的原则,是指选题过程中必须遵循的基本规则、准则。在教育科学研究的选题过程中,必须遵循以下 4 个原则:

(一)价值性原则

选题的价值性原则,就是指所选定的教育科学研究课题必须要有不以研究者主观意志和条件为转移的并有一定评定标准的理论学术价值或实践应用价值。科学研究本身就是一种目的性和针对性很强的探索活动,这就要求作为科学研究起点的选题,必须符合教育科学理论自身发展的需要,利于验证、批判和发展教育理论,完善教育科学本身的理论体系;必须符合教育实践应用的需要,利于指导具体的教育教学工作,全面提高教育质量。价值性原则体现了进行一项教育科学研究的必要性和迫切性。可以说,这是选题的一条首要的基本原则。

根据具体的教育科学研究课题的性质和类型不同,选题在其理论学术价值和实践应用价值两方面会各有侧重。当然,若是用长远的眼光来看,不管是哪种类型的研究课题,它都必须首先指向其教育实践应用方面的价值。因为任何科学研究都是在实践的推动下进行的,即使侧重教育理论学术价值的课题,其最终目的也是指导教育实践应用,最终也会转化为教育实践应用方面的价值。

(二)科学性原则

选题的科学性原则,就是指所选定的教育科学研究课题必须符合教育科学理论及经科学实践反复证实过的教育规律,必须具有明确的指导思想和科学根据。这就要求选题必须具有一定的理论基础和实践基础。

从教育实践中直接选定的研究课题,就必须具有丰富、可靠的事实依据和很强的针对性。一要尽可能选择具有普遍性的课题,这样少受个别的、特殊的或偶然的教育现象的影响,更容易透过现象揭示教育科学的本质规律。二要选择具体的、明确的课题,界线要清,范围宜小,课题界定笼统、模糊不清、缺乏针对性往往在其科学性方面大打折扣。另一方面,选题的指导思想必须是正确的、科学的,所选定的课题应该能够纳入一定的教育科学知识框架或理论体系。选题若是缺乏一定的科学理论作支撑,选定的课题必然会因科学立据苍白无力,经不起推敲,徒有立论,而毫无意义可言。

(三)创新性原则

选题的创新性原则,就是指所选定的教育研究课题必须具有新意,有独创性和突破性。它也在很大程度上体现一项教育科学研究的必要性和迫切性,是选题的一个重要原则。选择前人没有研究或研究极少的课题,自然是创新,但老生常谈的问题也可以做出创新性的成果。选题的创造性不在于问题本身如何古老，也不在于前人在这个问题上做了多少重复性的研究工作，重要的是研究者本身是否把握了课题的本质内容，找到问题的症结所在，如何做出创造性的突破。新视角、新方法、新途径一样体现创新性，许多有创新性的教育新思想和新观点，往往是来源于研究设计、研究方法或研究技术等方面的创新。

可见，创新性原则并不是要求所选课题一定是前无古人的独创，一定要另外开垦一片无人问津的"处女地"，而是要善于把继承和创新结合起来。科学研究总是在前人已得出的科学发现的基础上进行探索，站在前人已经达到的高峰上向更高的科学高峰攀登。继承是创新的前提，若不继承前人的成果和思想，就谈不上创新性。当然，若一味盲目继承，不善于解放思想、突破框框、独辟蹊径、标新立异，也谈不上创新性。

（四）可行性原则

选题的可行性原则，就是指所选定的教育研究课题必须具备保证其正常开展并取得预期成效的现实条件。它强调了选题时必须充分考虑到整个教育科学研究过程的各种必要条件，包括主观和客观两方面的条件。主观方面的条件主要包括研究者自身的知识结构、理论修养、科研经验与能力、科研信念与信心以及研究兴趣等；客观方面的条件主要包括保证课题顺利开展的资料、设备、时间、人员、经费和必要的行政支持与研究时机等，其中最重要的是时间和经费。

诚然，始于问题的科学研究必然需要假设和假想，甚至幻想，但想象本身并不是科学研究。若要把各种关于教育方面的假想和想法付诸于科学研究之中，转变为课题进行研究，就必须要满足进行教育科学研究的现实条件。如果没有现实的可能性条件，选题尽管有价值、有科学依据、有创新突破之处，充其量也只是一个美好的想法而已。遵循可行性原则在选题过程中的重要意义由此可见一斑。

不难看出，价值性原则、科学性原则、创新性原则和可行性原则之间是紧密相扣、相辅相成、缺一不可的，共同体现在一个科学合理的选题过程之中。

二、选题的策略

选题过程中，充分考虑并遵循上述 4 个选题原则，只是第一步，仅表明研究者具备了选定一个科学合理的课题的必要条件，但并非充分条件。成功选题还需要研究者掌握一定的选题策略。下面就介绍 4 种选题的策略：①

（一）怀疑的策略

怀疑是对已有结论、常规、习惯行为方式等的合理性作否定的或部分否定的判断，它必然引起人们对事物的重新审度，会在原以为没有问题的地方发现问题。怀疑不是胡乱猜疑，毫无根据的猜疑不可能提出有研究价值的新问题。它有两个根据：一是事实与经验，二是逻辑。

作为怀疑根据的事实与经验，总是与现有结论或常规不一致甚至相悖的。如在我国的教育学著作中，通常都无条件地承认学校教育对学生发展起主导作用，但在教育实践中会

---

① 参阅叶澜著. 教育研究及其方法. 北京：中国科学技术出版社，1990. 41～48

发现,即使是一般的青少年,在其品德发展的过程中家庭背景、社会风气的作用很大,有时学校教育显得十分苍白,远不起什么主导作用。于是可以提出如下课题:学校教育究竟能否对人的发展起主导作用?是有条件的还是无条件的?是在一切方面还是在某些方面起主导作用?是在人发展的任何阶段还是在某个阶段起主导作用?逻辑是检验理论合理性的有效工具,对理论的逻辑推敲可以从一门学科的基本概念做起,对于一时十分流行的概念也应仔细推敲。如,用"第一课堂"与"第二课堂"两个概念来表述学校课堂内外的活动是否科学?它有什么价值?"教师主导"与"学生主体"是否是一对范畴?

通过怀疑的策略选题,一般需研究者要具有批判性思维的品质。

还需指出的是,运用该策略选题若是使教育科学研究获得成功,自然可喜;若是失败,亦不可怕,甚至受益匪浅。怀疑的被否决,至少能使研究者对自己曾经怀疑过的理论的正确性,有更深入、确切的认识。发现自己的怀疑之所以不正确的原因,也可以锻炼研究者的科学研究能力。

(二)变换思考角度的策略

与怀疑不同,变换思考角度不是把思维的利剑指向原有的结论,而是从与得出原有结论不同的角度、或不同的层次上来认识原有的研究对象,以形成关于对象的新认识。它需要摆脱原有的思维定势和已有知识的影响,另辟蹊径。

思考角度的转换是多类型的。第 1 类是在同一层次上的转换。从思考问题的一个方面转向另一方面。如历来抓学校工作,都把教学放在第一位,在教学中又把几门主要学科的教学放在第一位。音乐、体育、美术等学科一向不被重视。这些学科果真对学生的发展无足轻重吗?第 2 类转换角度是在两个不同的层次上进行的。其中有的是从较抽象转化到较具体,如研究教学中传授知识与培养能力的问题,相当长的一段时间里停留在一般性目标问题的讨论上,美国教育学家布鲁姆(Benjamin. S. Bloom)把这个问题的研究推进到对知识与能力做出分类的具体水平上,并对教学过程中的情感目标和操作目标也做出分类,提出了教学目标分类学的理论。也有的是从较具体的层次,如苏联教育家巴班斯基(Юрий Констинович Бабанский,1927~1987)对教学过程最优化的研究就是一例,他努力用系统优化的理论作指导,寻找教学过程各因素、各阶段、各方面的最佳组合。第 3 种转换角度的类型是把研究的重点放到事物与事物之间,同一事物不同发展阶段之间的结合部。这往往是人们容易忽视,但又有可能开发出新课题的地方。如前一段提出的幼儿园与小学、小学与中学、中学与大学各阶段的教育如何衔接等问题,就属于这一类型。第 4 种转换的类型是通过比较,这种比较可以是纵向的历史比较,如近代中国课程与现代中国课程的比较;也可以是横向的区域比较,如城市中等教育结构与农村中等教育结构的比较等。以上类型虽有许多不同,但有一点是共同的,那就是把思考角度转向研究较少、较薄弱的方面。

善于通过转换思考角度发现新课题,往往需要研究者具有灵活性和严密性等思维品质。

(三)类比与移植的策略

它是通过与其他学科研究对象类比和借用其他学科的思维方式,来发现本学科研究的新问题。这种思维策略的特点是从别的学科研究中获得启发,找到发现的"工具"。它的关键是善于发现不同学科研究对象和思维方法之间的关系,善于借"他山之石"。

捷克教育家夸美纽斯在17世纪完成的名著《大教学论》,就是在把教育现象与自然现象类比的基础上,根据自然规律提出了一系列教学原则。夸美纽斯依据人是自然的一部分,人的成长遵循自然规律,教育是模仿自然的艺术,故教育应遵循自然规律。又如,近年来,用系统论、信息论、控制论等观点和方法研究教育现象的课题,已成为教育研究中的热门课题。可见,由于教育现象的复杂性和综合性,通过移植其他学科的思维方法和与其他学科研究对象作类比而提出新问题的可能性是存在的。

用这种策略来发现和选择课题,往往需要研究者在思维品质上具有较强的迁移性和概括性。他们较善于发现表面看来不甚相近的事物间的相似之处,能在较抽象的层次上对它们进行概括、比较,从而为思维的由此及彼架起了桥梁。此外,这样的研究者一般要知识面较宽。

(四)深入探究现象的策略

深入探究现象的策略要求面向实际,从对现象的思考中提出新问题、新课题。我们生活在一个丰富多变的现象世界中,只要善于问几个为什么,就会发现许多值得研究的新课题。对于一些司空见惯的现象,我们的研究指向其背后的实质,像瓦特提出壶盖为什么会动,牛顿提出苹果为什么落地那样,我们也可以对现实中一直未能解决、反复出现的现象,探究其产生的原因。比如,为什么一直批判片面追求升学率,但片面追求升学率的问题一直在我国存在?为什么当代青年的逆反心理表现较为突出?我们还会在生活中、工作中遇到一些特殊的、偶然出现的或者反常的现象。一般人会在短暂的惊讶之后,因为其反常和无普遍性,就把它置于脑后。作为一个研究者来说,就不应该轻易放过,作为社会科学研究的教育科学研究更应该重视。因为社会现象中的必然性大量地体现在许多特殊的事件、人物之中,稍瞬即逝。

运用深入探究现象的策略,要求研究者具有敏锐、深刻的思维品质。只有敏锐,才能及时捕捉到有价值的现象;只有深刻,才能发现深藏在现象背后的本质。

三、选题的方法

在遵循上述4个选题原则、并掌握一定的选题策略的基础上,研究者还需要借助于一些具体的选题方法。研究者只有根据研究课题的性质和类型综合运用各种选题的方法,才能最终选定好教育研究课题,顺利完成整个选题过程。选题的主要方法有如下9个方面:

(一)演绎或验证相关教育理论进行选题

现有的教育理论,如教学理论、课程理论、学习理论等,许多都是经过前人对教育实践经验的概括总结和教育理论本身的推理建构而形成的,它是我们进行教育科学研究选题的宝贵资源。研究者可以从某个教育理论观点中使用演绎的推理方法导出一些合乎逻辑的研究课题。例如,在艾肯逊(J. W. Atkinson)的成就动机理论中,他主张个人追求成功的动机视个人对工作成功可能性的认定而定。当个人依据本身能力与经验认定工作成功的可能性很高或很低时,其追求成功的动机不会太强,但如果认定工作的成功机会在50%时,其此种动机最强。根据其理论可以导出:父母的期望动机水准超过子女能力过多时,子女根据个人能力与经验认定工作成功的可能性很低,故其追求成功的动机会较低。同理,父母的期望水准低于子女的能力过大时,子女追求成功的动机亦不高。反之,若父母的期望水准与子女能力相配合时,子女认定成功的可能性有50%,故追求成功的动机会较强。由此推理,可以导出下列研究课题:父母对子女的期望水准适中者和期望不切实际者(过高或过低),其子女追求成功的动机是否不同。①

(二)归纳或反思相关教育实践进行选题

任何教育科学研究课题,归根到底,都是从教育实践中来最后再回到教育实践中去的。归纳或分析相关教育实践进行选题,这是我国教育科学研究选题最重要的途径,更是广大教育科学理论与实践研究者最重要的选题方法。教育科学研究最迫切的任务就是要解决当前教育实践中亟待解决的课题,教育教学实践中的问题是研究课题的主要来源,也是根本源头。目前我国教育事业正处在改革发展的新时期,出现的新情况新问题非常之多,给我们提供了一个很大的选题空间。因而,在日常的教育实践活动中,要学会多观察、多思考,多角度、多层面地选定一些较为困惑的或较为热门的重要的或迫切需要解决的课题。学会抓住教育教学实践中瞬间的思想火花,有时研究课题并非都是经过深思熟虑之后产生的,而是来自所谓的突发灵感。还要学会抓住典型事例,及时反思其背后深层次的原因和启示。

例如,有一位教师,在讲解了“地球是圆的”之后,问学生:“懂了吗?”学生都说懂了。接着教师让学生画了一个圆,表示地球,然后问学生:“你住在哪儿? 画一画。”结果许多学生都把自己住的地方画在圆的最上方,而不是画在圆的中间。教师问:“为什么这样画?”学生回答:“画别的地方人会掉下来的。”透过这个教学现象,教师认识到,讲过的知识,学生自认为懂了,其实并没有懂。没有经过学生亲身体验、感受过的知识,不能认为已经真懂。将这一思考的结果进一步深化,就可能提出一个改进科学课教学,提高学生科学课学习质量的课题。我们还可以进一步反思,在实际教学中许多教师都是通过问“懂了吗”来了解学生的学习掌握情况,但学生回答了“懂了”并不等于确实懂了。因此,如何了解学生学习的实际情况? 如何据此调整自己的教学内容、教学程序及教学风格等等都可以引发出一系列值得探讨的课题。②

(三)根据自身研究能力和专长进行选题

选题要讲可行性原则,要量力而行、扬长避短。只有根据自身的研究能力进行选题,才有可能真正取得实效。就教育科学研究而言,研究者可以从以下3个方面权衡自身的研究能力:1. 知识结构。这是指对专业基础知识掌握的程度、一般文化修养及其结构特征。研究者应清楚自己知识结构的核心与边缘、可扩展的方向和可深化的层次,并根据这一情况来选择自己可以承担的课题、可以完成的任务。2. 思维特征。这包括思维品质特征和思维路线特征。加德纳(Howard Gardner)的多元智力理论等心理学成果表明,每个人都有不同的心智特征。因而思维特征各异的人,就需对自己的情况有清晰的了解,并据此选择合适的课题。如果研究者本人习惯于用归纳的方法,就可以选择一些调查研究之类的课题,或者首先从这类课题入手;若是习惯于演绎思维,就可以选择将理论应用于实践的课题开始

---

① 李方著. 现代教育研究方法. 广州:广东高等教育出版社,2004. 59

② 杨小微主编. 教育研究方法. 北京:人民教育出版社,2005. 179

研究。3. 科研经验,包括运用各种研究方法的熟练程度。这一因素主要影响到对课题研究规模及采取何种方法的选择。刚学习课题研究的教师,就可以选择一些小的、更具操作性的课题;在积累了足够经验之后,就可以逐步拓展到更大领域。

另一方面,撇开综合研究能力不谈,对于每一个研究者而言,必有其长,亦必有其短。德国化学家、诺贝尔奖获得者席格蒙迪(Richard Zsigmondy,1865～1929)说过:“真正聪明的人,应懂得如何充分运用自己的特长,而竭力避免自己的短处。”①应该学会他这种扬其所长、避其所短的方法进行选题。比如研究者自身的外语水平不高,较难获取国外大量的一手材料,就应尽量少涉足关于中外教育比较方面的研究课题,而应该在能发挥自身的优势与特长的其他方面进行选题。英国哲学家培根(Francis Bacon,1561～1626)说得好:“跛足而不迷路,能赶过虽健全如飞但误入歧途之人。”②因而我们可以在权衡自身的研究能力之后,充分发挥自身的研究专长进行选题,量力而行,扬长避短。

(四)借用或移植邻近学科的研究成果进行选题

他山之石,可以攻玉。借用或移植邻近学科的研究成果,主要是将科学学、心理学、社会学以及哲学等邻近学科中值得借鉴的理论观点或方法技术,引用、移植到教育科学研究中,解决教育科学中的某一课题。随着现代科学研究的迅猛发展,各门学科各个领域之间的渗透性和借鉴性越来越强,给教育科学研究的选题提供了一个广阔的研究空间。我们应该充分认识并利用这一空间的各种资源,借用或移植邻近学科的研究成果进行教育科学研究的选题,突出研究课题的新颖性和创造性。

例如,科学方法论是人们认识事物和进行研究工作的宏观指导,是科学的思维策略和方法,如系统方法中的“旧三论”(系统论、信息论、控制论)和“新三论”(耗散结构论、突变论、协同论),对包括教育科学在内的各门具体科学的研究都具有普遍的借鉴和指导作用。如从信息论的角度来看,教师教学实质上就是信息的输出,学生接受教师的观点就是信息的输入。如果借用信息论的这一观点进行选题,教师应该以何种语速、何种方法才能有效抵制学生的厌学情绪,促进学生高效接受外界信息的策略研究等,都可以作为教育科学研究的课题。

(五)从教育与其他学科交叉的新研究领域进行选题

在现代科学大综合发展趋势越来越明显的形势下,各个学科之间的交叉领域涌现出了大量值得开拓的新课题。教育科学与哲学、自然科学、社会科学、人文科学等领域渗透交叉中进行多向综合而产生的诸如教育控制论、教育生态学、教育生理学、教育病理学、教育美学、教育法学、教育评价学、教育未来学、教育技术学等新学科研究领域,以教育作为共同的研究对象,运用多学科的理论和方法,使教育研究得到了有效的深化。因而,我们开展教育科学研究不能停留在单纯的教育领域内进行,要学会在教育与其他学科之间的交叉点形成的新学科研究领域进行选题。

(六)从研究者本人感兴趣的问题中进行选题

贝弗里奇(W. I. B. Beveridge)曾说:“对于研究人员来说,最基本的两条品格是对科学

---

① 转引自梁国钊著. 失败的科学. 南宁:广西科学技术出版社,1990. 49

② 陈衡主编. 科学研究的方法论. 北京:科学出版社,1984. 9

的热爱和难以满足的好奇心。”[①]教育科学研究同其他科学研究一样，本是一种艰苦、创造性的劳动，不仅研究本身具有一定的难度，而且在研究中会有各种事先预想不到的困难。教育科学研究需要研究者发挥主动性、创造性，充分自由地放飞自己的思想。只有选定的是自己感兴趣的研究课题，才更有可能把我们的创造性思维和奋斗动力激发到最佳状态，进而使整个教育科学研究活动成为一种追求心灵自由、在实现事业理想和人生价值中充分感受成功体验的过程。研究者也由于受到好奇心、兴趣的驱使，更有可能信心百倍，动力十足，坚持不懈，克服重重困难，孜孜不倦地投入到研究工作中，才能最终取得突破性的成就。否则，当研究工作遭遇较大的挫折或困难之时，研究者本身对该课题并无兴趣，很难想像这项教育科学研究工作能正常继续进行下去，进而取得预期的研究成效。

（七）从同行或专家的讨论、切磋中进行选题

古人云：“三人行，必有我师焉。”科学研究需要研究者必须具备一定的研究能力和水平，同时也需要研究者学会合作，学会与同行或专家交流、讨论、切磋，这样才能集思广益、开拓思路，辐射出更多新想法、新观点。著名作家萧伯纳曾有一段经典的表述：“如果你有一个苹果，我有一个苹果，彼此交换，那么每个人只有一个苹果；如果你有一个思想，我有一个思想，彼此交换，我们每个人都有两个思想，甚至多于两个思想。”

特别是有丰富的科学研究经验的专家，他们往往比我们站得更高，看得更远，其每一个观点及想法，其研究方向、研究方法及研究成果等无疑都会为我们选题提供指导与帮助。我们应该学会充分利用这份宝贵的资源，大胆地同有关专家进行交流、讨论，甚至争论。

（八）从有关教育观点的争议之处进行选题

在有关教育理论或实践的观点中，必然存在着许多未达成共识的分歧与争议。不同的教育观点，特别是有争议的问题，本身就能给我们提供一个相互冲突的对立面，扩展我们的研究视角和视野。比较、分析并权衡、评判其中的争议之处，这也是教育科学研究者进行选题的一个重要途径和方法。

例如，批判应试教育、推行素质教育在我国当前基础教育改革的浪潮中虽已成主流，但并非就没有争议。比如能否用素质教育批判应试教育，二者是否是一个对立范畴，素质教育能否不“应试”，应试教育中是否不能推行素质教育等基本问题，在教育界及社会各界都还存在争论。在比较并权衡了这些争议之后，研究者就可以选定不同的课题。若是持否定态度，至少可以从以下方面考虑选题：应该怎样对待素质教育与应试教育二者的关系，应该通过哪些策略把二者在教育实践中有机统一起来。

当然，在有关争议之处或前人研究的基础之上，通过启迪、顿悟或灵感，我们也可能会发现一些还没有研究者涉足的“地带”。教育研究领域内肯定还有一些未被开垦的“处女地”，在这些无人问津的地带进行挖掘，仍然可能会发现不少研究课题。当然这是独创性很高的一项艰难工作，对研究者的能力和水平要求相当高。

（九）直接从各级教育科学规划课题指南中进行选题

随着科教兴国战略的实施，作为科学研究“灵魂”的选题，必然引起各级教育行政部门、

---

① W. L. B. 贝弗里奇著．科学研究的艺术．北京：科学出版社，1979. 143

教育科研机构、学术团体以及教育期刊的高度重视。为了更好地指导教育科学研究工作，提高教育科学研究水平及其成效，往往定期或不定期地对教育科学研究的发展作出规划，提出具体的目标与任务，推出一定的教育科学研究课题指南。

《全国教育科学规划课题管理办法》中就指出，“全国教育科学规划和课题指南每五年发布一次，通常在每个五年计划实施的第一年第一季度向全国公布；规划执行期间，每1～2年组织进行一次申报和评审。”“全国教育科学规划设立国家重点课题、国家一般课题、国家青年基金课题（以上为在国家哲学社会科学规划中立项的课题）；教育部重点课题、教育部青年专项课题；其他部委重点课题和解放军系统重点课题；规划课题。”例如，由全国教育科学规划领导小组根据“九五”期间教育科学发展的基本方针、目标和任务，主持编写的全国教育科学“九五”规划课题指南中，共涉及14个学科的200多个课题。又如由全国教育科学规划领导小组办公室编制的《全国教育科学“十五”规划2005年度课题指南》中，提出了66个研究课题（详见附录一）。

第四节　课题论证

为了避免选题中的盲目性，进一步完善课题方案，创设落实条件，在严格遵循选题的各项原则，综合运用各种选题的策略和方法，充分考虑选题的各种注意事项之后，必须进行课题论证。课题论证是指从专家的角度对初步选定的课题进行必要性和可行性方面的评价性研究的过程。

一、课题论证的意义

教育科学研究的实践证明，对课题进行详细的正式的论证，具有如下几方面的意义：①

（一）确认课题研究价值，明确研究方向；

（二）完善课题方案，明确保障条件；

（三）为研究者提供一个集思广益、取长补短的学术环境，达到带着问题进行教育科学研究方法学习的目的，初步认识课题研究的规范；

（四）使科研管理部门本身更充分地了解到各个课题研究的条件，进而为今后保证重点、建立更完善的体系、进行科学管理提供更具体的依据。

二、课题论证的内容

根据课题本身的级别和论证的场合不同，对课题进行论证的具体内容可能不尽一样。如由全国教育科学规划领导小组办公室编制的《2005年全国教育科学规划课题申请·评审书》中，在课题论证这部分列出了以下3个方面的内容：

·本课题的国内外研究现状述评、选题意义和研究价值。

① 杨小微主编．教育研究方法．北京：人民教育出版社，2005. 195

· 本课题的研究目标、研究内容、主要观点和创新之处。

· 本课题的研究思路、研究方法、技术路线和实施步骤。

可以说，无论何种类型何种级别的课题在何种场合进行课题论证时，都必须包括以上3方面的内容，它是课题论证的主要内容。（相关课题论证举例，详见附录二）

在一般的课题论证中常常包含如下8个方面的具体内容：

（一）研究课题的性质和类型

主要说明所选研究课题是理论性课题还是应用性课题，属于其中的哪一级课题；是验证性课题还是探索性课题；是教育科学课题规划中的课题还是委托性质的课题，还是自选的课题等等。

（二）研究课题的目的和意义

主要说明“为什么要选定该研究课题”的问题，它的研究意义一般要从理论和实践两方面去阐述其研究价值。当然，若是理论性研究课题应侧重说明其理论价值，若是应用性研究课题则应着重说明其实践价值。

（三）研究课题的国内外研究现状

这一部分需要梗概地介绍与该研究课题相关的国内外研究已达到了什么程度，已得出哪些结论，有何争论，进而提出该研究将从何入手，预计可能在哪些方面有所突破。

（四）研究课题的主要内容和主要观点

这一部分要说明的是研究课题将从哪些具体的方面进行研究。

（五）研究课题的思路方法与实施步骤

主要说明研究课题“如何开展，怎样才能达到研究目的”的问题，即采用什么具体的教育科学研究方法和途径，才能完成课题的研究。

（六）研究课题的现实可行性

主要包括说明已有的研究基础和完成课题的保障条件。已有的研究基础需要说明已收集了与该研究课题相关的哪些资料，研究者以前有哪些相关研究成果等；完成课题的保障条件需要说明，如研究材料、实验仪器设备、研究经费、研究时间及所在单位条件等。

（七）研究课题的经费预算

这一部分需要列出较为详细的支出预算清单，包括复印和打印费、调查与实验费用、图书资料购置费等。特别是较难开展的一些级别比较高的重点课题在经费预算这里更应该清晰，实事求是。

（八）研究课题的成果形式

这一部分只需要简单说明研究课题的成果形式是论文，还是专著，还是其他音像制品，或者皆而有之。

附录一:国家教育科学规划课题指南

全国教育科学“十五”规划2005年度课题指南[①]

根据党的十六届三中全会、四中全会精神和当前教育改革发展的新要求,为落实科学发展观,贯彻《中共中央关于繁荣和发展哲学社会科学的意见》,服务教育部《2003~2007年教育振兴行动计划》,依据《全国教育科学“十五”规划要点(2001~2005年)》,衔接《全国教育科学“十五”规划2001年课题指南》和《全国教育科学“十五”规划2003年度课题指南》,着眼“十一五”经济社会教育发展规划,明确全国教育科学研究2005年度选题主要范围,以引领教育科学发展方向,遵循教育科研的规律和特点,鼓励和激发教育科研工作者的创造性,进一步繁荣和发展教育科学,发挥教育科研服务决策、指导实践和影响社会的第一教育推动力的作用,为办好人民满意和受益的教育服务,为构建社会主义和谐社会做贡献,特制订2005年度课题指南。

1. 科学的教育发展观研究

2. 改革开放以来若干重大教育政策法律的实施效益评估研究(可选择若干教育政策进行纵向研究或省域横向比较研究。)

3. 未来15年我国重大教育问题的预测与对策研究

4. 素质教育专题研究(侧重研究素质教育的理论发展、政策沿革,调研素质教育的实施现状,分析总结素质教育实施中的经验、影响因素和体制性障碍,从教育目的、学校办学思想、课程教学、教师队伍、学生课业、评价体系和构建长效机制等方面提出改进思路。)

5. 弱势群体教育权益保障研究(侧重流动儿童、残障儿童、贫困生、女童等教育问题研究。)

6. 完善中国教育法律体系研究

7. 当代教育理论流派对我国教育改革与发展的影响研究

8. 教育领域的公权和私权关系研究

9. 教育舆情分析与对策研究

10. 学校发展现状抽样调查研究(可选择不同层次和类型的学校,须明确调查内容和样本量。)

11. 学校债务化解以及教育国有资产保值增量研究(侧重“普九”欠债、改制学校、高中和高校融资风险研究等。)

12. 政府教育管理职能转变及绩效评价研究(侧重研究各级政府在发展义务教育、职业教育、高中教育和高等教育的不同职责,以及相应的社会参与问题,进一步明确政府教育投入的合理结构。)

13. 国家财政教育专项投资的绩效分析及制度化研究

14. 现代大学制度创新研究

15. 教育考试评价制度的制度创新研究

16. 国家教育数据库建设研究

---

① 全国教育科学规划领导小组办公室编制. 全国教育科学“十五”规划2005年度课题指南

17. 教育中介机构现状调查与对策研究
18. 教育科研管理体制和质量评价研究(侧重机构、制度、投入、项目、评估和推广方式等。)
19. 未成年人价值观教育的有效途径研究
20. 青少年流行文化现象调查和对策研究(侧重网络游戏、流行歌曲、童谣、口袋书、动漫等内容。)
21. 预防青少年犯罪与被害的教育对策研究(侧重远离黄、赌、毒、网瘾、暴力,自救与互救等内容。)
22. 德育工作者专业化研究(侧重班主任、心理咨询师、辅导员等。)
23. 革命传统教育资源的保护和开发研究
24. 教师师德和学生思想品德现状调查研究
25. 师生心理危机现象分析与干预研究
26. 义务教育的基本办学标准和质量保障体系研究
27. 义务教育区域均衡发展的可操作性对策研究
28. 我国实行全面免费义务教育制度的前瞻性研究
29. 国家(地区)教育服务贸易竞争研究
30. 发展中人口大国教育发展模式的比较研究(侧重印度、巴西、墨西哥等国家。)
31. 国外考试评价制度特色研究(侧重美国、日本、印度、韩国、新加坡等国家。)
32. 国外研究生教育发展模式研究(侧重印度、以色列、美国、日本等国家。)
33. 教师标准和教师教育标准的国际比较研究
34. 学生助学贷款制度实施效益的国际比较研究
35. 国外小学和幼教师资培养模式研究
36. 经济发达地区教育发展特色研究(侧重经济发达省市、经济百强县市的教育发展研究。)
★37. 边疆地区跨境义务教育调查研究
38. 中部地区农村教育调查研究
★39. 西部大开发中的教育绩效研究(侧重“两基”攻坚、寄宿制学校建设、危房改造、“两免一补”等方面。)
40. 东北老工业基地教育发展研究
★41. 西部学校师资流动状况的调查研究
42. 居民家庭教育支出和学生在校教育成本调查研究
43. 民办教育可持续发展研究
44. 学前教育办学体制现状及对策研究
45. 义务教育新课程改革的反思评价研究
46. 高中新课程改革的实验研究
47. 我国大学的竞争力评价体系研究(侧重学校定位、办学特色、学科建设、知识贡献、人才培养、社会服务等方面。)
48. 建设世界一流大学和高水平大学的途径与模式研究
49. 高等教育(本专科、研究生)质量保障体系研究
50. 教育发展适度规模效益的研究(侧重研究教育资源在区域、学校和班级的合理配置,总结高校院系专业改革、中小学布局调整的经验等内容。)

51. 大中专毕业生就业与创业服务体系研究

52. 独立学院发展模式研究

53. 以就业为导向的职业教育体制创新研究

54. 拔尖创新人才、高新技术人才和技术技能型紧缺人才培养模式研究

55. 农村剩余劳动力转移的教育培训研究

56. 成人学习动机和能力的调查研究

57. 家庭教育现状和家长教育素质的调查研究

58. 学校教学设施建设的人本化与基本标准研究

59. 学校突发事件的预警机制与安全救护研究（侧重预防疾病、恐怖事件、自然灾害、食物中毒、伤害事故等。）

60. 学校体育、艺术和卫生教育现状调查与对策研究

61. 教师和学生信息素养调查及标准研究

62. 区域网络优质教育资源的开发与共享案例研究

63. 教育信息化的成本效益研究（侧重局域网、校园网以及农村中小学现代远程教育效益研究。）

64. 数字化校园的建设策略与有效利用模式研究

★65. 民族地区教育特殊政策与援助机制研究

66. 民族学校新课程改革适应性和办学特色研究

（注：带★号的条目为西部专设课题，申请西部专设课题的申请者所在单位必须在西部，要体现地方和民族特色）

附录二：课题论证举例

教育发展地区差距研究[①]

一、本课题国内外研究现状述评及选题的价值

（一）国内外研究现状述评

1. 中国发展的地区差距问题，胡鞍钢、王绍光、林毅夫、Tsui、Rsui、Raiser、Long 等学者以及世界银行机构进行了大量的研究。

（1）研究者度量并分解中国发展的地区差距。例如 Tsui（1999）发现省际差距在 20 世纪 80 年代的前半期下降，之后差距不断扩大，90 年代人均 GDP 趋异加速，他们还通过分解地区差距，发现中国发展的区域内差距下降，而区域间差距上升。

（2）分析中国地区差距产生的原因和影响。胡鞍钢等（1995）认为市场失效自发促进地区差距扩大，而政府失效加剧地区间经济差距扩大，政府政策向发达地区倾斜加剧了经

① 全国教育科学规划领导小组办公室：http://onsgep.moe.edu.cn/anli/0311242.doc，2006-03-12。

济资源不平衡的格局，并指出地区差距过大会带来严重的经济问题、政治问题和社会正义问题，严重的甚至可能导致国家分裂；林毅夫、蔡昉和李周(1998)通过对各省人均GDP和人均收入差异的考察，认为地区差距越来越表现在利用市场和发展机会的差距上。

2. 随着研究的进展，地区差距的研究不再限于经济方面，而是包括社会发展和知识发展指标等。世界银行(1995)把中国划分为7类地区，除经济指标以外，还对人口、婴儿死亡率、教育水平、保健能力等进行了比较；胡鞍钢、邹平(2000)研究了中国社会发展的地区差距；胡鞍钢、熊义志(2000)对中国各地区知识发展差距进行了研究，他们认为知识因素是解释各国和各地区间经济增长差异性的重要因素，并采用10个指标经加权构成综合知识发展指标，分析各地区知识发展水平知识发展的地区差距；世界银行(2000)认为在教育和卫生保健等人力资本投入方面的不平等非常严重，对穷人的人力资本进行投资，增加他们的资产，是减小贫富差距、消除贫困的有效途径；李春波(2001)对中国各地区人力资本与经济发展差距进行了探索性的研究，对建国以来全国及各地区人力资本状况进行了估算，发现尽管人力资本积累取得了长足进步，但总体水平仍然不高，且存在显著的地区差距、城乡差距和性别差距，地区差距方面，尽管人力资本积累的区域内部差距都在缩小，但区域之间的差距从20世纪90年代以来却有所扩大。

3. 我国教育发展的地区差距问题近年来颇受学者们关注。魏后凯等(1997)考察了教育财政分权化改革对地区教育发展的影响，指出改革后地区经济的不平衡发展必然会引起地区间教育投入的严重失衡，这种失衡又引致地区间教育发展机会的不平等。王善迈等(1998)和杜育红(2000)对我国各省区划分了经济发展和教育发展的区类，并对教育发展不平衡对教育发展的影响进行了分析。黄家泉等(2002)从我国地区经济发展不平衡的基本状况出发，分析了地区经济发展不平衡对“两基”、高等教育的影响，进而阐述了新时期教育区域化发展的思想。中国教育与人力资源问题报告课题组(2003)从全面建设小康社会、民族复兴与富民强国的国家战略高度，确立了教育与人力资源开发的战略选择；系统分析了我国教育与人力资源开发的国情、成就、挑战与机遇；勾勒了未来50年，特别是未来20年我国教育发展与人力资源开发的战略构想并提出了一系列政策举措建议。

综上所述，我国教育发展的地区差距及其与经济、社会发展的关系，逐渐成为各领域学者关注的焦点。但是，以下几个方面的问题需要进一步研究：

第一，在衡量我国教育发展的地区差距时，构建可以进行国际比较的指标体系；

第二，对改革开放以来我国教育发展地区差距的发展、演变过程的深入研究；

第三，从经济增长机制角度研究教育对经济、社会发展的促进作用；

第四，从教育的经济特性出发研究改善教育发展不平衡和提高落后地区教育质量的公共政策。

(二)选题的价值

中国是一个人口众多、地域辽阔、地区差距显著的发展中大国。

地区发展差距问题的核心是地区经济发展不平衡，但地区差距绝不能简单地归结为单纯的经济发展差异。教育是知识发展的基础。教育本身既是社会发展水平的重要标志，又是经济发展，乃至整个社会发展最重要的决定因素之一。教育发展的地区差距是产生我国地区发展差距的关键因素。

战略性的发展决策失误是最大的失误；反之，战略性的发展决策成功是最大的成功。在全面建设小康社会的进程中，国家必须制定科学的教育发展战略，通过缩小地区间教育发展的差距带动地区间知识差距问题的解决，进而全面开发人力资源，实现利用知识促进地区发展。

我国教育发展的地区差距及其与经济、社会发展的关系问题已经逐渐成为各领域学者关注的焦点，但是在这一问题的具体研究上，如前所述，有很多方面的问题需要进一步研究。本课题便致力于在衡量我国教育发展的地区差距，研究教育对经济、社会发展的促进作用，分析产生我国教育发展地区差距的主要原因，以及缩小我国教育发展地区差距的政策建议等方面进行探索性的研究。

二、本课题所要解决的主要问题、研究的主要内容及重要观点

（一）本课题所要解决的主要问题

1. 构建可以进行国际比较的指标体系，衡量我国教育发展的地区差距。
2. 建国以来，尤其是改革开放以来我国教育发展地区差距的历史变迁。
3. 产生我国教育发展地区差距的主要原因。
4. 以经济增长机制为视角，研究教育对经济、社会发展的作用。
5. 缩小我国教育发展地区差距的具体政策建议。

（二）研究的主要内容

1. 缩小教育发展地区差距、全面开发人力资源——全面建设小康社会的重要目标

(1)从历史的视角观察中国地区发展差距，包括经济发展和社会发展的不平衡及其相互联系；

(2)从以人为本的综合发展观出发，以新增长理论为基础，分析教育促进发展的重要意义，进而结合中国实际，提出缩小教育发展地区差距、全面开发人力资源是我国全面建设小康社会的重要目标；

(3)评述本课题的研究现状，界定本课题的具体研究问题，理清有关概念，为科学客观地研究我国教育发展地区差距问题奠定基础。

2. 我国教育发展地区差距的状况、特点及成因

(1)借鉴国际上对教育和人力资本的研究，构建衡量教育发展的指标体系，以测算中国各地区教育综合发展指数；

构建包括教育发展数量指标（如预期受教育年限、劳动人口平均受教育年限、入学率等）和质量指标（如教师资格合格率、生师比、教育质量等）的综合指标体系，以衡量我国教育发展水平及地区差距。

(2)衡量我国教育发展的地区差距，分析我国教育发展地区差距的特点；

采用最大最小系数、相对差异系数、加权相对差异系数、趋同系数和泰尔系数、基尼系数等多种方法，计量教育发展地区差距，重点是分别衡量东、中、西三大区域教育发展的区域内差异和区域间差异。在此基础之上，分析教育发展地区差距的发展演变过程及其特点。

(3)分析产生我国教育发展地区差距的主要原因。

A. 分析经济发展因素对于教育发展及其地区差距的影响；

B. 构建教育投入指标体系(包括教育经费的投入量、增长比例、占 GDP 比重、来源结构比例等),从经济发展状况和教育投入角度衡量我国教育发展地区差距的原因;

C. 从财政体制、知识发展模式、开放程度、政府作用等国家宏观法律、政策、发展战略方面分析产生我国教育发展地区差距的深层原因。

3. 缩小我国教育发展地区差距的政策建议

(1)以经济增长机制为视角,分析教育对经济、社会发展的作用。从教育发展的地区差距对经济增长,进而对经济、社会发展的不利影响等因素出发,分析缩小我国教育发展地区差距的必要性;

(2)从国家对教育事业发展的重视程度不断提高以及我国目前经济建设和各级教育发展的良好态势等因素出发,分析缩小我国教育发展地区差距的可行性;

(3)我国教育发展地区差距的具体政策建议:

本课题拟从因地制宜加大财政投入力度、提高教育基金使用效率、教育向民间开放、确保教育质量等方面,提出一系列政策建议。

(三)重要观点

1. 教育既是经济、社会发展的手段,同时也是其目的。

2. 全面建设小康社会的目标要求政府实现发展战略的转变:从"以物为本"的经济增长战略转到"以人为本"的知识发展战略。

3. 缩小教育发展地区差距、全面开发人力资源是"以人为本"的知识发展战略的重要体现。

三、本课题研究的主要思路和方法

(一)研究的主要思路

本课题研究的主要思路是:文献调研→阶段分析→实证研究→结论与政策建议。

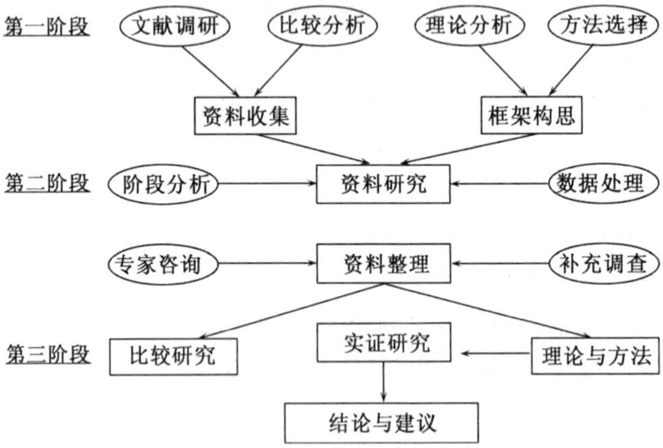

(二)研究方法

1. 理论研究与计量研究相结合,以理论分析为主

2. 实证分析与规范分析相结合,以实证分析为主

3. 定量分析与定性分析相结合,以定量分析为主

第三章

观察法

观察法是教育科研中最基本最普遍的方法,它不仅是收集材料的基本途径,也是其他研究方法的基础。本章通过对观察法概念、特点、类型、实施等介绍,使我们能更加科学地运用观察法。

第一节 观察法概述

一、观察法的含义、特点和功能

(一)观察法的含义

观察是日常生活和工作中经常进行的一项活动。它是指人们对周围存在事物的现象和过程的认识,这种认识是基于研究者对事物的现象和过程的理解。

科学的观察,并不是指人们对观察的一般理解,即不仅仅是"仔细察看",而是在自然存在的条件下,对自然的、社会的现象和过程,通过人的感觉器官或借助科学仪器,有目的、有计划地进行的。所谓"自然存在的条件",是指对观察对象不加控制、不加干预、不影响其常态;所谓"有目的、有计划",是指根据科学研究的任务,对于观察对象、观察范围、观察条件和观察方法作了明确的选择,而不是观察能作用于人感官的任何事物。

因此,观察法是指人们有目的、有计划地通过感官和辅助仪器,对处于自然状态下的客观事物进行系统考察,从而获取经验事实的一种科学研究方法。

(二)观察法的特点

观察法是教育科学研究中经常运用的一种研究方法,它具有如下特点:

1. 观察的目的性。观察是根据课题的需要或为解决某一具体问题而进行的。因此,观察前需要有明确的观察目的,并要确定好观察的范围、形式和方法。

2. 观察的客观性。观察是在自然状态条件下,不改变观察对象的自然条件和发展过程,直接观察某一特定教育现象发生、进展过程,综合运用各种途径和方式,对观察结果作明确、详细、周密的记录。由于研究者不干预研究对象的活动,从而能保证资料收集的直接、客观。

3. 观察的能动性。科学的研究性观察是大大高于日常观察,是有目的、有选择的能动的自我实践过程。作为研究手段的教育观察是按事先制定的计划和程序进行,同时规定了观察的时间和内容,是从无数教育现象中选择典型对象典型条件,力求全面地把握观察对象的各种属性并用科学理论去分析、判断和理解观察结果,因此同样具有能动性。

4. 实施的简便性。观察法的实施相对来说较少受到人为因素的影响,在研究过程中研究对象始终处于自然状态中,通常不要求观察对象的合作,便于实施,但是比其他方法更费时。

(三)观察法的功能

观察法的运用范围极广,在教育工作和教育研究的许多领域中都发挥了重要作用。概括起来,它的功能主要体现在如下方面:

1. 有助于获得比较真实、比较客观的事实材料。如学生的各方面情况;教师的教育、教学活动;师生关系现状;学生与教师的群体氛围以及其他教育影响的作用。

2. 有助于提出解决问题的措施。在观察基础上,可以对被试的行为特征作出较全面而正确的评判,并进一步提出有效的解决问题的措施。

3. 有助于研究课题的选择和形成。通过观察可直接导致形成某些新课题,发现某些新观点和新理论,为教育研究开拓新的方向和领域。

4. 有助于检验教育科学理论的正确与否。观察是检验科研成果可靠性和科学性的重要途径,尤其是那些一时难以用测量、实验等方法验正的理论观点,可以通过观察对其正确性作出初步判断。

二、观察法的作用与局限

(一)观察法的作用

作为一种最基本的科研方法,观察法贯穿在教育科学研究的全过程,并在研究中起着十分重要的作用。

1. 观察是发现问题、提出问题的前提。在教育科学领域中尚有许多有待研究的新问题,需要研究者善于洞察、捕捉和思考,从而透过现象,发现问题,提出新问题。例如:皮亚杰于 1920 年到巴黎比奈实验室工作。在测试儿童智商的过程中,他发现被试的错误符合于一个连贯的模式,也就是一定年龄阶段孩子的错误有共同点,这模式似乎暗示他们的思想可能具有自己的特点,有一定的规律。皮亚杰对此十分感兴趣,提出研究儿童智力问题,以此奠定了他一生的研究方向,建立了发生认识论,使儿童心理学走向新的发展阶段。

2. 观察是产生、提出理论假设的途径。假设的建立必须建立在一定的事实材料的基础上,或者从某一个已知的科学理论推测出来的,是以真实材料为基础,通过科学的观察、实验测定来证明的。

3. 观察是帮助研究者了解被试个体差异的有效方法。教育科学研究面对的是各不相同的被试个体,他们的个性千差万别,为了使研究顺利进行,必须要了解被试的个体差异。如研究教育对儿童社会交往能力的影响,就要首先观察哪些儿童更困难,困难表现在哪些方面,哪些儿童困难小一点,然后根据不同儿童特点制定具体的教育对策。

4. 观察是弥补其他科研方法不足的有效手段。有一些特殊问题使用观察法更为合适。

如要研究问题儿童的心理特点,用观察法有目的有计划地将这些儿童进行个案追踪记录,就可以观测到许多真实的行为现象,然后将收集到的资料进行分析,从而探索出问题儿童的心理特点,为教育这些儿童提供心理依据。

5. 观察是教育评价的有效方式。教育中,如何评价教师与学生的关系,评价一种教育方法是否有效,评价教师的一些教育措施是否得当,等等,都可以通过实地观察获得。

(二)观察法的局限

观察研究方法的本质同时也规定了它的局限性。由于观察是在自然条件下进行,必然会受到错综复杂的各种各样偶发因素的干扰;由于研究者在观察时原则上一般不能支配和控制研究对象及其发展过程,从而带来了如下几方面的局限:

1. 只能说明"有什么"和"是什么"问题,而不能判断"为什么"这一类因果关系的问题。"知其然,不知其所以然"。

2. 由于观察时间和观察情境的限制,在研究对象人数多且分散的情况下应用较困难。

3. 由于教育现象的复杂且处于不断变化之中,观察项目归类推论性太多,会影响研究的信度。

4. 观察结果的代表性不高。观察研究往往取样小,观察的资料琐碎不易系统化,普遍性的程度不高。因此,在使用观察法时,一方面要使观察法与其他研究法结合使用,另一方面需要研究者有科学的态度和掌握方法的使用要领。

5. 易受观察者主观因素影响。由于每个人的知识经验和成长背景不同,不同的观察者对待观察的对象、行为和事件会有一定的主观态度或看法。

三、观察法的要素

任何科学观察都有预先的目标和设计,但预先设计的观察内容很可能在进程中有所改变。不过无论何种观察,也无论观察内容如何变化,以下几个要素是教育观察所不可或缺的。

(一)场所

场所是事件或活动出现的舞台与背景,它对于事件或活动具有较大的影响力和约束力。因此观察者首先注意的是其出现的场所。

(二)角色

每一事件的发生总少不了基本的角色,因此对人物的观察也是最主要的工作。观察角色的要素包括他们的身份、数目、相互间的关系等。

(三)目标

每一事件或活动均有一定目标。应注意参加人物参与其中的目标,特别应注意他们的态度、动机或想法。

(四)行为

观察参加人物的各种行为,如事件的引起、行动的趋向、目标、内容细节、性质及其影响。

此外,事件发生时间、频率、延续期、出现次数等,也是观察者应注意的要素。

四、观察的类型

按照不同的维度,观察可分为不同的类型。可以按事先是否确定具体观察项目,分成“有结构观察”和“无结构观察”;可以按观察者是否直接参与所研究的活动,分成“参与观察”和“非参与观察”;可以按照对行为的不同取样方式,分成“时间取样观察”和“事件取样观察”;可以按照观察者是否对被试进行控制,分成“实验观察”和“自然观察”。如下表 3-1 所示:

表 3-1 观察的分类

分类标准	类别	特点
按事先是否确定具体观察项目	有结构观察	有结构观察法是有明确的评价目标、对象和范围,有详细的计划、步骤和设计的观察方法。
	无结构观察	无结构观察法是指对观察内容项目与观察步骤不预先确定,也无具体记录要求的非控性观察,如:日记法。
按观察者是否直接参与所研究的活动	参与观察	观察者不同程度参与被试的群体中,共同生活并参与日常活动,从内部观察并记录被试的行为表现与活动过程。
	非参与观察	观察者不参与被试的活动,不干预其发展变化,以局外人的身份从外部观察并记录观察对象的行为表现与活动过程。
按照对行为的不同取样方式	时间取样观察	在一个确定的短时间阶段里观察被试,主要记录行为出现与否,行为出现的次数,以及持续时间。
	事件取样观察	从被试各种行为中选出一种有代表性的行为进行观察,在自然的情境中,等待所要观察的行为出现,然后记录行为全貌。
按照观察者是否对被试进行控制	实验观察	观察者对周围条件、观察环境、观察对象等观察变量作出一定的控制,采用标准化手段进行观察。
	自然观察	对观察对象不加控制,在完全自然的情况下精心地进行观察。

第二节 观察的方法

在具体运用过程中,观察法因其具体的观察目的、观察内容、观察方式和手段等方面的不同而区分为不同的类型。本书根据观察记录的方式及所观察的行为的选择控制程度之不同把观察法分成 3 类:叙述性观察法、取样观察法、评价观察法。

一、叙述性观察法

叙述性观察法是指通过详细记载事件或行为发生、发展的过程而获得资料的方法。它主要包括3种:

(一)日记描述法(Diary description)

日记描述法是一种记录连续变化、新的发展或新的行为的观察方法。它是一种纵向记录,通常在一较长的时间阶段中重复观察同一被试或同一组被试。日记描述法一般适用于个案研究,当观察者与被观察者关系较密切或接触频繁时也常运用。最早使用这种方法的是瑞士教育家裴斯泰洛齐。

日记描述法的不足是:

1. 研究对象缺乏代表性。通常,样本太小,从一个或几个对象身上观察到的内容不一定具有代表性。

2. 观察易带主观倾向性。观察者在选择被试和观察时往往是选择身边的、亲近的、接近的作为观察对象,易带有偏见。

3. 观察时间的长期性。日记法需长时期持续记录,观察时间长,费时、费精力。

当然,日记描述法也有它的优点。日记描述法的主要优点有:记载详细、具体、有背景、有情节,能提供发展的完整次序,说明行为的连续性,多方面给人们提供观察对象行为或发展的图景。

(二)轶事记录法(Anecdotal records)

轶事记录法与日记描述法同是叙述性的,但它与日记描述法不同,它不像日记法那样连续记录观察对象的新行为的发生、发展,而是着重随时随地记录某种有价值的行为及研究者感兴趣的事例。轶事记录法不受时间限制,不需要特殊的情境,不需要特殊的步骤,不需要事先对行为进行编码,更无须进行分类、制表等,没有特别的技术要求。

(三)连续记录法(Running records)

连续记录法是对自然发生的顺序事件或行为在一定时间内作连续不断的记录,并要求对所要观察的情景以尽可能精确、连贯的语言进行叙述。要求观察者按自然发生的顺序详尽地叙述行为。此外连续记录法观察时间通常为一天、半天。一般比轶事记录法更完整。

以上3种叙述方法的记录都要求:具体记录、不要归纳或用抽象、费解的形容词和副词,要设法写出具体行为,要设法停留在最小可能的推论层次上。尽可能地避免用个人自己的叙述词和解释词来作为观察者的叙述词和解释词。要设法掌握一个人的原始行为发生情况,而不是对当时的情况作最后判断或评价。

同时,记录时还应把观察者脑海中闪现的分析意见和推论记录下来,并用特殊符号注明。因为这些意见可能对以后资料的分析会有帮助。

以上3种叙述方法都是对事件和行为进行详细的观察和记录,但它们又有所不同。不同是各种方法所强调的着重点不同。日记描述法是在较长时间内,对行为和事件作详细记录,有相关背景和情节。轶事记录法是对研究者认为的典型的有价值的事件进行记录。连续记录法则是在一段时间内对某一事件或行为作连续的、完整的记录,强调事件或行为的前因后果。

二、取样观察法

取样，就是对行为或事件的选择。取样观察法的特点是对观察的行为或事件进行分类，把复杂的事件或行为转化为可以数量化或可限制的材料来进行记录。例如，考察教学质量，可把教学质量分为教学目标、教学内容、教学方法和教态等类，这样笼统的教学质量就转化为了可限制的材料，从而能作出量化的观察记录。

取样观察法是一种以行为为样本的观察法，运用这种方法，研究者可以在较短的时间内获得大量的有代表性的资料，且便于整理。常用于要对较多被试作观察的情况。

掌握观察取样法，首先是要明确取样观察法的程序。

（一）取样观察法的操作程序

1. 对观察内容进行分类

运用取样观察法首先要对观察内容进行分类，通过分类将其转化为可以数量化的材料，因此分类是取样法的关键。

通常，研究者一般从以下几方面考虑进行分类：

第一，可从实际出发。哪些行为可能要在观察期间发生，怎样分类才能观察到一系列行为或事件的变化。

第二，以理论指导。思考从什么理论角度考虑分类的内容，理论上已有哪些分类可以借鉴。

第三，借鉴他人研究。前人已有哪些分类，哪些分类可取。

科学分类要做到：第一，分类要详细、明确、具体。第二，分类应遵守详尽性和互相排斥性原则。详尽性原则指要包括所有的类别，不能缺漏，相互排斥性原则指每样东西都仅仅符合于一个种类。如性别的类别分为男性和女性，这种分类就是包罗无遗又相互排斥的。

2. 操作定义

操作定义就是用具体的、可感知的或可度量的事物、事件、现象对类别作的界定。下操作定义的目的是使不同观察者的记录趋于一致。例如，一个观察“学生课堂问题行为”的研究将学生的问题行为分为外显性问题行为（极易被老师和同学发现并造成一定影响的行为，主要表现为：大声说话或制造噪音打断教学；与同学在教室内争吵、打架；课桌周围过度活动；多嘴多舌等）和内隐性问题行为（指不易被老师和同学及时发现，目前尚未被他人造成明显影响的行为，如上课不认真听讲；思想开小差，看课外书，吃零食，做其他学科作业等），因此对不明确的或理解可能产生歧义的类别都应下操作性定义，以保证不同观察者记录的一致性。

3. 设计记录表单

观察记录是确保观察到的事实材料准确客观的重要一环。为使观察记录全面、系统和准确，就要编制观察记录表。一份好的观察记录表具有两方面的功能。一是实施功能。观察可依据记录表合理分配注意力，按要求实施。观察者不至于遗漏重要内容或注意与研究课题无关的内容；二是记录功能。观察者系统地记录下观察资料，便于研究者进一步的分析与整理。观察记录是录音或录像所不能代替的。

观察者应该从实际出发，依据不同的研究目的和观察类型，编制出科学的观察记录表。例如，若采用时间取样观察法，则应对特定时间内的观察对象可能出现的行为事件作尽可能全面的预计，并设计在记录表内。以“中学生课堂行为研究”为例，有的教师设计了如下记录表，见表3-2：

表3-2　中学生课堂行为记录表

学校________年级________班________学生姓名________

教学科目________教师________记录者________日期________

行为类型		记录		
		出现秩序	持续时间	出现频率
学习行为	听讲			
	举手回答问题			
	举手提出问题			
	到讲台前示范			
	做课堂练习			
	做操作实验			
	其他			
非学习行为	与邻座讲话			
	看课外书			
	做小动作			
	看别人或别处			
	擅自离开座位			
	和别人打闹			
	其他			

注：出现秩序，以1,2,3等序数字表示。

该表把中学生在一节课内的课堂行为分为学习行为与非学习行为两类，每类各列出操作性定义。如学习行为包括听讲、举手、示范、练习、实验等，记录表中的其他供观察者临时记录暂未归入上述定义中的学习性行为。非学习行为也作了类似的定义与设计。如果有的老师觉得学生的学习行为很难用频数记录法，则可用时间来描述，改用评等法，如表3-3。

表3-3　中学生课堂学习行为记录表

学校________年级________班级________学生________

学习科目________教师________记录者________观察时间________

学习行为	等级				
	认真	较认真	一般	不太认真	不认真
听课					
讨论					
回答问题					
提出问题					
讲台前示范					
做练习					
其他					

(二)取样观察法的种类

1. 时间取样

时间取样是专门观察和记录在特定的时间内发生的特定行为。即在规定的一定时间段中进行观察,对这一时间内发生的各种行为表现作较全面的记录。如观察学生课堂注意力分散的表现。把上课时间 40 分钟划分为 8 段,即每一段 5 分钟,记录每一段时间内学生注意分散的表现(东张西望、玩东西、小声讲话、未注意该注意的内容等等)。

时间取样观察的运用步骤:一是确立观察的时间段;二是确定观察内容,将观察内容具体细分到可叙述的、可观察到的行为,并对观察行为下操作定义;三是确定观察的指标;四是根据观察内容设计好记录表单。

时间取样设计观察的主要指标有:(1)规定时间内某种行为是否出现及出现的种类;(2)规定时间内行为发生的频率;(3)规定时间内行为的持续时间。

时间取样对观察的事物或行为由于有一定的时间限制,因此只能研究高频率发生的行为,一般认为 15 分钟内不出现一次的行为,就不能用此法。第二,它通常只适用外显的容易观察的行为的研究,不易得到有关行为的性质和程度方面的信息及行为之间的相互关系的信息。如对小学低年级学生上课时注意力集中时间和程度的观察研究[①]。

记一次 20 分钟的语文字词抄写作业

时间		百分比
开始 ~5 分钟	全班学生踏实认真书写,没有任何声音动作	100
5 分钟之后	3 人开始看别人的作业,并提出别人的书写毛病	7.9
6 ~10 分钟	7 人开始有动作,或开始发愣,有的玩铅笔、橡皮等学习用具	18.42
10 分钟之后	20 人开始有动作、发愣,有的开始发出声音	52.63
13 分钟时	6 人完成作业	15.79
20 分钟时	14 人完成作业(24 人未完成作业)	36.84
又延续 5 分钟	又有 20 人完成作业(4 人未完成)	52.63

初步分析:一年级学生在完成一些重复性记忆作业(如字词抄写、生字书写等)时,最佳时间段为 10 ~15 分钟。这段时间内,学生有较强的注意力,以认真态度完成作业,符合这一特点布置作业,能达到较理想的效果。

时间取样观察法在研究的技术上要求较高。观察前有大量的准备工作要做,同时还须制定严密周详的计划。

2. 事件取样

事件取样顾名思义是以事件为单位进行观察,是研究特定类别的完整行为事件,它的测量单位是行为事件本身,重点在行为事件的特点、性质,并以此作为观察者注意的重心。

事件取样是以个人或以群体为单位。如对班级集体、群体结构分析的观察,对课外活动小组、物理奥林匹克班学生学习活动的观察。

事件取样法主要有以下几点优点:第一,保留了行为事件发生的背景;第二,收集资料所用的时间较经济,它不是持续记录,而是在现场随时等待特定事件的发生,并观察记录

---

① 裴娣娜. 教育研究方法导论. 合肥:安徽教育出版社,1995. 191

之;第三,可用于研究较广泛的行为事件。事件取样法的缺点在于,它较之时间取样观察法,主要是注重收集定性资料,不太容易进行定量分析;它集中观察特定事件本身,把事件从背景中抽取出来,割离了它与其他事件和条件的联系。

3. 个人取样

与时间和事件取样不同,个人取样是对单个被试连续取样,以个人为单位,在观察中,观察者选择一个被试,在规定时间内根据记录表单记录这个被试的全部中心行为和事件。然后又观察另一被试,如此反复进行,最终取得多个个体组成的样本。

个人取样对了解对象完整的行为、情绪、态度及事件的整个进程大有裨益,也利于分析其行为动机。但取样的数量较之时间取样、事件取样小,而且一定要随机选择被试,否则所取样的资料无代表性。

由此可见,取样法的最大优点是记录简单,较客观,其结果数量化,便于分析,但无法像叙述法那样完整、具体地叙述事件,并还有行为和事件发生的背景。3 种取样法的比较见表 3-4[①]。以上 3 种取样方法可综合运用,如时间取样和个人取样综合运用就是在不同时间段内对不同的单个被试的某种行为进行观察。

表 3-4 3 种取样观察法之比较

方法	说明	例子
时间取样	研究者通过更替观察对象和记录时间,对有影响的事件和行为取样。	观察者坐于教室中,扫视房间,观察身体攻击性行为一定时间,如 20 秒,然后以同样时间记录观察的内容。
事件取样	记录所研究的事件,其他活动不记录。	对教室中正在发生的一切行为,观察者只记录身体攻击的行为。
个人取样	研究者选择一个个体并记录关于这个个体的全部中心行为和事件。	观察者选择一个学生并记录这个学生和他的同龄人之间身体进攻的全部例子。每 15 分钟,观察者选择一个不同的学生,作为反映这个班所有同学的经历,从而获得资料。

三、评价观察法

评价观察法也称为等级量表法,指观察者根据预定标准,不仅要观察行为,同时要对观察的行为作出评价。即评价观察法是根据知觉的印象很快地概括出行为程度差别的一种简易方法。它与现场直接记录法不同,这一方法是在事后依赖记忆作出评定,对行为事件作出评估,而不是叙述。

由于评价的方式不同,评价观察法可分为不同的类型。

---

① 刘电芝. 教育与心理研究方法. 重庆:西南师范大学出版社,1997. 213

（一）数字等级法

用某一个数字（或一定顺序的数字）代表某一种行为的程度，观察者对被评价的行为选定最适合的数字。例如，观察学生上课时主体能动性行为表现，用“1”表示“教师提问，学生没有举手”，用“2”表示“教师提问，学生举手”，用“3”表示“学生举手，并被教师提问，回答一般”，用“4”表示“学生举手，并被教师提问，回答很好”，用“5”表示“学生没有举手，但被教师提问，回答错误”，用“6”表示“学生没有举手，但被教师提问，回答一般”，用“7”表示“学生没有举手，但被教师提问，回答很好”，用“8”表示“学生主动积极举手，向教师提出问题”……研究者可在规定日子内，对学生进行多次观察，然后求出观察每个学生的平均数。

（二）图表评价法

图表评价法不是用数字代表某种行为，而是让观察者沿着一条看得见的量表（横轴或竖轴）从高到低迅速地作出评价记录。有研究者设计了如下图这样的评价学生迟到的图形量表，评价者在相应的项目上打上圈。

总是　　常常　　有时　　很少　　从不

（三）语义类别法

语义类别法由奥斯古德（C. Osgocl）所创，共分 7 个等级，两头是相反性质的词，两词之间分为若干等级（如下例）。研究者选择一个最符合观察对象的等级。

表 3-5[①]

	(1)	(2)	(3)	(4)	(5)	(6)	(7)	
a 合作								不合作
b 积极主动								被动
c 热情								冷淡
d 清洁								不清洁
e 分享								自私
f 友谊								敌视

语义类别法的运用有不同的变式。例如，上表也可这样设计：

合作 ________ 不合作

积极主动 ________ 被动

（四）强迫选择法

这种方法是给评价者一组叙述的短语，强迫评价者选择其中最适合的短语。如评价学生上完体育课后，收拾体育器材的表现：

不但收拾好自己的器材，还帮其他同学收拾器材；

---

① 刘电芝．教育与心理研究方法．重庆：西南师范大学出版社，1997．215

收拾好自己的器材；

在教师的要求下，收拾好器材；

拒绝收拾器材。

一组短语中应尽可能包括不同程度的情况，研究者在一组短语中只能选择一项。

评价法的优点是比较容易制定，使用也比较方便，且测量迅速。但它要求观察者进行评价，所以易受观察者本身的错误和偏见的影响，因此观察信度通常较其他几种方法为低。不过，采取以下措施，可一定程度提高观察的信度。

1. 定级分类不能过宽；
2. 打分时差距要拉大；
3. 评定两个逻辑上相关的项目时，要防止评定的等级也相似；
4. 防止近似性错误，即防止相邻接近的项目所评定的等级比相邻较远的项目更接近。

第三节 观察记录方法

记录在观察中占有十分重要的位置，是观察中一个必不可少的步骤。

一、记录的必要性

第一，人的记忆力是有限的，不可能将所有看到和听到的事情都记忆下来。即使我们认为“回忆”是一种“重构”，时间先后和地点差异也会对“重构”的质量产生影响。很显然，时间上滞后的“重构”显然与当时当地的“重构”不一样。记录下来的内容可以为研究者事后分析问题提供一个基本的文本。

第二，记录可以使观察者对所观察到的事情更加清晰。通过逐字逐句地将自己看到的东西记录下来，我们对这些东西的印象会更加深刻。记录实际上是一个将现象变成文字的编码过程，被文字符号过的现象有利于我们在记忆中进行归类和储存。

第三，记录本身便是一个澄清事实、组织思路的过程。我们在进行笔录时，实际上是在进行一系列决策活动（如选择、归类、比较等），反映的是我们与观察现象之间的一种互动。实际上将观察到的现象在自己的脑子里过滤了一遍，经过了思考和筛选以后才记录下来。因此，我们在从事观察活动时，不应该放弃这样一个宝贵的思考机会。

第四，记录不仅可以帮助观察者对得到的资料进行整理，而且记录这一过程便是一个十分有价值的资料来源。

第五，记录使观察者的记忆力和注意力得到训练，及时周密的记录不仅可以使研究者的记忆力增强，而且可以使研究者的注意力在观察的时候变得更为集中。

二、记录的步骤

记录可以有不同的方式，观察者可以根据自己的习惯、观察的问题、观察的内容、地点、时间以及使用的工具来进行选择。不管研究者选用何种记录方式，都应当遵循如下的记录步骤。

观察开始时，可以先就观察的现场画一张现场图。这张现场图不仅应该包括观察现场的物质环境（如教室内桌椅板凳的布置、墙上悬挂的图片和标语等），还应该包括观察现场的文化环境（如学生就座的位置、教师活动的范围等）（见图 3-1①）。

在观察的过程中，如果我们发现现场内某些物体的摆设或人员位置有所变动，可以随时画新的现场图。画现场图是观察中一个十分有用的手段，可以对观察现场提供一个直观、二维、超越语言表述的图像展示。现场图画好以后，我们还应该在下面附上一段文字说明。这段文字不仅应该对观察的现场进行比较详细的说明，而且应该介绍研究者本人来到观察现场的第一反应。

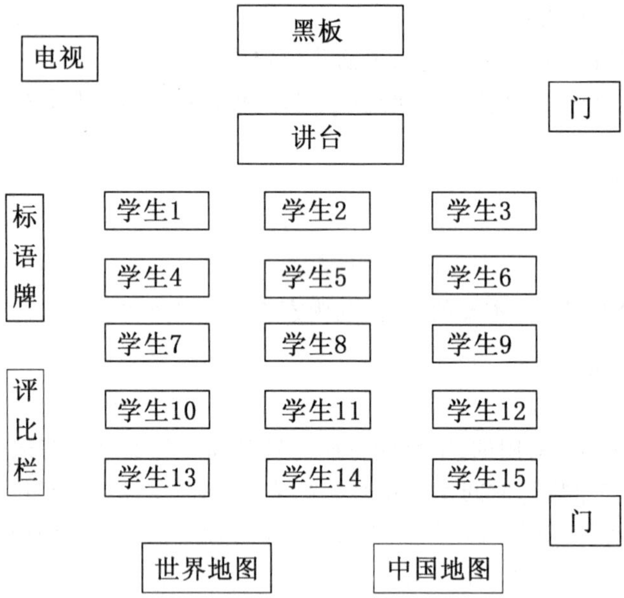

图 3-1　观察现场图

对观察活动进行记录要求按时序进行，所记的事件之间要有连续性，一个事件一个事件地记，不要对所有事件作一个整体性的总结。这样做一方面可以保持事件发生时的时序和情境，有利于今后分析时查找；另一方面保留了大量有关事件的细节，便于今后为构建理论提供具体的素材。

在观察的初期，记录的完整性和丰富性是观察笔记的一个首要要求。观察研究要求对研究对象进行“深描”，要有具体的细节，使读者仿佛身临其境。因此，研究者在做实地笔记时必须注意完整、细密，以便为今后在研究报告中进行“深描”提供材料基础。

在观察的中期，要有意识地训练自己的笔录能力。如果当场有的细节记不下来，可以先使用一些代号或缩写形式，事后再找机会追记详情。如果时间确实非常紧张，我们还可以求助于录音机，在合适的时间和地点将观察到的内容先口头录入录音机，待今后有时间再逐字逐句地整理出来。

在观察后期，观察的目标已经比较明朗、内容已经比较集中，也可以采取摘要记录的方式将重要的事情记录下来。但是，这样做有一定的冒险性，因为随着研究的深入，研究者可

---

① 陈向明．质的研究方法与社会科学研究．北京：教育科学出版社，2000. 246

能发现原来自己认为不重要的事情变得重要了。而如果这些事情当时没有被及时地记录下来,过后无论研究者如何回忆也不如当时的记忆那么全面、确切。

三、记录的格式

观察记录的格式可以因人或因研究的具体情境而异。一条基本的原则是:清楚、有条理、便于今后查找。通常的做法是:在记录的第一页上方写上观察者的姓名、观察内容的标题、地点、时间、笔记的标号、此套笔记的名称,然后在笔记的每一页标上笔记的标号和页码。笔记的段落不宜过长,每当一件新的事情发生、一个不同的人出现在现场、一个新的话题被提出来,都应该重起一个段落。

实地笔记的纸张应该比较大,在记录的左边或者右边留下大量的空白,以便今后补充记录、评说、分类和编码。记录纸的页面应该分成至少两大部分,从中间垂直分开,左边是事实笔记,右边是研究者个人的思考。"事实笔记"部分记录的是研究者在观察中看到和听到的"事实",是可以感觉和知觉到的东西。如果这部分记录了被观察者所说的原话,应该用"引号"标示出来,以区别于研究者的重述或说明。"个人思考"部分记录的是研究者本人对观察内容的感受和解释,是对研究者的同步思考活动的一个现场记录。这个部分十分重要,应该及时地记录下来,但记录的时候应该与"事实笔记"分开。

叙兹曼(L. Schatzman)和施特劳斯(1973)将现场观察笔录分成4个部分:①"实地笔记",专门用来记录观察者看到和听到的事实性内容;②"个人笔记",用来记录观察者个人在实地观察时的感受和想法;③"方法笔记",记录观察者所使用的具体方法及其作用;④"理论笔记",用于记录观察者对观察资料进行的初步理论分析。

下面来看一下叙兹曼和施特劳斯的记录方式是如何被使用的。假设有一位观察者从中午12点到12:30在一所大学的食堂里作观察,他/她将自己看到、听到和想到的事情分别填入下表中有关的栏目里(见表3-6①)。

表3-6 实地观察记录表

实地笔记	个人笔记	方法笔记	理论笔记
12:00——食堂里大约有300人,10个窗口前队伍平均有4米长。	我感觉很拥挤。	这个数字是我的估计,不一定准确。	中午12点似乎是学生就餐的高潮。
12:05——在卖馅饼的窗口排了一个足有2米长的队,而且排队的大部分(大约3/4)是男生。	我想是不是今天的馅饼特别好吃?是不是男生特别喜欢吃馅饼?	我站在离卖馅饼的窗口5米远的地方,看不清楚馅饼的质量,不知道这些人买馅饼是否因为馅饼好吃。	也许买某一样食物的人数与该食物的质量之间有正相关关系?

① 陈向明. 质的研究方法与社会科学研究. 北京:教育科学出版社,2000. 248

实地笔记	个人笔记	方法笔记	理论笔记
12:10——食堂里有5对男女坐在一起吃饭,两个人坐得很靠近,都是男的坐在女的左手边。	也许他们是恋人。	我只是根据他们坐在一起的亲密样子判断他们是恋人,这个猜想需要进一步检验。	也许在食堂里就餐时,男生习惯于坐在女生的左手边?
12:20——一位女生将一勺菜送到旁边男生的嘴边,望着对方的眼睛说:"想不想吃这个菜?"	为什么这些"恋人们"在公共食堂里如此"放肆"?!我对此有反感。	我现在与他们坐在同一张桌子上,可以听到他们的对话。	似乎女生喜欢主动向男生"献殷勤",这一点与我平时的印象不一样,需要进一步观察和检验。

四、记录的语言

观察记录对语言也有要求。通过语言形成的观察活动的文本是今后分析的依据。观察者对自己使用的语言一定要仔细斟酌、推敲,尽量准确、清楚、具体、实在地对观察到的事实进行叙述。

第一,语言要精确、具体、实在。做观察笔记时,不要用抽象概括的词语或总结性的语句,尤其在实地笔记部分,一定要具体、明确。比如,对图书馆的借书处的观察,可以这样写:"在两个同学办理借书手续之后,借书处的那位老师坐在电脑前修手指甲",而不要写"现在借书的同学很少,借书处的那位老师闲得无聊"。因为这样写,读者会不清楚借书处到底有多少同学,那位老师的无聊是怎样表现的,"很少"与"无聊"的标准是什么,容易引起歧义。这种含糊不清的叙述对观察者自己也不利,日后需要核对细节时,也想不起具体情形了。

尽量使用平实、中性的词语,避免用过于文学化的语言、具体有特定含义的用语(成语、歇后语等)、过于通俗的民间俗语、俚语和谚语、过于程式化的语言(新闻口号、政治套话等)以及学术行话等。如,观察餐厅就餐情况时的用语:餐厅里人来人往,买饭的同学和吃完送餐具的同学之间的"碰撞和协调"场面似乎就像是在一个没有红绿灯的十字路口,过往车辆和行人走动产生的纷乱。这段话里使用了成语和比喻,很生动、夸张,反而将要观察的具体内容模糊了。

第二,定义要准确。定义在表面上看是将一个名称放到一个相应事物上面,但它实际上反映的是观察者通过自己的语言对观察到的事物进行选择的过程。通常,在观察时只可能对那些可以概念化和符号化的事物进行选择,那些非概念的、非符号化的东西则很难进入研究者的观察笔记。因此,只有找到既可以比较确切地叙述我们所观察到的东西,又可以使读者确切地理解研究者的意思的定义,观察结果才会比较"确切",而"感觉确切"在很大程度上取决于是否有相应的语言对自己看到和听到的东西进行识别。如果找到了这样一种语言,对观察内容的"编码"和读者的"解码"经过了一个"中介语言",那么有关各方对观察内容的理解就会更加准确一些。

当观察者对自己观察到的事物定义时,还要考虑“从谁的角度”“用谁的语言”来定义的问题。一般会有有关的3种不同的群体:一是观察者本人和其所在的研究者群体,二是被观察者及其所代表的文化群体,三是读者。

第三,对观察记录的整理,要注意不同的文化背景和生活经验。例如,某研究者在观察一所大学的图书馆后所作的记录“学生使用代书板会不利于图书管理”便会使许多美国人感到困惑不解。美国许多高校的图书馆都采用了更先进的数字管理系统,代书板已经不再使用了。因而,他们不知道什么是“代书板”,更不明白“代书板”与“图书管理”之间有什么关系。而做记录的却认为这是十分清楚的事情:“代书板”的使用是一个行之有效的管理图书的好办法,它能使图书保持在一个相对固定的位置上,能防止图书乱架、倒架、不同类的图书混架的情况发生;又能使读者养成文明取阅图书的良好习惯;更重要的是它能便于读者顺利地按照索书号快速、便捷地寻找图书。在这种情况下,观察者如果知道自己的记录将会有来自不同文化的读者群,应该对“代书板”的定义和用途以及因为代书板的使用有利于图书管理的问题作一些必要的说明。

第四,在对观察笔记进行翻译时,我们还需要考虑不同语言之间的可译性以及翻译中的用词问题以及读者的文化背景,以免造成不同读者对不同命名的误解。比如,“菜”这个词在中国只指副食(如蔬菜、鱼肉等),不包括米饭和面条。但是在英文中,“菜”的翻译“dish”却可以包括中国人的主食,而且经常被作为一个计量单位使用,相当于中文中“一盘(包括饭和菜在内的)食物”(a dish of food)。因此,如果翻译观察记录时将“菜”译成“dish”,不如选择其他更合适的(能够具体说明这种情况的)词语,如“vegetable”(蔬菜)、“meat”(肉)、“fish”(鱼)等。

五、记录的方法

(一)连续记录法

在实况详录观察、轶事记录法、事件取样法中,均需观察者在一段时间内连续记录被观察对象的行为。连续记录时可用文字记录,也可用录音机、录像机等将观察到的情况实录下来,然后再作书面整理。用录像机拍摄实况时,若有条件,可用两台录像机,一台专拍全景,如某班学生的全部活动;另一台专拍近景或特写,例如某学生的特定动作。这样,便可获得宏观和微观活动的各种信息。如条件许可,甚至可用多角度拍摄的方法,在教室内或录像观察室内的不同位置安放录像机,同时录下室内各个角度的动态,使位于不同位置与角度的学生的动作、面部表情等时刻处在研究者观察之下。

进行人工书面连续记录时,应注意把对事实的客观叙述与记录者或观察者的主观解释和评价区别开来。

(二)频率记录法

在时间取样法、频率计数图示法中,均需记录行为的出现频率。此时应用预先制订好的记录表格,按照预先规定的行为分类系统及各种行为定义,在观察现场当即作出判断,记入表内。记录时常把观察时间分为若干时段,在每一时段中记录某种行为类型(为简便快速起见常用代号)。观察工作结束后,可根据从各时段累计各类行为频率加以分析。

(三)等级记录法

等级评定量表是等级记录法中常用的方法,只需按要求对量表中各项目进行认真的考虑,尽可能客观、全面地给予评定。如需自行编制评定量表,应注意项目分布的合理性,问题与回答用语的简明性和定性词的明确性(不含糊,无其他可能的回答与之重叠)。如:

问题:学生在上课时是否乐意回答问题?

回答:(1)从不;(2)很少;(3)有时;(4)经常;(5)总是。

(根据实际情况选出其一)

由于在作出特性评定时,要根据观察者对所评对象的多次观察所得到的综合印象进行,不免会有各种出自主观的误差。有效地减小误差的方法是用多个有经验的观察者同时作出评定,采用其平均值。经过系统训练的观察者会对各种主观偏见更加自觉和敏感,从而其反应较为理智、准确、客观。

(四)符号记录法

在对某种活动或事件进行连续观察、记录中,如果涉及的对象多,用言语记录比较困难时,可用预先规定好的符号系统进行记录。记录者应事先熟记这些符号,并经过一段时间的练习后方可正式使用。使用时,手头应备有符号说明表,以免当时遗忘。在制定符号系统时,必须首先进行行为的分类,考虑好观察中可能出现的行为类型,或选定研究者特别感兴趣的特定行为作为观察记录的目标。然后,用不同的符号代表各具体行为。

(五)现代观察技术与记录手段①

观察是要在自然发生的条件下进行考察的一种方法,但是,由于人的感觉器官的局限性或它的生理状态的变化,如果单凭人的感觉器官直接对学生行为进行观察,则常常会对大范围的活动或对局部细节顾及不到,会造成错觉,产生观察的误差。但借助现代教育技术手段作为观察工具,具有如下特殊的功能:

1. 重点跟踪观察

借助电视摄像或电影摄影镜头的运动和景别的运用,可以跟踪观察对象,突出对象的细节和重要部位,利用变焦镜头可以弥补人眼视觉所不及之处。电视和电影镜头有推、拉、摇、移、跟、变焦等多种运动方式,以及远景、全景、中景、近景、特写等景别的划分,我们可以根据不同的观察目的,以不同的镜头运动方式和景别处理来跟踪观察对象。例如,为了观察对象存在的环境和存在条件,通常可把镜头推至全景或远景,假如为了突出对象的局部细节,则可把镜头拉回到近景或特写,有时为了跟踪观察一个运动着的对象,可以用镜头的移和跟的运动来跟随着对象的移动。

2. 非临场遥控观察

利用遥控摄影做观察手段,可以避免观察者在场效应。最简单的办法是把一台广角镜头相机固定在教室一角,就能够很快拍下照片而不让对象察觉。如果利用带有遥控变焦摄像镜头和遥控台,就能在对象不察觉的情况下跟踪观察或作局部的观察。

---

① 李秉德等. 教育科学研究方法. 北京:人民教育出版社,2001. 268

3. 多场面对比性观察

由于科学技术的发展,现代的电视特技功能十分完善,对于两个不同地方发生的情景,可以通过两台摄像机摄影下来,送到电视特技发生器上,使画面产生上下或左右分割画面,或淡出淡入的处理,这样可以使研究者在同一电视画面中,对两个不同位置上发生的行为作对比性的观察。

4. 搜索性观察

一种行为的研究,往往需要作反复的搜索观察,才能把其特征确定下来,这就可以通过照相、电影、电视摄影将行为发生的情景记录下来,反复播放观察,使早已消逝的行为过程重新出现,以便重复地观察,有助于发现规律,不致遗漏细节。现代的电视放像设备和电影放映设备能够进行慢动作放映、定格放映、快速前进和快速倒进搜索图像等功能,更为我们创造了搜索观察的条件,可以把每一种行为的局部表现作精细的分析。

利用现代设备与技术,可记录各种有价值的资料。如瞬间静态资料(照片、幻灯等,复制有用的资料、文字、图形等供反复使用),动态过程资料(电影、电视录像片),语言资料(录音)以及数据资料(用电子计算机程序输入存贮并处理分析)。当然,这些摄录设备作为一种观察手段是各有所长的,我们要根据需要和实际情况,扬长避短,合理运用。

第四节 观察法的实施

一、观察前的准备工作

在观察开始之前,研究者需要先做一些准备工作,如:确定观察的问题、制定观察计划、设计观察提纲等。

(一)确定观察的问题

在实施观察之前,研究者首先应该确定观察的问题。与访谈的问题一样,观察的问题是一个次级问题,与研究的问题是不一样的。“研究的问题”是研究者在所要探究的研究现象中提炼出来的学术界或实践界尚有疑问的,研究者个人认为有必要回答的问题;而“观察的问题”是研究者在确定了“研究的问题”之后决定选择使用观察的方法,根据观察的需要而设计的、需要通过观察活动来回答的问题。提出“观察的问题”的目的是为了回答“研究的问题”,前者是完成后者之使命的一个工具。

(二)制定观察计划

观察的问题确定以后,我们可以着手制定一个初步的观察计划。一般来说,观察计划应包括如下几个方面:

1. 观察的内容、对象、范围:我计划观察什么?我打算对什么现象进行观察?观察的具体内容是什么?内容的范围有多大?为什么这些人、现象、内容值得观察?通过观察这些事情我可以回答什么问题?

2. 地点:我打算在什么地方进行观察?观察的地理范围有多大?这些地方有什么特

点？为什么这些地方对我的研究很重要？我自己将在什么地方进行观察？我与被观察的对象之间是否有(或有多远的)距离？这个距离对观察的结果有什么影响？

3.观察的时刻、时间长度、次数：我打算在什么时间进行观察？一次观察多长时间？我准备对每一个人(群)或地点进行多少次观察？我为什么选择这个时间、长度和次数？

4.方式、手段：我打算用什么方式进行观察？是隐蔽式还是公开式？是参与式还是非参与式？观察是否打算使用录像机、录音机等设备？使用或不使用这些设备有何利弊？是否准备现场进行笔录？如果不能进行笔录怎么办？

5.效度：观察中可能出现哪些影响效度的问题？我打算如何处理这些问题？我计划采取什么措施获得比较准确的观察资料？

6.道德伦理问题：观察中可能出现什么道德伦理问题？我打算如何处理这些问题？我如何使自己的研究尽量不影响被观察者的生活？如果需要的话，我可以如何帮助他们解决生活中的困难？这么做对我的研究会有什么影响？

(三)设计观察提纲

初步计划拟订以后，我们可以开始制定具体的观察提纲，以便将观察的内容进一步具体化。观察提纲应该遵循可观察原则和相关性原则，针对那些可以观察的到、对回答观察问题具有实质意义的事情进行观察。我们可以先确定自己希望观察的具体内容，然后将这些内容进行分类，分别列入观察提纲。通常，观察提纲至少应该回答如下6个方面的问题：

1. Who(有谁在场？他们是什么人？他们的角色、地位和身份是什么？有多少人在场？这是一个什么样的群体？在场的这些人在群体中各自扮演的是什么角色？谁是群体的负责人？谁是追随者？)

2. What(发生了什么事情？在场的人有什么行为表现？他们说/做了什么？他们说话/做事时使用了什么样的语调和形体动作？他们相互之间的互动是怎么开始的？哪些行为是日常生活中的常规？哪些是特殊表现？不同参与者在行为上有什么差异？他们行动的类型、性质、细节、产生与发展的过程是什么？在观察期他们的行为是否有所变化？)

3. When(有关的行为或事件是在哪里发生的？这些行为或事件持续了多久？事件或行为出现的频率是多少？)

4. Where(这个行为或事件是在哪里发生的？这个地点有什么特色？其他地方是否也发生过类似的行为或事件？这个行为或事件与其他地方发生的行为或事件有什么不同？)

5. How(这件事是如何发生的？事情的各个方面相互之间存在什么样的关系？有什么明显的规范或规则？这个事件是否与其他事件有所不同？)

6. Why(为什么这些事情会发生？促使这些事情发生的原因是什么？对于发生的事情人们有什么不同的看法？人们行为的目的、动机和态度是什么？)很显然，这个问题需要通过一定的推论，不能完全通过外部观察而获得。当然，参与型观察不排除现场询问，因此也可以通过这类方式获得当事人的想法。

当然，与访谈提纲一样，观察提纲提供的只是一个大致的框架，为观察活动提供一个方向。研究者来到研究实地进行观察时，应该根据当时当地的具体情况对提问进行修改。

二、观察的阶段

不同研究阶段观察的要求不同。但总体上是一个先从全面观察开始逐渐缩小范围成为聚焦观察的过程。有人把这比作一个漏斗,上部就是全面观察,要将看到的所有事情容纳进去,这种观察将持续进行于整个研究过程。聚焦观察则是在相对缩小范围的过程中把观察目标集中在某些焦点上。

(一)初始阶段——全方位的开放式观察

教育观察一般从叙述性观察开始,也就是先对某一教育情境的人物、空间、活动、物理环境、时间、目的和情绪作详细的叙述,这时观察者的角色就像是一个绘图员,置身于一片从未被勘测过的土地上,事先并不知道哪里有宝藏,哪里会有危险,所以一开始所能做的就是尽量描述记录自己所观察到的种种状况,将其作为认识环境的基础材料。这一阶段,要求观察者尽量开放自己的所有感觉器官,去感受和体会现场发生的一切事情。如,一个研究者想对学生餐厅就餐时学生的行为进行研究,那么,可以先用几天时间对餐厅的整体情况进行了解,包括感受餐厅的物质环境、人文氛围、来往人群的行为举止和言谈等。然后自己可以在学生餐厅就餐,借此与一些学生交谈,也对自己的感受和言行进行体味。最后,再针对某些人、某些现象或行为进行仔细观察。观察者对事物观察的敏锐性和反思能力很重要。这时要将看到、听到和体会到的东西尽可能记录下来,包括一些第一印象。

(二)中期阶段——逐渐聚焦

在对该教育情境有了初步的了解后,则进入"焦点观察"的阶段。观察者开始要寻找或确立一些范畴,并找出彼此相关的范畴及其间的关系,以缩小观察的范围。对观察现场有了一个整体认识,明确了自己希望了解的问题后,就可以聚焦观察了。聚焦的程度视研究的问题而定。一般来说,可以有狭窄单一和开阔两种视野。对单一现象或行为进行集中的观察,焦点就很集中,这就是狭窄单一的方式。如,一个在餐厅观察的例子里,研究者只是对一位同学"加塞"行为观察,那焦点始终放在这个同学上,也可以一连几天追踪他进行观察。在开阔方式的视野里,强调对整个事件进行全方位的关注。如果是观察这个餐厅里所有有"加塞"行为的同学,那么焦点就是所有同学的行为。

(三)末期阶段——找出研究焦点后进行选择性观察

这就要用对比的眼光把研究的焦点再一次缩小,观察者通过选择几个特定的教育问题,比较异同,从而探究其差异的原因,直至得出研究结果。

例如,一位研究者在进行"学生弱势群体"的研究中,通过课堂观察记录一个班级的小学生弱势群体的课堂处境,先是从总体上把握,这个班有一些学生的处境是不利的;后来注意主要是哪几个学生,然后重点对这几个学生的言行进行观察和分析。以下是这位研究者在课堂中获得的有关记录。①

(1)从一开始听课我就发现S55始终坐在第一组最后一个位置,而且离前排及旁边同学有一定的距离,就像教室里的一个孤岛。

---

① 白芸.质的研究指导.北京:教育科学出版社,2002.136

(说明:这是小学最常用的隔离调皮的爱说话的学生的方法之一。)

(2)12 月 7 日　　第二节　　语文课

A. 教师批评 S33 讲话。

B. S40 罚站(站在门外)。

(说明:①其实当时讲话的人很多,有的甚至站在座位上讲。②站到门外是语文老师对讲话学生最严厉的惩罚。)

(3)12 月 8 日　　第三、四节　　语文课

A. 三人罚站:S40、S23 及 S24(站到教室前,S40 却慢慢站到门外)。

B. S18 因为讲话被打(老师用语文书"啪"地一声打下去),但过了一会儿又开始调皮。

C. 有两个男生欺负 S1,老师责问几句了事,S1 仍很委屈。

(说明:①S40 已经习惯站到门外了。②其实讲话的人很多,不知道老师为什么偏偏只惩罚 S18,而且是用这从未有过的惩罚手段。③在课堂上欺负女生看来最有效,因为老师一心为完成教学任务,没有心思管调皮学生了。)

(4)12 月 11 日　　第三节　　数学课

A. 老师批评 S18 讲话。后来他一直没有翻开书,等他站起来拿身后的书时,却又受到了批评。

B. 老师批评一个学生,他顶嘴。

C. S40 因没做作业而被罚站在教室外做作业,直到下课前 10 分钟才进来,进来后还挨了一顿批评。

D. S33 上黑板板书时,老师不停地催促他。

(说明:①同样是两个调皮的学生,S39 经常被提问,S18 则很少被提问,老师总是盯着 S39,但 S18 则属于弱势群体。②同样是两个被"错误"批评的学生,一个顶嘴,一个则默不作声,后者属于弱势群体。③看来数学课上,S40 也难逃站在门外的"厄运"。)

(5)12 月 11 日　　第五节　　英语课

课堂纪律很差,学生大声说话,老师说:"看谁坐得最好,谁讲话扣谁的期末考试分。"

老师批评了 S40、S39,但最终另一个 S8 被扣分。这时其他同学纷纷检举 S55 讲话,教室一团糟,一个女孩居然把桌布卷了起来,并和别人讲话。S55 自始至终都和 S42 讲话,S39 则侧着坐,S18 呆坐在座位上,到最后居然打起哈欠。S55 和 S42 被提问,答不来,坐下来后仍讲话,并且还相互打起来。S43 起来回答问题时其他同学起哄说:"她答不来的,让我来。"

(说明:英语课是调皮学生的"天堂",因为他们最多只受到蜻蜓点水般的批评,不关痛痒,所以大约有 3/4 的同学在这节英语课上讲过话。)

(6)12 月 12 日　　第三节　　语文课

重点观察 S39 与 S55。

复习旧课时 S39 东张西望,S55 举手回答问题,S55 边举手边说别人是差生。朗读课文时,S39、S55 都没读课文,S55 用手碰前面的 S42,S42 回击,S55 感到无趣,说:"我想睡觉。"这时老师提问,他连问题都没听清楚就举手发言,并讥笑别人"没词了"。S39 和别人讲话,这时老师却批评 S18,说:"你坐茶馆啊"(S18 把脚搁起来坐),并让 S18 和 S55 换位置。

S55很兴奋，叫到："S18，马上和我换位置。"老师提问，S55叫："我，我回答。"结果没叫他，他就自嘲说："我，我，又不是狗叫。"老师又提问，他大叫一声："我知道。"这时老师让两个男生和两个女生换位置，女生前进，其他同学都很嫉妒，并说其中一个女生一周内换上去三个位子，S55则说："我希望把S39换到角落头。"

再朗读课文时，S55连书也没翻开，而是摇头晃脑地做怪动作。读完书，S55惹S42，两人打架，S42说："下课揍你"，S55仍得意地晃来晃去。老师提问，他站了起来说："我才不举手呢，我要死劲地吵。"这时S42报复他，他求饶，说："对不起，再也不敢了。"但又说："我不听课也能考得好，我成绩比你（指S42）好。"

（说明：原来我认为S55的位置是被人遗忘的角落，未曾想这是他的世外桃源。他认为自己已经受到最严厉的惩罚，不可能再怎么处罚他了，于是他在自己的小天地里为所欲为。他也想引起老师的注意，但10次举手恐怕只有1次被提问到，他的积极性被打消。此外，老师对S39和S55的违纪行为已经熟视无睹了。）

（7）12月13日　　　　第三节　　　　数学课

这节课是讲思考题，老师一上课就把三道思考题一起写在黑板上。老师开始讲第一道题，讲着讲着一个学生说："老师，第二道题写错了，少了一个'*'号。"老师说："没叫你看这道题，你们看到了这道题吗？"其他学生齐声回答："没有。"老师接着说："这里不是写错了，而是忘记写了。"于是这个女孩不做声了。老师指着另一个同学说："我没叫你看后面，不要太能干了。"

有一个同学把思考题做出来后，老师说："你就喜欢做这种思考题，其他的倒做不出来。"

这时一个女生说："老师，前面同学把书包垫起来坐。"

（注：文中S55、S33、S40等编号代表被观察的学生。）

三、观察的技巧

为了完成预定的观察目的，一定观察技巧的使用就显得特别有必要了。现简要介绍几种在观察实施中比较常使用的观察策略。

（一）灵活多变，全面观察

在观察中不能按部就班地按照上述阶段进行，而应采取变换的策略，即使用单一的视野与开阔的视野相结合的方法。可以先观察事物的局部，再观察事物的整体；或者相反，先观察整体再观察局部。如此反复移动焦点，研究者就可以对观察内容进行分析和综合。也可以采取一些不同的程序和步骤，从主次、远近、动静等角度进行观察，在某一个时间段或某一场景进行重点观察等。

（二）回应式互动

就是说，对被试发起的行为作出相应的回应，而不是研究者自己采取主动的行动。回应式互动不仅可以帮助研究者比较自然地融入当时的观察情境中，避免使被试对研究者的存在感到突兀。采用回应的方式，根据被试发起的行为作出回应，遵循的是被试的行为模式，而不是研究者自己的行为习惯，因此可以比较深入地观察、理解对方。

(三)恰当选择观察内容

在观察的全过程,始终伴随着对观察内容的选择。研究者要随时提醒自己从研究问题的需要出发有意识地选择内容。在实际操作中,观察的内容有时也会对研究问题产生一定影响。当研究者事先在头脑中设计的研究问题与现场观察到的内容不一致,这时完全可以改变研究问题。

(四)了解自己的观察风格

研究内容的选择也取决于研究者本人的习惯。不同研究者的观察习惯和风格也不同,这是与自己的生活经历、性别、职业、个性等因素有关的。有时不同的人对同一问题的同一现象进行观察,其内容却不一样。

(五)适时进行反思

观察者可以从自己进行推论的依据、当时的心情和做记录时的叙述角度等方面对自己的思维方式和使用方法进行一定的反思。同时还要不断反思自己与被观察者的关系,注意这层关系对观察的进程和结果产生的影响。

四、观察法的信度效度分析

(一)观察法的信度分析

观察信度也叫做观察的可靠性检验。观察信度一般是指对同一行为或现象的两个以上的观察的一致性程度。换句话说,就是两个以上观察者观察同一现象的一致性程度,也即相关程度。

1. 信度的分类

根据研究者(Medley 和 Mitzed)的研究,观察研究的信度包括 3 种类型:

(1)一致性系数(coefficient of observer agreement)——不同观察者同时观察的一致性情况。

(2)稳定性系数(stability coefficient)——同一观察者在不同时间内观察的符合度。

(3)信度系数(reliability coefficient)——指不同观察者在不同时间内观察的符合度。

一般来说,用得最多的是不同观察者同时观察的一致性系数,也有的研究者认为增加观察的次数比增加观察的人数更合理。此外,同一观察者在不同时间的重复观察,其一次观察的时间不可太长,以避免疲劳而产生观察错误。

2. 信度的计算

信度的计算可以有以下简便的方法和步骤:

(1)每个观察者计算出每类行为出现的次数;

(2)计算出观察者之间对每类行为记录相同的次数;

(3)用观察者观察记录的行为总次数去除记录相同的次数;

(4)将结果除以观察者的人数。

用公式表示为:

$$\frac{\text{观察的一致性次数}}{\text{观察的一致性次数}+\text{观察的不一致性次数}}$$

如观察者 A、B 同时观察一个班的课堂学习情况，观察者 A 记录了 15 次学生主动提问，而观察者 B 记录了 13 次学生主动提问，即观察者对学生主动提问的观察记录 13 次一致，2 次不一致，把此数据代入上式，则为：

$$\frac{13}{13+2}=0.86$$

一般认为，当观察信度即相关系数≥0.8 时，即为观察可靠，表示观察记录的资料是有效的。

3. 提高信度的途径

要提高信度的途径，首先需了解有哪些因素影响观察信度。

有研究者（M. D. Dunnett）在讨论信度时，提出 4 种观察错误的可能来源：①观察的内容不够准确。发生于许多观察者观察同一复杂事件时，每一观察者所选择的观察内容常有不同，因此出现误差。②机遇反应趋势。发生于不同观察者对观察类别定义不能肯定时，常会用他自己的理解来界定类别。③环境变迁。不同时间进行观察，环境发生了变化。④人的变迁。同一个人在不同时期被观察时，也可能有不同的行为表现。

鉴于以上容易发生的误差，我们可以从以下几个方面来提高观察的信度：

(1) 记录任务尽可能简单，这样就使观察者容易集中注意力观察出现的行为。

(2) 提供清楚的、完整的、具体的观察类别的操作定义，从而促使不同观察者观察时的个体倾向和选择性知觉趋于一致。

(3) 训练观察者，提高观察信度。理想的训练包括训练观察者的注意力、明确操作定义以及不同行为的转换准则及到现场熟悉环境。

（二）观察法的效度分析

所谓效度，就是一个观察对于它要观察的行为观察到什么程度。可以这样说，如果一个观察没有效度那它就无任何价值可言。换句话说，一个观察的内容要与它的名称相符。所以，观察的资料整理好后，对其效度的检验极其重要。同时，在鉴定一个观察效度时，必须以该观察的目的为依据。

观察的有效度包括两个基本问题：第一，观察什么东西，也就是观察的目的；第二，观察对于其所要观察的东西达到多么好的程度。

影响观察的效度的因素主要有：①观察方式、观察人员、观察地点和观察时间对于研究课题的适当性；②观察内容的选择与操作化的方式；③观察者偏见；④被观察者效应；⑤观察者的观察的敏锐性和记忆的准确性。

相应地，我们可以从以下 5 个方面来提高观察的效度：①在观察的准备阶段注意根据研究课题的要求和收集资料的性质选择适当的观察方式、观察人员和观察时间；②针对研究需要选择确定观察的内容，尽量明确和具体；③虽然在观察和处理资料过程中不能做到完全客观，不存偏见，但承认存在观察者偏见的可能性就为减少或消除偏见提供了可能性；④在不违反科学研究伦理规范的条件下，尽量采用匿名的方式；⑤对观察者进行必要的训练，提高其观察的敏锐性和记忆的准确性。

第五节 课堂观察法

学校教育研究中,观察是一种较为基本的和常用的科学方法。为此,本书在此专门从课堂观察的角度,结合前面所谈到的观察法的相关知识,来分析观察法在课堂观察教学研究中的作用,同时也是对如何进行课堂观察作一个简要介绍。

一、课堂观察的含义

课堂观察方法是指研究者(观察者)带有明显的目的,凭借自身感官(如眼、耳等)及有关辅助工具(观察表、录音录像设备等),直接从课堂情景中收集资料的一种教育研究方法。

课堂观察是一种科学的观察,它不同于一般意义上的日常观察。日常观察是个体在实践中有意识或无意识地自然习得的一种能力,因此可以说每个个体或多或少都掌握一些。而课堂观察则是一般观察基础之上发展起来的一种特殊的技术,它有明确的观察目的,除了运用个体的眼睛、心智之外,往往可以借助于一些特制的观察设备,观察前有明确的目的并经过精心的组织与设计,以便获得一般观察无法达到的对事物洞察的深度和广度。

二、课堂观察的分类

依据不同的分类标准课堂观察可划分为不同的类别。按观察时研究者是否借助于仪器可将其分为直接观察和间接观察;按观察时研究者是否参与研究对象的活动,或者说从研究者在研究中扮演的角色来划分,可以分为参与观察与非参与观察两类;按观察方式的结构化程度将课堂观察分为结构观察、准结构观察、无结构观察(人种志参与观察)3 大类;根据观察情境的范围,可分为开放式观察与聚焦式观察;以资料收集的方式以及所收集的资料本身的属性来划分,可划分为定量课堂观察与定性观察。本书将从定量观察和定性观察的两大方面对课堂观察法进行探讨。

(一)定量观察

定量的课堂观察是运用事先准备的一套定量的、结构化的记录方式进行的观察。其记录方式的特点是:预先设置行为的类目,然后对在特定的时间段内出现的类目中的行为做记录。有 3 种主要的样式:

记号体系或核查清单——是指预先列出一些需要观察并且有可能发生的行为,观察者在每一种要观察的事件或行为发生时做个记号,其作用就是核查所要观察的行为有无发生。

等级量表——作为分类体系的一种,等级量表也是预先设置的分类,不同的是它要求观察者作出更多的权衡和判断。观察者在一段时间内对目标进行观察,当观察时间结束时,在量表上对该期间内发生的目标行为评以相应的等级。

编码体系——国外有代表性的编码体系有几百种之多,通常用得较多,也是较为著名的是弗兰德斯的互动分析分类体系(Flanders Interaction Analysis Categories,简称 FIAC)。

该系统最初在美国使用,现已被许多国家的研究者广为采用。下面以 FIAC 为例对编码体系进行分析。FIAC 对师生的言语互动进行研究,它把课堂的言语活动分为 10 个种类,每个分类都有一个代码(即一个表示这类行为的数字)。研究者在规定时间内,根据表 3-7① 列出的项目及其分类标准定义,每 3 秒为所观察到的课堂师生行为判定类别,并将行为代号记入记录表格。

表 3-7 弗兰德斯互动分类体系的类别

	教师言语
作出反应	1. 接受感情表达:和蔼地接受学生所表达的情感(可以是积极的或消极的),包括预见或回忆情感。 2. 表扬或鼓励:表扬或鼓励学生的行为或动作,说笑话使其放松紧张感,点头,说:"嗯,嗯""说吧"等。 3. 接受并采纳学生的意见:利用学生意见建立或解释其观点。 4. 提问:关于学生回答问题的内容和过程向学生提问。
主动发起	5. 讲课:陈述有关内容、过程的事实,陈述自己的观点,并就有关问题提问。 6. 发出指令:指示学生做某事、要求学生服从等组织课堂活动的指令。 7. 批评:为让学生改变行为而说的话,包括说明教师为何要这样等解释语。
	学生言语
作出反应	8. 对教师的言语反应。
主动发起	9. 主动言语:自己想要说的话,主动发言等等。
	停 顿
	10. 沉默或困惑:短时间沉默,或观察者未能理解师生交往时的一段困惑时间。

下列记录表格为记录 5 分钟内师生相互交往时用。每一行代表了划分为 20 个 3 秒时段的一分钟内情况。观察者可将每个 3 秒内课堂中发生的言语交往行为代号(表 3-7 中的 1～10)记入表 3-8② 内。

表 3-8 记录表格

分钟	FIAC 行为代号																			
1																				
2																				
3																				
4																				
5																				

(说明:使用这一观察系统所得的资料可提供关于师生交往的大量信息,供研究者分析研究。运用 FIAC 的观察研究所得到的最知名的结论是"2/3 规则"——即师生在课堂上度过的 2/3 时间内涉及言语交往行为,而且这些言语行为总数有 2/3 来自教师。这一发现对于教育实践有重要的意义,并对广大教师提出了注意改进教师课堂言语行为的建议和要求。)

---

① 王坚红. 学前儿童发展与教育科学研究方法. 北京:人民教育出版社,1991. 79

② 王坚红. 学前儿童发展与教育科学研究方法. 北京:人民教育出版社,1991. 80

(二)定性观察

课堂观察中的定性观察是研究者依据观察纲要,在课堂现场对观察对象作详尽的多方面的记录,并在观察后根据回忆加以必要的追溯性的补充和完善。观察结果的呈现形式是非数字化的,而分析手段是质化的,并且资料分析在观察的周期中就可以开始进行。定性观察有4种主要的记录方式:描述体系、叙述体系、工艺学记录、图式记录。其中描述体系和叙述体系实质上都是以实地笔记(field note)也称田野笔记的文字形式做记录,而工艺学记录和图式记录严格地说,既可用于记录量化的资料,也可用于记录质化的资料,在此,为了描述方便,我们统一将其以非数字形式的特点置于定性观察的记录方式之下。

描述体系(descriptive systems)——其实是一种中间过渡类型,它继承了分类体系分类的特点,但是又属于开放的定性体系。它是一定分类框架下对观察目标进行的除数字之外的各种形式的描述,往往要抽取较大事件片段,并对行为的多方面进行记录。

叙述体系(narrative systems)——也属于开放的体系,它没有预先设置的分类。事先抽取一个较大的事件的片段,观察的同时对相关事件和行为作详细真实的文字记录,同时还可以加入观察者的一些主观评价。威特罗克[①](M. C. Wittrock)认为叙述体系具体有下面4种记录方式,这些记录方式呈现信息的形式基本一致,主要是文字的形式,但它们在抽样、叙述内容的侧重点等一些具体的方面有所不同。它们分别是:日记/流水账(diary/runninglog);轶事记录/重要事件记录(critical incident);样本描述(specimen description);实地笔记(field notes),也可直译做田野笔记。

工艺学记录(technological records)——是使用录音带、录像带、照片等电子形式对所需研究的行为事件作现场的永久性记录。

图式记录——这是在定性观察中的一种更为直观的记录方式,即用位置图、环境图的形式直接呈现相关信息。比如,某研究者进行课堂观察时,在课堂上就针对教室环境作了这样一个记录,这是描述体系和图式记录的结合使用。

时间:2006年3月18日,星期五,上午。

地点:A校高二理科实验班。

背景:该班是该年级理科成绩最好的班级,他们的物理教材与其他班不同,内容较深。

制服:全班有47个学生(其中11个是女生),有7个学生没有穿制服。

课桌椅及窗户:课桌椅摆放基本整齐,基本没有明显的破损情况。窗玻璃也没有破损情况。

卫生情况:地面干净。

教室布置图:见图3-2。

评价:观察了该班的这节课后,研究者又接着到另一理科班级(普通班)的物理课上进行课堂观察,就两个班在教室环境方面的情况进行对比,发现有两个具体方面区别较大:第一,理科实验班的教室布置较简单,墙上除了几张竞赛所得的奖状和黑板报上方的一条标语之外,就没有其他的东西(如普通班所布置的各种活动的照片、海报、宣传画等)。第二,从学生校服穿着的情况来看,普通班共有46人,只有7人穿校服,明显与实验班形成对比。

---

① 郑金洲等著. 学校教育研究方法. 北京:教育科学出版社,2003. 116

通过对教室环境的对比观察，研究者认为，实验班的学生因为更多关注于学习，而对其他方面，特别是环境装饰和个人衣着方面显得比较淡漠。

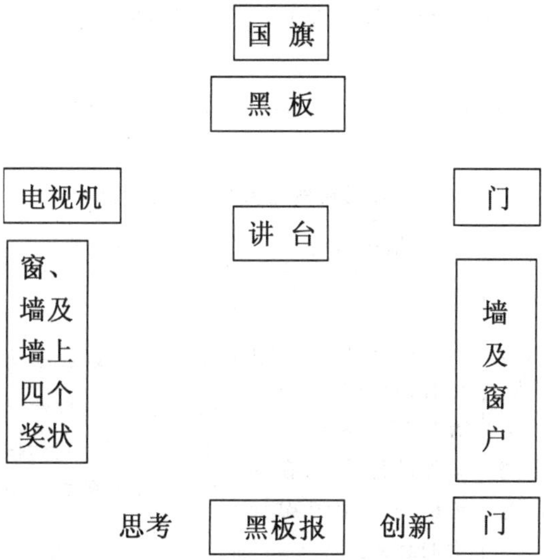

图 3-2　A 校高二理科实验班教室布置图

除了学校或教室环境的位置图之外，还可以结合观察的具体问题，画出相关的图式来帮助说明问题。比如说，对教师针对个体学生的提问进行观察时，可以同时画出回答问题的学生的位置，这样可以考察教师提问学生的位置有没有较为固定的倾向，也可以结合回答问题的学生的背景考察教师提问与学生本身的特点有无相关等等这些研究者需要了解的问题，见图 3-3。

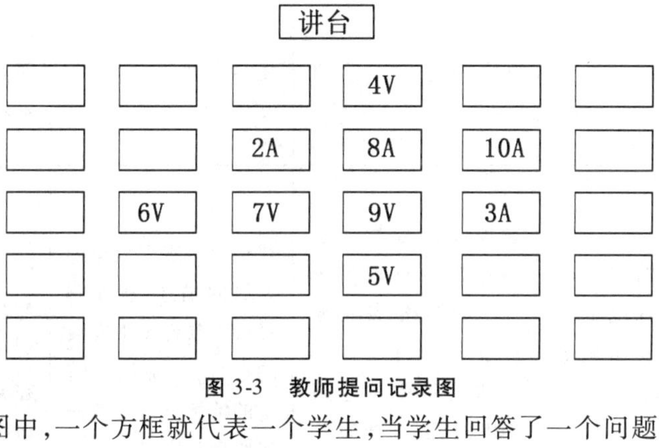

图 3-3　教师提问记录图

在上面这个图中，一个方框就代表一个学生，当学生回答了一个问题，问题的序数就写进他代表的方框里，空白的方框说明这些学生在这节课上没有回答过一个问题。另外可以记录学生回答问题时是自愿的还是被动的，用字母“V”表示学生是自愿回答问题的，而字母“A”则表示学生是被要求回答问题的。自愿回答了几次就可以用几个“V”来表示，诸如此类。

三、课堂观察的应用

以上介绍了定量课堂观察和定性课堂观察的一些相关概念和记录方式。但是，在实际的课堂观察中,两种方法并不是截然分开的。在一个较好的较为完整的课堂观察研究中,很少只用一种单一的手段就可以达到研究目的,往往要多种方法综合运用。因为在一个研究中,我们不是让所要研究的教育问题来适应我们选择的研究方法,而是相反,要用最适合的方法去适应研究问题。

为了使大家更好地运用各种课堂观察的记录方法,我们把以上所提到的这几种方法总结如下:(见表3-8①)

表3-8 课堂观察记录方法的比较分析

	分类体系	描述体系	叙述体系	工艺学体系
体系特征	封闭体系:有预设的分类;关注具体行为,在特定时间内对行为事件进行抽样。忽略事件的自然分界,忽略行为的背景。	有限制的开放体系;可有预设的分类;对有自然界限的行为事件进行抽样;在具体的背景中考虑行为的意义。	开放体系;没有预设的分类;对有自然界限的行为事件进行抽样。在具体的背景中考虑行为的意义。	开放体系;没有预设的分类;对一段特定的时间或一个完整的事件进行抽样。不试图过滤或调整所发生的事情。
具体类型	编码体系;记号体系/核查清单;等级量表。	结构化的描述分析体系。	日记/流水账;轶事/重要事件记录;样本记录;田野笔记。	录音带、录像带、照片。
信息呈现方式	数字为主。	文字为主。	文字为主。	由录音带、录像带、照片等承载的音像资料。
目的	从大样本的课堂研究中获得规范的数据以概括及明确教学的法则;极少关注个体的变化。	在预设的分类下获得对被观察现象的详尽的描述,从而解释事件和行为在具体的情景中发生发展的过程,并概括出一般原理。	获得对被观察现象的详尽的描述,从而解释行为事件发生发展的过程,以确认在特定的情况下行为的一般原理和模式。	获得对被观察现象的一份永久性记录。在特定的时间内依照研究的目的凝固在某些方面的行为事件,留在以后做分析之用。

① 郑金洲等. 学校教育研究方法. 北京:教育科学出版社,2003. 126

附录：观察方案设计样例

高中学生分组实验课堂违纪记录观察方案[①]

一、观察目的

理、化、生及其他学科的学生分组实验，不同于班级固定教室上课，由于环境变化（地点、座位变化），教师讲授为主或学生笔头练习变成了面对实验器具的分小组动手操作。这两个因素都使学生的“玩耍”意味加重，往往行为偏离学习目标，产生违纪现象。

针对这种情况，本方案的实验目的在于收集学生在课堂上各段时间的违纪现象，研究在课堂以时间为序的各段中，教师对教学组织的较佳选择和课堂纪律的有效控制，从而达到分组实验课的既生动活泼又避免混乱的局面，使学生的课堂学习效益提高。

二、观察方法

用“时间取样法”在规定时间段中观察，对每一时间段中发生的违纪行为进行较全面的记录。

三、观察记录表单与说明

观察地点：__________ 观察者：__________ 观察时间：__________

观察时间段（分钟）	教师活动	多数学生活动	违纪现象
开始上课 0 ~ 5			
6 ~ 10			
11 ~ 15			
16 ~ 20			
21 ~ 25			
26 ~ 30			
31 ~ 35			
36 ~ 40			
41 ~ 45			

记录说明：

教师活动——记录该时间内教师的讲解、理论和操作指导（简要记录）。

多数学生活动——记录多数学生的正常行为（简要记录）。

---

① 刘电芝．教育与心理研究方法．重庆：西南师范大学出版社，1997．226 ~ 227

违纪现象——记录部分学生与正常行为相违背的违纪行为(不包括完成教师规定任务后的正常探索行为),应详细分类记录:

①影响他人的违纪行为

②不影响他人的违纪行为

③违纪人数(详细记录)

重点分析教师行为与违纪行为的关联和学生出现违纪现象的时间规律。

第四章

文献法

文献法是一种既古老又富有生命力的科学研究方法。任何一种社会活动想要留下永久的痕迹都离不开各种文献。通过对已有文献的研究,可以了解前人的思想及活动。离开了文献就很难谈得上是在进行科学研究。在教育科学研究过程中,研究的前期任务是收集与课题相关的文献。当研究课题确立以后,深入分析、鉴别、整理文献将有助于熟悉研究现状并使研究过程更为有效。这种对教育文献进行收集、分析、整理以形成科学事实的研究方法即为文献法。它贯穿于研究的全过程,关系到研究的速度及质量。

第一节　文献法概述

一、教育科学文献和文献法的含义

“文献”一词的含义,在我国随着时代的发展而有所变化。《论语·八佾》中最早出现“文献”一词。宋代朱熹的解释:“文,典籍也;献,贤也”,即文献应包括历史上的图书、档案和当时贤者的学识等。我国《文献著录总则》明确地规定为“记载有知识的一切载体”①,也就是将人类的知识以文字、图形、符号、音像等手段记载下来的有价值的典籍,可以是已发表过的或虽未发表但已被整理的知识,包括图书、期刊、学位论文、文物、影片、录音录像带、光盘、幻灯片等。文献是进行科学研究的理论基础,只有占有充分而又广泛的第一手资料,才能取得丰硕的科研成果。

教育科学文献,我们从广义上理解就是一切用各种符号形式记录和保存下来的,对研究教育有一定资料价值的客观事实材料。科学研究创新不可能是没有继承的创新。马克思指出:“科学研究部分地以今人的协作为条件,部分地又以对前人劳动的利用为条件。”在当代进行教育科学研究,只有充分地运用科学文献才能实现“今人的协作”及利用“前人的劳动”。进行教育科学研究必须充分地占有文献,进行文献梳理,以便掌握教育科研动态,了解前人已经取得的成果,这是任何科学研究工作者进行科研都必须经历的阶段。因此,教育科学文献贯穿于教育研究的全过程,无论是研究课题的选定、初步调查、课题的实施、收集与整理、分析研究资料到撰写研究报告,无时无刻不需要充分利用和占有教育科学文

① 杨小微等主编. 教育研究的理论与方法. 武汉:湖北教育出版社,1994. 231

献。这也是判定研究者研究水平的一个重要标志。

文献法就是对于文献进行查阅、分析、整理从而找出事物本质属性的一种研究方法，是一种古老而又富有生命力的科学研究方法。自语言文字出现之日起，伴随着人类社会、经济、文化、教育的进步和发展，文献的数量、种类、记录和保存的形式越来越多，性质也日趋专业化。作为研究问题的方法，它起源于历史领域里的研究，但应用范围已不局限于它的“诞生地”，逐渐成为一种相对独立的方法，不仅能用来研究历史，也能用来研究现状，在教育科学研究中具有不可替代的重要作用。对现状的研究，仅仅通过观察与调查是不够的，它还需要对与现状有关的前人研究文献作出梳理。对一些理论问题的探讨也离不开对已有相关文献的分析。所以，不能把文献法等同于历史研究。

二、文献检索在教育科学研究中的重要性

美国学者威廉·维尔斯曼在论述文献检索的价值时指出：“……除了为研究提供内容参考外，它还将有下列一个或所有方面的意义：

1. 更具体地限制和确定研究课题及假设；
2. 告诉研究者在本领域内已做了哪些工作；
3. 提出一些可能对当前研究有用的研究思想和研究方法；
4. 对研究方案提出一些适当的修改意见，以避免预想不到的困难；
5. 把握在研究中可能出现的差错；
6. 为理解研究结果提供背景材料。”①

以上陈述，在一定程度上分析和阐述了文献检索在科学研究过程中的重要性，笔者拟从以下几方面进一步进行论述。

（一）提供已有研究信息，有助于明确课题方向

荀子在《劝学篇》中所言：“吾尝终日而思矣，不如须臾之所学者；吾尝跂而望矣，不如登高之博见也。”荀子这番话语，虽是针对劝告人们学习而论及，同样也适合于教育科学研究。因为科学研究犹如接力赛，是以前人的研究成果为基础的。吸取前人的经验并着力去解决和探索前人未解决的问题。文献资料提供了已有研究的信息，例如该课题前人主要研究成果、研究方法、研究重点难点、有哪些突破、研究还存在哪些问题等。研究者通过查阅文献，了解信息之后，可进一步掌握所要研究问题的有关情况，找到突破点，从而提出所要研究的课题。正如恩格斯指出的，“即使只是一个单独的历史实例上发展唯物主义的观点，也是一项要求多年冷静钻研的科学工作……只有靠大量的、批判地审查过的，充分地掌握了历史资料，才能解决这样的问题。”②例如，研究教师专业化问题，应查阅世界各国有哪些主要的相关研究者，他们的主要观点是什么，他们是通过什么研究方法来研究教师专业化的等等。

（二）避免重复劳动，增强科研效益

文献资料为从事科学研究的人员提供了有关信息，通过文献检索，在充分占有前人研

---

① 威廉·维尔斯曼(美)著．袁振国主译．教育研究方法导论．北京：教育科学出版社，1997.66

② 马克思恩格斯选集(第2卷).118

究成果基础上,可以避免不必要的重复劳动,增强科研效益,据美国科学基金委员会、美国凯斯工学院研究基金会调查统计:①

社会科学和理工科各项研究活动时间比例

	选定课题 →	情报搜索与信息加工 →	科学思维科学实验 →	学术观点形成
社会科学(%)	7.7	52.9	32.1	7.3
理工科(%)	7.7	30.2	52.8	7.3

上例中资料查阅占全部研究的1/3至1/2,由此可见它在科研工作中的地位与作用,钱三强曾将图书情报与仪器装备比喻为科学研究的两大翅膀。在科学中,若能善用这两大翅膀,则能在科研上有所建树,反之,不仅会造成大量的人力、物力的浪费,也不会带来有实际意义的研究成果。例如,1982年上海保温瓶厂研究以镁代银镀膜这一课题,并在研究结题后申请专利,方知这一研究早在1929年英国就已攻克此课题并获得专利权,而上海保温瓶厂由于这方面的疏忽,带来大量人力物力的浪费。诺贝尔奖获得者杨振宁曾说:"我国科研项目40%是和国外重复的。"②国外学者研究也表明:"由于重复劳动,往往耗掉科学家和工程师的时间约为85%。"③以上事实充分说明,科学研究不能盲目一哄而上,不能仅凭科研热情,必须脚踏实地,一步一个脚印,其中查阅资料可以避免不必要的重复劳动,节约时间、人力、物力等,从而有效地提高科研效益。

三、文献法的优点与局限

(一)优点

1.能研究不可接近的研究对象

文献研究的最大优点是,能使研究人员对那些不能直接观察或调查访问的前人的教育思想、教育经验等进行文献研究,以分析前人的教育理念,供后人借鉴。它突破了时空等的条件限制,使研究人员对那些无法接近的研究对象进行研究。例如:研究我国现代教育史上著名的教育家陶行知先生的教育思想,主要依靠研究记载陶行知教育活动及思想的文献——《陶行知教育文选》《陶行知全集》等资料,如果不依靠文献法,这项研究很难深入开展。当然,此项研究也可配合实地考察陶行知教育活动的所在地,广泛吸收第一手教育资料,探讨陶行知先生的教育思想。正因为文献法有上述优点,在历史研究和比较研究中常运用此种方法。

2.研究费用较低,坦白程度高

文献法与调查法、观察法、测量法、实验法等方法相比,不易受研究对象、场地、研究情境等的影响,人们较愿在一份文献里,反映并揭露其真实思想,所以文献研究坦白程度高。且文献多集中在图书馆、档案馆、高等教育机构等,研究人员只需专门到有关机构中去查阅

---

① 裴娣娜. 教育研究方法导论. 合肥:安徽教育出版社,1995. 91
② 梁国钊. 失败的科学. 南宁:广西教育出版社,1990. 31
③ 梁国钊. 失败的科学. 南宁:广西教育出版社,1990. 31

相关资料,即可获得大量信息,并能着手文献分析,相对其他方法而言,这种方法简便易行,且费用较低。

3. 研究过程无被试反应性干扰,资料适合于纵向研究

文献法同间接观察法、非参与性观察法等方法一样,研究过程不受被试反应性干扰,它主要是查阅所需研究课题的有关资料,如索引、文献、动态、文献综述等,通过查阅,分析整理资料,筛选有价值的信息,获得研究成果,因此,资料收集本身不会使正在收集的资料发生变化,无被试反应性干扰。同时,文献法适合于作长时间的研究,通过该方法的使用,作纵向趋势分析。如研究我国建国以来教育的发展,可以通过资料查阅,了解自 1949 年新中国成立国民经济恢复时期教育的改革,一直到粉碎“四人帮”以来社会主义建设新时期教育的改革与发展,在这 50 多年的风风雨雨中,教育从理论到实践所经历的不同阶段,展望面向 21 世纪中国教育的前景,从而揭示 1949 年至今我国教育的演变情况。

(二)缺点

辩证唯物主义认识论告诉我们:任何事物的发展变化都有两个方面,文献研究既有十分明显的优势,同时也有不可避免的劣势,归结起来,主要表现在以下几个方面。

1. 记载偏差

在许多教育文献中,作者原本不是为研究目的而编写的。编写文献目的不同,可使文献带有偏见,从而造成记载偏差,如报喜不报忧,夸大其词,甚至为了金钱捏造歪曲客观事实。

2. 有选择的保存与难以避免的破损

文献的保存常常带有选择性,凡是符合社会需要或某些人利益的文献则被长期保存下来,反之亦然。此外,教育研究文献多是用纸写的,也会受自然环境的磨损,难免因书库防虫措施不当、失火、搬迁等诸多原因受到损失,因而造成文献的残缺。

3. 抽样偏见

文献资料以文字记载的形式保存资料,但由于每个人所受教育程度不同,社会政治经济地位的悬殊,使得并非每一个人的思想、观点都能以文字形式被记载下来,对贫穷的普通百姓而言,即使少量被记载下来的资料也因多种原因而难以保存。受教育程度低的人比受教育程度高的人写文献的可能性少得多,而且他们的思想并未在大众传媒中得到反映,这就客观上形成了文献主要是反映一部分阶层的思想、价值观念的,因此,在一定程度上带有抽样偏见。

4. 限于书面语言

文献研究主要是通过对书面材料的分析、整理形成研究成果,与观察法、调查法、实验法等方法相比,它不能获得非言语行为的描述,只能在书面材料上下功夫。

综上所述,在运用文献法进行教育研究中,若是单独使用该种方法,做结论应谨慎,常常可通过文献法与其他方法恰当结合来获得较好的研究效果。

第二节　教育文献种类及主要分布

一、教育文献资料来源

教育文献资料来源于专门收集、加工、贮存和传播文化科学知识的部门与机构，如图书馆、档案馆、博物馆等。

图书馆是最早出现的对文献进行收集、保存、交流为宗旨的一种形式。我国古代称之为藏书楼，以藏书为主，近现代图书馆从封闭服务走向开放式服务，文献资源共享，图书馆成为教育研究工作者查阅资料的主要场所。如北京图书馆自 1959 年建立以来，收藏有大量各类个人文献、传记、教育理论研究著作以及各种教育统计资料，其他省市图书馆也不同程度地收集此种资料，这些都是教育文献获得的主要来源地。

档案馆是国家收集的需要长期保管的档案和有关资料。新中国成立后，国家十分重视加强档案资料的建设，使之成为国家法定的专门永久保管档案的科学文化事业机构。例如，研究老解放区的教育，即可在档案馆中查阅老解放区教育方针、政策、教师的培训等，从而全面客观地了解老解放区教育机构的建设和发展。据国家统计局 1985 年 3 月发布的统计资料报道，我国已拥有2 924个档案馆，收藏有从唐代以来1 200年的档案6 200万卷。

博物馆作为一种文化事业单位，对于教育研究的价值体现在通过种种实物的收藏，图书、历史文献、资料等的收集，不仅藏书面大、量大，而且常常是独本或罕见的资料，对于教育研究有重大意义，有人称之为“活文献”。如北京鲁迅博物馆，收藏有鲁迅先生生前的1 300多册藏书，还有手稿、文物等17 000多件，资料、照片6 200多种，这对研究鲁迅先生的教育思想有极其珍贵的价值。

二、教育文献种类

根据文献内容级别分，可以分为零次文献、一次文献、二次文献和三次文献。

(一)零次文献

即曾经历过特别事件或行为的人撰写的目击描述或使用其他方式的实况记录，是未经发表和有意识处理的最原始的资料。这类教育研究文献，包括未发表付印的手稿、书信和各种原始记录。历史形成的零次文献，大都收藏在博物馆、档案馆；而现实的零次文献，则分散在教育工作者和教育科研人员手中，是非常重要的教育研究情报源。这些文献，大多数不是为教育研究，而是为其他目的所撰写。例如，日记、教师日志、给朋友或亲属的信件、自传和自述信件等。许多非个人的文献则是由学校、政府部门、事业单位、教育福利机构、教育学术组织等连续地写下的，目的是连续地记录下各种事件，以确保这类重要事件记忆的可靠性。这类文献往往比个人文献较有结构。例如，历史镜头、实况录像、谈话录音、会议记录、备忘录、协议草案以及有关的其他各种各样的材料案卷等。

（二）一次文献

一次文献也称原始文献，一般指直接记录事件经过、研究成果、新知识、新技术的专著、论文、调查报告等文献。这是那些不在现场的人们，通过访问目击者或者阅读第一手文献，获得编制文献的信息，经过综合分析，而把自己的研究所得直接体现在文献之中。这类记录原始成果的文献，包括图书、报刊、研究报告、会议文献、政府出版物、学位论文、档案资料、小说或非小说（如传记、随笔等）文学作品以及对零次文献内容进行编辑处理的各种各样的其他材料。

（三）二次文献

又称检索性文献，是对原始文献进行加工、整理，使之条理化、系统化、理论化的文献。一般包括题录、书目、索引、文摘等，具有报告性、汇编性、简明性等优点，便于研究者查找。

（四）三次文献

又称参考性文献，是在二次文献基础上，对某一范围的一次文献进行深入分析报告之后形成的综合性文献。此类文献不同于一次文献的原始性，也不同于二次文献的客观报道性，但具有主观综合的性质。三次文献反映了文献加工者对一次文献的主观见解，是对众多一次文献的综合研究成果。如教育研究动态综述、教学专题评述、教学课程数据表、教学进展报告等单篇文献，均属三次文献。而有关教育科学方面的字典、词典、百科全书、手册等专门文献，通常称为工具书，因为它能直接为教育研究中所遇到的问题提供答案，因而也称为三次文献。

三、教育文献主要分布

（一）工具书

1. 检索名词的主要工具书

《中国大百科全书》（教育）（中国大百科全书出版社，1985 年 8 月第 1 版），这是我国首部大型综合性百科全书的分卷之一。该书包括："教育科学""教育学""教育心理学""教育管理""中国教育""外国教育"6 个部分，内容丰富，条目清晰，是全面系统了解和查检有关教育科学知识的重要工具书之一。

《教育大辞典》（共 12 卷）（上海教育出版社，1990 年版），全面介绍了教育学、课程和各种教学、幼儿教育、高等教育、中外教育史等共计 25 分册，共收词目约 3 万条。

《心理学大词典》（朱智贤主编，北京师范大学出版社，1989 年版），是查检心理学名词术语的重要工具书之一。

2. 查阅事件、概况的工具书

教育年鉴是系统汇集一年或几年内重要事件、学科进展与各项统计资料的工具书，以记事为主，内容包括专论或综述、统计资料以及附录等。年鉴具有记载翔实、内容丰富、项目齐全等优点，是研究者研究课题、积累资料的重要参考工具书。自 1979 年以来，年鉴的出版工作受到重视，目前，约有 130 种年鉴得以出版，其中教育类的年鉴主要有：《中国现代教育大事记》（中央教科所编写，教育科学出版社，1988 年版）、《中华人民共和国教育大事记（1949 ~ 1982）》（教育科学出版社，1988 年版）、《中国教育年鉴（1949 ~ 1981）》（中国大百科全书出版社出版）、《中国教育年鉴》（人民出版社，1988 年版）等，以条目形式，分门别类地介绍了各个年度各类教育发展成就和经验、教育法规及重大事件。

3. 查阅论著的主要检索工具

主要有:《全国报刊索引》(月刊)(上海图书馆编);《中文报刊教育论文索引》(季刊)(中央教育科学研究所编);《报刊资料索引·文化教育》(中国人民大学书报资料中心分年度出版)。查阅外国教育类论著的主要检索工具有:《国外社会科学论文索引》(双月刊)(中国社会科学出版社出版);美国《教育文献索引》(Education Index,1929 年 11 月创刊,H. W. Wilson Co.,950 University Ave.,Bronx,NY10452,USA.)

(二)检索性文献

苏联科学家 B. A. 维诺格拉多夫曾感叹地说:"若想对一门学科多少有一个全面了解的话,那他整个一生也未必来得及将这些刊物上的文章浏览一遍。再加上语言障碍,涉及面广,使用概念和方法的繁杂等原因,哪怕最肤浅地了解这些文献,也是任何一个专家办不到的。"[①]因此,查阅检索性文献,可以缩短检索时间,避免检索的盲目性、分散性和偶然性,提高文献的查准率和查全率。检索性文献是指按照特定的编排形式和检索方法加以组织,专供人们查阅知识单元和查找文献线索之间的出版物。人们称之为读书治学的"良师益友",无论是教师的备课,学生的学习,还是科研工作者的科学研究,都离不开检索性文献,因而有人将之比喻为"案头顾问""开启知识宝库的钥匙"。检索性工具书包括书目、索引、文摘等。

1. 书目

也称目录,最初是目录的简称,后来,随着图书以外的其他文献的大量出现,书目的含义也扩大了,它不仅包括图书目录,还包括期刊目录、报刊目录以及其他文献目录等。书目的著录项目包括文献名称、作者、卷册、版本、价格以及收藏情况等项。有的还配有图书的内容、学术源流等简要的文字说明,如《全国总书目》每年都收有大量教育书籍,分为教育学、思想政治教育、德育、教学理论、电化教学、教育心理学、教育行政与学校管理等 10 多大类,大类下又分为若干小类,研究者可按照分类目录进行查找。自 1980 年起,《全国总书目》增加了简短摘要。若要了解全国最近出版的新书则需查阅《全国新书目》,教育部分分为教育理论、学前教育、初等教育、中等教育、高等教育、家庭教育、自学等。所有的书目都附有内容摘要。每期新书目均附有新书介绍、新书预告、出版消息等栏目。

2. 索引

"索引"一词来源于拉丁文"indicare",意思是"指出"、"指点";英文为"index",音译为"引得",日本人译之为"索引",我国近现代沿用了索引这两个汉字。索引就是将文献中重要的有检索意义的信息,如书名、刊名、篇名、主题、人名、地点等,按标题或主字码等方式编排组织,以便进行相应途径的检索。我国的索引明末清初才开始出现,其代表作为《两汉书姓名韵》,真正大量编撰出现索引,则是从 20 世纪 20 年代才开始的。目前,上海图书馆的《全国报刊索引》、中国人民大学的《复印报刊资料索引》、上海社会科学院的《内部资料索引》等每期都有教育类资料,利用这些检索性文献可查到研究者所需的大量有关教育的资料。

3. 文摘

文摘是以简洁的形式,准确而扼要地将文献资料的主要论点、结论等进行摘要或全文转载,并按一定著录规则和编排方式系统编辑而成的文献资料。根据摘要方式可分为报道

---

① 陈坚等主编. 教育科学情报与文献检索. 长春:吉林教育出版社,1998. 141

性文摘、指示性文摘和题录性文摘;根据内容可分为综合性文摘和专科性文摘;根据出版形式可分为期刊性文摘、报纸性文摘和卡片式文摘等等。研究者可以通过查阅文摘迅速知晓某一学科、某一专业领域的最新文献,了解其现状,根据自己的研究课题选择有参考价值的信息,避免阅读无关紧要的原文,从而提高了检索和使用文献的效率,赢得更多的时间投入科学研究之中。如《新华文摘》是反映社会科学内容的综合性文摘;《教育文摘》则是反映教育领域的文献资料。美国的《教育资料》(Resources in Education),1966 年 12 月创刊,摘录和索引有关成人和业余教育、阅读表达能力、教育管理、高等教育、学前教育等方面的文献。据统计,目前世界文摘刊物有3 500多种,我国已有近百种文摘刊物,文摘已成为当代科学研究工作中不可缺少的重要检索性文献之一。

(三)国内外重要期刊

《教育研究》(月刊)(中央教育科学研究所主办),系全国性、综合性的教育理论学术刊物,主要刊登教育科学论文,发表实验研究报告,开展教育学术理论研讨,是重要的教育类学术刊物,有极强的参考价值,是教育研究者必备的主要学术杂志之一。除此之外,还有《课程·教材·教法》《中国教育学刊》《华东师范大学学报》(教育科学版)等。

国外主要的教育刊物有:《教育论坛》,1936 年 4 月创刊,刊载教育领域当前存在和有待解决的问题等方面的文章及简讯,由 USD Kappa Delta Pi, P. O. Box A, W. Lafayette In 47906, USA 主办。

《教育研究评论》(《Review of Education Research》),1930 年 4 月创刊,刊载教育理论及文献综述和评论,由美国教育研究学会(USD American Educational Research Association, 1230 17th St., NW, Washington, DC 20036, USA.)主办。

只有对文献的性质、特点有全面系统的掌握,知道哪些杂志是理论性刊物,哪些是应用性刊物,才能根据自身的研究课题,有选择性地查找所需要的文献,从而使研究能够顺利如期地得以完成,不枉费时间,少走弯路。

第三节 文献检索方法

一、人工检索方法

(一)顺查法

按时间顺序,对所检索的课题按事件发生、发展的时序,由远及近,由旧到新进行查找。如针对某一课题,以该课题研究的发生时间为检索起点,从该年起逐卷、逐期查找。目前,许多杂志每年末期均附有总目录,为顺查法提供了便利,只需从该杂志的总目录中查找。顺查法所查找的资料能比较全面地反映事物发展的全貌,查全率高,适用于范围较广、项目较复杂、所需文献较多的课题。缺点是较费时。

(二)逆查法

逆查法与顺查法相比,正好相反。这种方法也称倒查法,是由近及远,由新到旧的顺序进行资料查找。这种方法适用于新文献的收集，新课题的研究，不需要该课题的全面系统的资料，只需要获得若干篇与课题相关的资料即可。缺点是资料欠系统，易漏检。

(三)抽查法

针对课题研究发展的实际情况，对课题研究较集中的年代、文献较多的时期进行抽样，抽取一定时段的研究资料，并加以分析。这种方法应以熟悉本学科与本课题研究为前提，费时少，所查资料丰富。

(四)追踪法

又称引文查找法，是以作者文章和书籍后所列的引用文献、参考资料或引文注释等为线索，步步追踪所需的文献。一般先追踪查找权威性的专著、综合性刊物、该类研究的经典研究报告。此方法的优点是费时少，一般所追踪查找的资料都有较高的学术参考价值，缺点是所查的资料受原作者引用资料的局限性及主观性影响，且资料无年代顺序，较杂乱，引用时要注意资料的可靠性。

二、计算机检索

在知识经济时代，不仅仅要掌握手工检索方法，还需要运用计算机检索信息，即机检。它最明显的优点是资料广泛性以及所获取资料的快捷性。据报道，国外一家医学图书馆，用电子计算机查阅文献，平均 10 分钟完成一个课题，相当于用 30 种语言，博览2 000种医学杂志，阅读90 000篇论文。

文献检索的传统方式是手工检索，随着科学技术的迅猛发展，学科分化、交叉、渗透现象日益突出，教育科技文献数量剧增，分布广泛、复杂。面对浩如烟海的教育文献资源，仅仅运用传统的手工方式去检索教育文献，无异于大海捞针。计算机技术和现代通信技术的发展开辟了文献检索的新途径。运用计算机检索信息主要有以下两种形式：

(一)脱机检索

研究人员向计算机操作人员提问，建立用户提问档，按提问档定期对新到文献进行检索，并及时将结果反馈给研究者。

(二)联机检索

国际联机检索是 20 世纪 70 年代出现的现代化情报检索技术，20 多年来，在国际上得到蓬勃发展。它能够跨越国家或地区限制，迅速而准确地获取世界性的文献情报信息，是目前世界上最先进的情报检索手段之一。用户利用检索终端，通过卫星通信网络与地球上任何地方与之相联系的情报检索系统联机，运用特定的指令和检索策略与检索系统的电脑进行“人机对话”，从预先编制并贮存好的数据库中查找所需的文献情报。国际联机检索系统由中心计算机、数据库、检索终端以及卫星通信网络组成。其中美国的 DIALOG 是目前世界上最大的国际联机情报检索系统，有 280 多个数据库，存贮文献达 1 亿多篇。包括 40 多个语种6 000多种期刊，占世界机存文献的 60%，专业范围涉及综合性学科、自然科学、应用科学、工程技术、社会科学、人文科学等，收集的文献类型有：图书、报刊、会议文件、博士论文、研究报告、专刊、政府报告、标准市场行情、统计数据等等。

现将 DIALOG 系统中有关社会科学、教育科学的数据库情况介绍如下:①

文档号码	文档名称		文档规模	存储年限	更新周期
1	ERIC	教育文摘	549 000	1966 ~	1 月
9	AIM/ARM	业余及职业教育文摘	17 500	1967 ~ 1976	
46	NICEM	教育器具文献索引	403 000	1979 年版	2 年
54	EXCEPTIONAL CHILD ED. RESOURCES	特异儿童教育文摘	56 800	1966 ~	1 月
70	NICSEM/NIMIS	特殊教学资料索引	36 000	1978 年版	
120	U. S. PUBLIC SCHOOL DIRECTORY	美国公共学校索引	88 000	当年	1 年
64	CHILD ABUSE& NEGLECT	美国儿童恶习管教文献索引	215 000	1968 ~	1 月
214	PETERSON'S COLLEGE DATA BASE	美国加拿大大学指南	3 000	最新	1 年
7	SOCIAL SCI SEARCH	社会科学文献索引	1 430 000	1972 ~	1 月
11	PSYCINFO	心理学文摘	473 500	1967 ~	1 月
35	COMPREHENSIVE DISSERTATION INDEX	博士学位论文索引	851 500	1861	1 月
37	SOCIOLOGICAL	社会学文摘	148 500	1963 ~	1 季度
75	MANAGEMENT CONTENTS	管理科学索引	203 500	1974 ~	1 月
77	CONFERENCE PAPERS INDEX	会议文献索引	1 086 000	1973 ~	1 月
140	PSYCAIERT	心理学文献索引		最新	1,周
291	FAMILY RESOURCES	家庭研究	63 000	1970 ~	半年
49	PAISINTER NATIONAL	国际公共事务文献索引	233 000	1976 ~	1 月
66	GPOMONTHLY CATALOG	美国政府出版物索引	206 000	1976 ~	1 月
86	MENTAL HEALTH ABSTRACTS	智力健康文摘	463 000	1969 ~	1 月
102	ASI 美国统计索引		98 000	1973 ~	1 季度
137	BOOK REVIEW INDEX	书评索引	1 288 000	1969 ~	

① 罗友松等主编. 教育文献检索与利用. 武汉:武汉大学出版社,1990. 236 ~ 237

联机检索的主要途径是主题检索途径和非主题检索,其中主题检索途径是最常用的,它通过反映主题内容特征并在相应的字段中查找所需文献。非主题检索是通过文献的外表特征如作者、文种、报告号等在相应的字段中查找。联机检索实例[①]引自华东师范大学图书馆国际联机情报检索留存文件,该馆与 DIALOG 系统联机。

· 课题名称:教师评价的方法

The Methods of Teacher Evaluation

· 课题分析:本课题属于教育科学。检索本课题的目的是要了解英国、美国两国教育评价方法的进展。课题涉及的学科与专业范围有:教育测量与评价、教育人事管理学、教学论、教师教育等。检索年限为近 20 年,要求脱机打印有关文献的文摘。

· 选择数据库及检索途径

根据检索课题的学科范围和查找要求,选择 DIALOG 系统的第 1 号文摘——ERIC 教育文摘数据库,从主题途径检索。

· 选择检索词并组配检索式

对本课题进行概念分析,并考虑课题所涉及的各学科方面,刊出以下一系列检索词及其同义词:

教师 teacher

评价 evaluation、assessment

标准 criteria

管理 administration

表格 form

设计 design

……

结合检索课题的内容要求,将上述主题检索词组配成若干检索提问式,例如:

eacher and(evaluation or assessment)

将上述要求填写入检索提问单,即可上机检索。

与 DIALOG 系统联机后,输入检索问式,开始检索。并通过“人机对话”的方式,最终得出满意的检索效果,并检索出 44 篇文章。

因采用的是脱机打印方式,若干天后,DIALOG 系统即会寄来检索出文献的文摘若干篇。其中有这样一篇英文期刊论文:

题目:Teacher Evaluation Criteria

著者:John son,Nancy C. ;Orso,J. Kenneth

该论文出处:Spectrum,V4 n3 p. 33-36 Sum 1986

---

① 罗友松等主编. 教育文献检索与利用. 武汉:武汉大学出版社,1990. 236 ~ 237

附录：

文献摘要举例[①]

作者：

雷得曼(D. J. Veldman)和杉福得(J. P. sanford)

研究题目：

"班级能力水平对学生成就和班级行为的影响"

文章出处：

美国教育研究杂志,21,1984年秋,第9期,第629～644页。

问题：这项研究主要提出3个问题：

(1)在较高和较低能力的班级间,学生的课堂行为和成就水平是否有规则的变化?

(2)在一个班级内,较高能力和较低能力学生的课堂行为是否有规则的变化?

(3)学生的能力水平与班级能力水平的相互影响是否会有规则地引起学生的课堂行为和成就的变化?

对象：从得克萨斯州的58个数学和78个英语班级中抽取的初中学生(7、8年级)；数学班近500人,英语班级近650人。

方法：回溯研究；对观察者估计的高水平的25名学生进行数学和英语成绩测量,对低水平的25名教师和学生的行为进行测量；与以前的(平均)模式(数学和英语分开)进行比较,以确定学生能力的相互影响对年级、班级平均能力、学生能力及班级能力的促进作用；标准变量是班级平均数或学生成就行为测量。

结果：

A. 在学生成就方面：

(1)高能力学生在数学和英语(所期望的)方面都比低能力学生表现好。

(2)在数学和英语方面都存在相互影响(班级能力与学生能力之间)；在数学方面,高能力班级的成员对低能力学生的影响比对高能力学生的影响要大；在英语方面,与数学结论相同,只是其程度上、差距上更大一些。

B. 在课堂行为方面,观察者定级：

(1)25名观察者定级的学生,14名在数学和英语两方面显示了班级内学生能力水平的显著相关；级别的确定与这样一些行为有关：工作习惯、动机、忍耐性、自信、依赖性、学术领导和班级参与,高能力的班级和学生在学生行为问题、侵犯性、粗话及学术领导方面级别较低；与外向性、和教师的交往、生理成熟、不快、喜欢合作和与邻座同学说话方面没有显著相关。

(2)在相关作用方面,数学有8个变量,英语有4个变量,其中只有3个变量是共有的,一般而言,班级能力水平对低能力学生行为的影响要比对高能力学生的影响大,高、低能力

① 威廉·维尔斯曼(美)著．袁振国主译．教育研究方法导论．北京：教育科学出版社,1997. 95～97

学生在一起,往往对低能力学生带来消极影响。

C. 在课堂过程中的变量:

(1)高能力班级较少有固定的接触,较少有失误和被叫起的学生。

(2)高能力学生得到更多的回答机会,有更多正确的和较少错误的答案,与教师敌对的交往及错误行为较少。

(3)在数学和英语课上,4/5 的有效交往的方式是一致的。一般而言,低能力学生在低能力班级比在高能力班级更容易捣乱;在英语而不是在数学课上,低能力学生在高能力班级较少做出错误行为。

第五章

调查法

没有调查,就没有发言权。调查法作为一种了解事实、收集资料的研究方法,已被广泛运用于教育科学研究中。它几乎不受时空的限制,研究的对象非常宽,内容广泛。因此,掌握调查法对于教育工作者来说,显得非常重要。

第一节 调查法的概述

一、调查法的含义与特点

调查法是在一种教育理论指导下,运用问卷、访问、座谈等科学方式,有目的、有计划地收集资料,以确定各种事实间的联系或关系的方法。通过口头或书面方式的调查,研究者可迅速地收集到大量资料,在此基础上对调查的事实进行科学的分析、推理,从而认识教育工作中某一方面的现状、趋势与规律的研究方法。

在进行教育研究时,通过调查法可以发现教育发展中存在的问题,暴露矛盾,通过不断解决矛盾促进教育发展;可以找出规律,发现和总结先进的教育思想和经验,更好地改进工作,提高教育质量;还可以为不同层次、不同要求的教育管理和教育预测提供依据。

调查法是教育科学研究中运用较为普遍的研究方法,这与调查法固有的特点分不开。调查法的主要特点是:

第一,调查研究属于经验性方法,间接获得材料,而不同于观察法直接以感官或借助仪器去感受现实、获取资料。对于一些无法直接进行观察的研究对象,如学生的价值观、人生观等,采用调查法就比较容易解决。另外,有些研究课题的研究对象较分散,采用直接观察不是很方便,最好也用调查法。在调查中,调查者是主动收集资料,避免了观察法被动等待观察对象出现的弊病。

第二,调查法所收集的资料是自然状态下反映出的实际情况,对研究现象不加任何干涉,克服了实验法需要控制条件的局限。对于一些无法进行实验或重复研究的问题,如青少年犯罪问题研究、学校中的安全事故研究等,采用调查法是非常合适的。

第三,它是以现状为研究对象,可直接与被调查者接触以获取资料,而不像历史研究法是以过去发生的事实为研究对象,受文献资料的限制。

以上特点使调查法可以不受时间与空间的限制,可以采用多种研究方式,研究范围较大，适用于对象多、时间延续较长的教育研究，并且调查法操作简便易行，因此在教育研究中广泛使用。

当然，与其他研究方法相比，调查法也有一定的局限性，主要是表现在两个方面：

其一，调查法所收集的资料不是通过主动操作和改变事物的现象而导致的结果，而是直接从被调查者或调查对象那儿获得的信息和资料，因此难以进行因果分析。

其二，调查法的结果的客观性和可靠性程度，往往取决于被调查者的合作态度及其实事求是的精神。一旦调查对象出现不合作意向或隐瞒事实真相、个人看法等行为，调查的结果就可能失真，通过调查所收集的信息就可能缺乏客观真实性和可靠性。

二、调查法的要求

调查研究的目的，是为了正确地认识教育现象，揭示其规律。为了达到这一目的，调查法应遵守以下要求：

（一）明确调查的目的，弄清调查对象

实施调查研究，必须根据课题的性质和研究任务，明确调查的目的，对所研究的问题，必须有确切的内涵和外延，所提出的问题应该围绕调查的目的，明确而系统地提出问题。然后根据调查目的，选择有代表性和典型性的调查对象。如果是运用个案材料说明观点，要考察个案材料对总体的代表性，应具体说明为什么选择这样的调查对象或这样的材料，而不选择其他的对象或其他材料。

（二）收集反映客观事实的资料

研究者采用的调查方法和手段，应保证能正确地反映客观情况，有利于收集到能比较全面、客观、正确地反映和说明调查现象的材料，并有利于探索和确定有关调查情况的原因、事物的因果关系和相互联系。为此，调查法可以根据调查的需要采用各种不同的收集材料的方法，也可以把几种方法综合起来运用。

（三）采用标准化的调查手段

研究者在调查过程中，为了保证调查材料的精确性，必须有统一的标准，如采用统一的问卷格式、统一的调查表格和记录方式，对所得材料要按统一标准进行分析，对于凡有可能进行量化调查的材料，应经过统一标准的准确测量。

（四）始终遵循客观性原则

客观性原则是指调查所得到的结论应独立于研究者的主观因素、个人愿望。客观性原则包括两层含义：一是从客观实际出发，不能虚构也不能从抽象的定义或从主观愿望出发。二是在调查研究中保持“中立态度”，不能以自己的好恶任意取舍材料，随心所欲地进行解释。研究者对调查材料的分析所做出的结论，必须保证最大限度的可靠性、客观性和真实性。

三、调查法的分类

根据调查法研究的目的、调查对象、调查的范围、调查手段等的不同，可以把调查法分

为许多不同的类型。不同的调查研究有各自的特点,各有其适应性,认识这些,有助于调查研究者在研究过程中根据实际需要来选择适当的调查类型。

(一)现状调查、发展调查和区别调查

按调查研究的目的来划分,可以把访谈法分为现状调查、发展调查和区别调查。

现状调查是针对调查对象目前状况和基本特征的调查研究。如高师数学专业课程改革的现状调查、2001年师范院校生源状况的调查等都属于现状调查。通过现状调查可以了解情况或发现问题。

发展调查是根据一定目的,研究一定对象随时间变化而表现出的特征和规律的调查研究。它可以分为两种形式:一是纵向研究,即对同一组对象在不同时间进行多次调查;另一种是横向研究,即对不同的对象在同一时间里进行调查。如对初中学生创造性思维能力发展情况进行研究:若采用纵向研究,研究者可以在初一学生中选出一组有代表性的学生,每年对他们进行一次创造性思维能力的测定,得出其创造性思维能力变化发展的规律性认识;如果采用横向联系,则是在初一至初三各取100名学生组成3个年龄组,在同一时期内测定学生创造性思维能力水平,从而了解其变化发展情况。

区别调查是指根据一定目的对不同现象的特点和规律进行对比的调查研究。通过区别调查可以弄清不同类型的教育对象、不同性质的教育对象之间的差异性及内在的联系。如东、中、西部地区教育经费投入的对比调查就属于区别调查。

(二)全面调查、抽样调查和个案调查

按调查对象的取样范围来划分,可以把调查法分为全面调查、抽样调查和个案调查。

全面调查,也称普查,是指对调查对象总体的每一部分进行全面调查的方式。全面调查是一次性的调查,其目的是把握某一时点上,一定范围内的研究对象的基本情况。如全国人口普查,每隔几年学校对教师的身体状况调查都是一种全面调查。全面调查工作量大、时间性强、涉及范围广。其优点是对所调查的内容能全面了解、准确度高,不足是难以对某些情况进行深入细致的了解,获得的材料通常是调查对象的基本情况,一般只适于作描述性的研究,且人、财、物、时间花费多,代价比较大。

抽样调查是指从全体研究对象中抽取部分研究对象进行调查,用所得样本情况推断总体情况的调查方式,即是一种"窥一斑而知全豹"的认识对象的方法。抽样调查范围小、时效高、费用省,且能获得比全面调查更全面的材料。鉴于抽样调查的许多优点,抽样调查被广泛应用于教育科研之中。该方法根据需要,还可以区分为随机抽样调查与非随机抽样调查。

个案调查是在全体研究对象中选取个别有显著特征的对象进行调查。个案调查研究的对象少,可以对调查对象进行深入的接触,全面细致的分析,把握具有该特征的对象发展变化的线索特点,并通过进一步验证、深化,推论具有一般意义的认识。这是一种解剖麻雀的方法,了解总体的一般情况。个案调查通常选取有典型意义的对象进行调查。如在研究学生学业成绩这一课题时,通常是对成绩特别好的学生和特别差的两头学生进行调查,以了解现状、分析原因,探索培养途径和根治办法。个案调查往往作为抽样调查的探索研究或作为抽样调查的补充,它可以使抽样调查的研究结果更深入、更丰满。但个案调查对象的选取往往会受主观因素的干扰,如果选取的对象不具备典型特征,其调查结果的代表性就得不到保证。

(三)综合调查和专题调查

按调查的内容来划分,可以把调查法分为综合调查和专题调查。

综合调查是指研究变量较多、涉及面较广的调查,也叫一般性调查。如某市教育发展状况的调查,它涉及全市教育各个方面的问题,包括学前教育、普通中小学教育、高等教育、师范教育、职业教育、业余教育、社会教育等各个领域的问题。

专题调查是指研究某个方面的问题,研究变量较少的调查。例如,中学教师学历水平的调查、教育经费的调查等等。

(四)问卷调查、访问调查、电话调查和实地调查

按调查的手段来划分,调查法又可以分为问卷调查、访问调查、电话调查和实地调查。

如果研究者主要通过设计好的问卷或调查表邮寄给受试者填写,或将受试者集中起来填写而取得资料,称为问卷调查;如果研究者主要通过亲自对研究对象进行个别访问而取得资料,称为访问调查;如果研究者主要通过电话与研究对象进行谈话而取得资料,称为电话调查;如果研究者亲自到研究对象的现场通过实地考察、个别访问、开座谈会、查阅材料等方式了解情况、收集资料,称为实地调查。在收集资料过程中,问卷调查、访问调查、电话调查和实地调查往往结合运用。

四、调查法的研究程序

调查是一种有目的有计划的活动,需要有严格的工作程序。就调查法的研究程序而言,大致可以分为以下几个步骤:

(一)明确调查的目的,确定研究对象和手段

在研究进行之前,首先,要充分论证选题,明确调查要达到的目的和所要解决的问题。其次,要明确调查的对象。调查的对象是学生,还是教师或学生家长,是哪个地区范围、哪个年龄阶段的人群等等,这些问题都要确定。再次,要确定调查手段,在调查中要根据研究对象的特点和研究目的,选择不同的调查手段,既要切实可行,又要经济简便,以保证最大限度地收集到与课题有关的信息和资料。

(二)制定调查计划

调查计划通常包括如下内容:调查研究的题目和目的;调查的对象及范围;调查的手段和方法;调查的地点、步骤及时间安排;调查的经费来源、使用与分配。

(三)编制、拟定调查的具体内容

调查的具体内容可以是调查提纲、调查表,也可以是问卷或编制的测验题目。

(四)做好调查前的各项准备工作

准备工作包括各种技术、事务和组织准备,如培训调查的成员、准备有关资料、配备与校对调查所需的仪器、设备,统一度量衡单位等。

(五)收集和整理资料

收集资料时,可以由调查者直接访问、记录,也可以发给调查者问卷,由调查对象填写,

还可以查阅档案文件和统计资料。具体采用什么方法根据需要而定。整理资料的方法应根据资料的性质而定,对叙述性的资料要用明白流畅的文字加以整理,对数字化的资料要用统计法、列表法、图式法等进行整理。

(六)撰写调查报告

调查材料整理完后,对于所调查的事实应加以分析,探寻其优点和缺点,以及分析原因所在,下一结论,然后提出改进的意见或措施。下结论是综述现在的实际情况,提建议是筹划将来的发展,于是调查工作完成,即可写成文字的报告。

第二节 访谈法

一、访谈法的含义和特点

(一)访谈法的含义

访谈法是通过研究者与被调查者面对面地进行交流、讨论而收集资料的一种调查方法。

访谈法不同于日常生活中的"谈天"或者一般的交谈,它有特定的科学目的,并有严格的设计和编制原则。访谈法的一般程序是调查员探访被调查者,向被调查者逐一提问,由被调查者根据要求一一作答,同时调查员将被访谈对象的观点、意见及时记录下来,最后对访谈记录进行整理、统计,从而得出调查结论。

(二)访谈法的特点

访谈法的优点主要表现在以下几个方面:

第一,调查过程灵活、深入。首先,与问卷调查相比,访谈法最大的优点就是灵活性强。在访谈过程中,调查员可以根据访谈过程中的具体情况,对有关问题进行重复解释,使被调查者了解问题的实质;灵活性还表现在调查员可以为不同的调查对象提供不同的问题,并以不同的方式问同样的问题,使调查过程对被调查者具有较强的适应性。其次,访谈过程中可对有关问题作较深入的了解,灵活地决定对有关调查主题进行补充询问和追问;同时,访谈过程中,调查员能够听到被调查者的某些自发性观点和意见,使被调查者受到启发,从而获得更丰富、更生动的材料。

第二,能够使用比较复杂的调查问卷或访谈提纲。由于有访谈员作为访谈对象的指导者,访谈过程能够使用一些比较复杂的调查问卷和访谈提纲,这在发送问卷调查中是难以办到的。

第三,访谈法能获得直接、可靠的信息和资料。调查员可以通过多种途径来确定被访谈者的回答的真实性。访谈中,通过观察被访谈者的非言语行为、回答问题的态度,来判断被访谈者的回答是否真实可信。

第四,访谈法可以克服问卷法问卷回收率较低的缺陷,访谈过程一旦展开,就能获得一定的信息和资料。

第五，访谈不受书面语言文字的限制。访谈法对问卷调查不能适用的文盲、文化程度较低的调查对象也同样适用。

由于访谈法有以上的优点，它具有较强的灵活性和适应性，既可以用来收集事实，又可以用来收集意见和观点；既可以用于团体调查，也可以用于个案调查，特别适用于个别化研究。尽管如此，访谈法也有一些局限，主要体现在以下几个方面：

第一，样本小，费用多，时间长，效率较低。访谈法在单位时间内所能收集的样本较小，却需要较多的人力、物力和财力，花费的时间也较长。因而，相对于问卷调查而言，访谈法的效率较低。

第二，标准化的程度较低，难以统计。由于访谈过程的灵活性程度高，对不同的调查对象的对话方式和对话情景也不同，而且事先设计好的访谈问卷和访谈提纲在实施过程中也会被随时调整和更改，表现出的标准化程度低，且资料难以统计等缺点。

第三，调查过程中容易产生偏差。访谈过程是访谈者与被访谈者交往和互动的过程。在这一过程中，双方的个人特征容易影响调查过程，如双方的性别、年龄、社会地位、文化水平的差异、外貌、服装、谈话表情甚至语调都容易导致调查过程和结果的偏差；访谈员的速记能力、访谈经验等等，也会导致访谈的偏差。

第四，访谈法不能完全消除受访者的心理顾虑，不能体现匿名的特点，往往影响受访者陈述事实和观点的客观性。此外，受访者没有足够的时间思考或查阅有关资料，也会影响调查结果。

二、访谈法的类型

访谈法也有很多类型，根据不同的标准，可把访谈法分为不同的类型。

（一）结构性访谈和非结构访谈

根据访谈过程是否有经过严格设计的访谈问卷和访谈提纲，实际访谈过程是否严格按计划进行，把访谈法分为结构性访谈和非结构性访谈。

结构性访谈又称为定向访谈，是指按照统一设计的要求和访谈内容依次向访谈对象提问，并要求受访者按规定标准进行回答的访谈调查。结构性访谈要求实际访谈过程严格按照访谈设计进行，对不同的受访者提出相同的问题，谈话的顺序、时间、记录方式都有统一规定。结构性访谈有利于克服访谈过程中的随意性，便于统计，但比较死板。

非结构访谈又称为非定向访谈，是指只有一个粗略的访谈提纲，对访谈过程没有严格规定的访谈调查。非定向访谈对谈话的时间、提问的顺序、方式、提问的多少都不作明确的规定，只要求访谈过程围绕一定的调查主题，按照粗略的访谈提纲进行。非结构性访谈便于更全面深入地收集资料，灵活性较强，调查者的创造性较大。但标准化程度较低，资料零散，数量化程度低，不利于统计。

一般来说，在这两种访谈法中，应以结构性访谈为主，非结构性访谈多用于个案调查，或用于检验性调查。

（二）一次性访谈和重复性访谈

根据某一问题对同一访谈对象进行访谈的时间或次数，把访谈法分为一次性访谈和重复性访谈。

一次性访谈又称为横向性访谈,是指对人们在某一生活时刻或某段时期内的想法、态度及行为等方面的情况进行的一次性完成的调查方法。这种访谈法常用于对某个特殊的问题进行调查研究,或在某一事件发生后,人们对该事件的态度及该事件对人们的影响的调查研究。它的特点是一次性完成,所获得的资料一般属于静态信息。

重复性访谈也称跟踪访谈或纵向访谈,是指不是一次完成而是要经过多次访谈才能完成的访谈。这种调查方法主要用于随着时间的推移和其他环境条件的变化,人们在思想、态度和行为等方面所发生的变化的调查研究。重复性访谈是一种深度访谈调查,它具有较强的科学研究性质,得到的结果具有动态性。但费用高,耗时长,对访谈者也有较高的要求,一般多用于小范围的专题研究。

(三)个别访谈和集体访谈

根据访谈者一次访谈对象的多少,把访谈法分为个别访谈和集体访谈。

个别访谈是指由访谈员对每一个被调查者逐个进行的单独访谈的调查。在个别访谈中,访谈员一次与一个被调查者单独进行谈话,有利于访谈员与被调查者之间的沟通。个别访谈的方式也较灵活,适应性较强,对某些敏感性问题的谈话也能达到一定的深度,但访谈效率较低,它常被用于个案调查中。

集体访谈是指一名或数名访谈调查员亲自召集一些被调查者,就有关问题通过集体谈话进行的调查。集体访谈的对象不是一个,而是多个,往往是一个小组或一个班级,它是以座谈会的形式组织进行的访谈调查。集体访谈扩大了调查对象,有利于减轻被调查者的心理压力,有利于提高访谈调查的效率。但是,难以充分征询每个受访者的意见,对于敏感性的问题难以展开深入谈话。

三、访谈的过程

访谈过程大致可以分为设计访谈问题、访谈准备、预备性谈话、正式提问等环节。

(一)设计访谈问题

访谈的核心是访谈问题。尽管访谈问题不像问卷中问题要求那样严格,但访谈问题的设计也直接影响到访谈的效果。在类型上,访谈问题可分为封闭式问题和开放式问题两种。封闭式问题是口头提供答案的问题,访谈者要把问题和答案读给受访者听,然后由受访者选择作答。开放式问题是只提出问题不提供答案的问题,语言表述、答案设置等方面与问卷中的问题设计大致相同,不同的是访谈问题的设计应注重问题表述的口语化,用口头语言向受访者提出问题。

访谈问题设计的目的是形成一份比较严格、规范的访谈问题纲要或访谈提纲。因此,访谈过程中准备问多少问题?问哪些问题?用什么语气问问题?都要在问题设计时考虑访谈调查的任务、目的、对象的特点等方面。同时,合理安排访谈问题的先后顺序。安排访谈问题的顺序的基本问题是保证问题之间的逻辑联系,使一个问题自然过渡到下一个问题。此外,还应遵循先易后难等基本原则。

访谈提纲设计好后,进行试谈,再通过修改,确定访谈问题提纲。

（二）访谈准备

访谈准备是访谈前进行的准备工作。其主要包括掌握访谈调查材料、了解访谈对象和接近访谈对象等方面。

关于访谈材料和访谈对象方面的准备工作具体包括：

1. 充分熟悉访谈问题的内容和程序。调查者越熟悉的访谈问题提纲，访谈时越能把握谈话的节奏，否则，访谈者的注意范围仅限于访谈提纲本身，访谈过程就会受影响。

2. 了解受访者的特点。访谈者事先对受访者的兴趣、爱好、知识结构甚至性格等方面要做一定的了解，为谈话投机、寻求共同语言创设条件，以便访谈过程顺利进行。

3. 选择访谈时间和地点。在时间安排上，充分考虑到受访者的工作、学习和生活的实际，把访谈时间安排在受访者较空闲、较轻松、情绪较好的时间内；在地点上，安排在较明亮、空旷、气氛较宽松的地点和环境，以利于受访者自然地表达自己的观点和态度。

4. 准备访谈有关资料、证件和记录设备，如访谈记录大纲、调查者进行调查活动的各种证明材料、笔记本等，必要时还可准备录音设备。

准备阶段一项十分重要的工作就是接近受访者。接近受访者主要应做好两项工作：一是使访谈对象接受访谈，二是进行预备性谈话。接近受访者一般应注意以下几点：首先，作简要的自我介绍，说明自己从哪里来，告诉对方姓名，必要时还出示有关证件，使受访对象了解你的来意。然后，用肯定的语气征求受访者接受访谈的意见，如上门进行访谈，可以用诚恳而肯定的语气说："我有几个问题向您请教，希望您不会拒绝。"而不要说："您有空吗？"或"您可以接受我的采访吗？"这样往往容易遭到拒绝。当然由于种种原因遭到拒绝，访谈者也应彬彬有礼地告辞。在初步接近受访者时，特别要注意主动、友好、谦虚、彬彬有礼，建立良好的第一印象，这是接近受访者的基本要求。

（三）正式提问

访谈的实质阶段是正式提问。提问的方式有两种：一种是标准化提问，即用事先准备好的访谈提纲及其顺序依次提问；另一种是解释性提问，即根据谈话的进程，对访谈提纲中的问题再作适当的分析和解释的基础上提问，甚至随时补充提问。

四、访谈的技巧

在进行访谈时，我们要注重访谈的技巧，以最合适、最有效的方式取得访谈对象的信任和合作，获得真实可信的信息资料。

（一）说明访谈的目的、意义和内容

当受访者接受访谈以后，就要开展预备性谈话，即用诚恳的语气说明自己进行访谈的目的、意义和主要内容。包括为什么要作这样的研究以及得到访谈对象的支持与合作的重要性等。然后进一步说明访谈主题的范围和所包括的小题目。小题目如果有前后或时间顺序，应特别交代，让访谈对象做好准备。如果有几个主题，必须把几个主题都介绍清楚，并强调它们的不同点。

（二）创设一种能够畅所欲言的气氛

访谈的效果在很大程度上取决于访谈对象是否能知无不言，言无不尽。为了收集大量

真实的信息,访谈者在访谈过程中要始终坚持以访谈对象为中心,创设一种能畅所欲言的气氛。因此,访谈者要注意如下几点:

1. 在访谈过程中,始终以平等亲切的态度对待访谈对象,访谈者要有礼有节,尊重对方,谦和,诚恳待人。

2. 当访谈对象谈话时,访谈者应全神贯注地听,做一个极有耐心的听众,不要轻易打断。即使访谈对象喋喋不休,离题万里,也要选择一个适当的机会,如在其谈话停顿的时候,抓回话题,让对方不易察觉。

3. 访谈者说话太多不好,影响别人说;但也不要话太少,表现出没兴趣。要多用鼓励或重复语句,给访谈对象以积极的强化,让访谈对象有兴致说下去。

4. 研究者不要用太抽象的语言,造成访谈对象的困扰,不知道如何回答。

5. 开放式问题要尽量避免直截了当地问,如"你平时打孩子吗?"这句话换个角度问,效果可能会好些,"你平时是怎样教育孩子的?"这样的提问可以给回答者留有许多余地,不至于无话可说。

6. 在谈话过程中要始终保持中立态度,避免影响访谈对象对问题的回答。

(三)把握谈话的方向和主题

为了避免把访谈调查变成漫无目的的谈话,访谈者要注意以下几个问题:

1. 尽量避免和减少题外话,把大家的注意力集中到访谈主题上。

2. 观察并及时调整访谈对象的情绪,不要让访谈被其他的情绪所左右,造成回答上的偏差。

3. 如果访谈者把话题拉得很远,访谈者应抓住谈话的间歇迅速收拢话题。首先肯定他热心的回答及提供充足的信息,然后坚决地转向:"好,我们现在谈谈……"或"我的下一个问题是……",语气要肯定,使访谈对象能迅速把思路转回主题。

同时访谈者也要灵活机智,不要死抱着原定主题不放,一旦发现与调查目的密切相关的新信息或原来未考虑到的问题,应灵活地将其纳入被调查的范围与计划之中。

(四)访谈资料的记录

资料记录有两种,当场记录和事后记录。当场记录必须征得访谈对象的允许,而且记录时不要贪多,应只记要点,待回去再进行整理。因为写的速度总是跟不上说的速度,要想把所有的话都记下来,就要不断地打断谈话,这样会影响说话者的情绪。如果访谈对象同意录音,当场记录要点的方法就更为有用。有研究证明,运用录音可以减少25%左右的记忆误差。

如果访谈对象不愿自己的话被记录或录音,就只有采用事后追记的方式,为了尽量减少事后记录的误差,可以采取以下的办法:第一,访谈前做好充分的准备,列出访谈的顺序,访谈时尽量按这个顺序来进行,这样事后记录就会有迹可循;第二,访谈时拿一张纸在桌上乱画,如果有要点就记几个字,使访谈对象不易察觉。

访谈时最好有专门的人来记录,这样就既不会中断谈话,也不会把重点遗漏掉。整理时两个人又可以相互回忆补充,减少错误。

五、访谈资料的整理

访谈得到的多是一些杂乱的、口语化的资料。如何对这些资料进行整理分析，透过资料本身得到一些规律性的、对研究有用的东西，就显得十分重要。所有的访谈（除一些结构式访谈）所得到的资料一般都是描述性的，应采用定性分析与定量分析相结合的方法加以整理。

1. 对访谈资料的整理可以遵循以下步骤：

（1）按照研究课题的性质确定分析目标。

（2）先将一部分资料仔细地阅读，把不同的回答进行归纳、分析，列出一个清单。

（3）对清单进行分析，看是否应该把有些类别合并一下，合并以后得出有限的几个大类型和各个大类型中的小类型。

（4）用得到的类型模式去分析资料的其余部分，并对类型的分类进一步修改、完善，以得到比较肯定的分类。

（5）计算出每种类型的回答人数和百分比。

2. 在分析访谈资料时，一般研究者头脑中并没有一个现成的理论框架把这些资料框进来。研究者要在仔细、反复阅读资料的基础上，进行整理、分类，然后从中得到一些启发，抽象概括出概念、原理和规律。这是一种自下而上的分析途径，归纳分类是其中重要的一环。在对访谈资料进行归纳分类时，有以下几点值得注意和借鉴：

（1）分析时不要断章取义，不要割断部分语句和整个谈话的联系，只见树木不见森林。

（2）语言只是形式，其背后的意义才是研究者真正需要的，所以在分析时往往需要对资料"转换"一番。在分析时可以多问问："这句话是什么意思？""以上这些话可不可以用一句话或一个词来表示？"这种"转换"包括对资料的总结、概括和浓缩。

（3）为了保证分析的信度，避免分类的主观性，可以同时由几个人分别归类，然后再集中讨论。

需要说明的是，在对访谈资料进行整理时没有什么唯一正确的方法，也没有什么固定的不变的步骤或程序，因为对任何现象都有多种分析方法和实施步骤。怎样整理主要取决于研究目的，研究目的是贯穿于分析过程的一个中轴，整个分析过程都要围绕着研究目的进行。

第三节　问卷法

一、问卷法概述

（一）问卷的含义

问卷是研究者用预先准备的问题来收集资料的一种技术，也是教育研究中对个人行为和态度的主要测量技术之一。

(二)问卷的特点

1. 问卷的优点

(1)统一的调查内容印制在问卷上,以书面形式向调查对象提出,就可以避免由于调查人员口头表达能力和方式的差异而造成的调查结果的误差。调查的时间也可以得到统一,避免由于时间间隔太长而造成结果的误差。

(2)为了让调查对象对调查内容能方便容易地作出回答,往往在设计方面给出了回答的可能范围,由调查对象作选择。这种对"回答"的预先分类有利于从量的方面把握所研究的教育现象的特征。

(3)问卷比起观察和访谈方法更为简便易行,节省人力、物力、经费和时间。问卷调查可以采用团体方式进行,也可以通过邮寄发出问卷,有的还直接在报刊上登出问卷,无需调查人员逐人或逐户地收集资料,因此调查对象的数量可以较大又无需特别增加调查人员,这对调查双方来说都省时省力。

(4)匿名问卷调查一般不要求调查对象在问卷上署名。采用报刊和邮寄方式进行问卷调查,调查双方不直接见面,更增加了其匿名性。这有利于调查对象无所顾忌地表达自己的真实情况和想法。特别是当问卷内容中涉及一些较为敏感的问题和个人隐私问题时,在非匿名状态下,调查对象是不愿表达自己的真实情况和想法。

2. 问卷的局限

(1)问卷中的大部分问题的答案由问卷设计者预先划定了有限的范围,缺乏弹性,这使得调查对象的作答受到限制,从而遗漏了一些更为深层、细致的信息。特别是对于一些较为复杂的问题,靠简单的填答案难以获得研究所需要的丰富资料。

(2)发放问卷后由调查对象自由作答,而调查者为了避免引起调查对象的顾虑,不能当场检查调查对象的填答方式是否正确以及是否有遗漏,这就不可避免地出现一些被试漏答、错答或回避回答一些问题的现象。

(3)邮寄发出的问卷的寄还,靠调查对象的自觉和自愿,没有任何约束,所以往往回收率不高,对样本所要求的数量可能造成一定的影响。

(4)问卷的篇幅不可能太长,以免造成调查对象的厌烦而拒绝作答或敷衍应付。这样,调查项目就受到限制,从而不利于更详细地收集资料。

(5)问卷的回答有赖于调查对象的阅读理解水平,因此它只适用于对有一定文化水平的对象调查。

这些局限表明,在以问卷调查收集材料的同时,还要根据研究的需要考虑是否需要其他方法配合,以弥补问卷方法的不足。

(三)问卷的内容和结构

1. 问卷的内容

就问卷的内容而言,一般来说,有下面 3 种类型。

(1)基本资料

这一部分内容是收集答卷人基本情况的,一般不要求答卷者写出姓名。一般来说,调查者在进行问卷时,总要根据需要收集一些基本情况,以便统计分析。

(2)行为表现

这一部分内容是专门向答卷者收集已发生的行为事实，或者事件发生的经过。这些行为或事件，有的是答卷者本人的，有的是他人的，总之，答卷者是知情人，要求他实事求是地回答清楚，以便了解事实。

(3)态度资料

这一部分内容是收集答卷人对某些问题的观点、看法、态度、兴趣、爱好等评价项目，如学习目的、理想、兴趣等。

无论是行为表现方面的资料还是态度方面的资料，都是由调查者以问题的形式提出，要求被调查者如实回答。

2. 问卷的结构

一份完整的问卷，一般包括标题、指导语、问题、选择答案、结束语等。

(1)标题

它是调查内容高度概括的反映，它要与研究内容一致，又要注意对被调查者的影响。

(2)指导语

主要用来指导被调查者如何填写问卷、注意事项，有时还附有例题，以帮助被试理解填写问卷的方法与要求。指导语要简洁、明了，用词恰当，便于理解。

(3)问题与选择答案

这是问卷的主要部分。问题是表达问卷的核心内容，题项的设计要具体、清楚、客观、可操作、通俗易懂而且应是被调查对象熟悉的。问题有开放式和封闭式两种，开放式只是提问题不提供答案，被调查对象可以根据题意自由作答。封闭式不仅要提出问题，而且还要提供答案。封闭式问题所提供的答案要准确，要符合实际，便于被调查者进行选择。

(4)结束语

这是问卷的最后一部分。一般包括两个方面的内容：①提出几个开放式问题由被调查者自由回答，或者由被调查者提出意见；②表示谢意。结束语根据问卷的需要来确定。

(四)问卷的类型

问卷是由一个个具体的问题构成的，如何设计问题是问卷设计的中心。根据调查者设计问题的不同方式，可分为 3 种类型，开放式、封闭式和半封闭式。

1. 开放式

开放式指在问卷上只提出问题，不列出答案，由调查对象自由回答，由于开放式提问的方式不同，又可以分为 3 种类型。

(1)自由回答式

即提出问题让调查对象自由回答。例如，"你为什么参加职后进修学习?""你喜欢英语课吗?"这种问题的回答不受限制，回答者能充分发挥主动性、创新性，讲出自己的真实想法，但在回答时需考虑如何表达，因此不适合文化水平低的调查对象。此外，得到的回答五花八门，材料整理费时费力，容易受调查者主观看法的影响。不过，此类回答常可得到调查者未意料的原因和动机。

自由回答式资料的整理一般是将回答加以分类，得到各类回答的数量和比例。分类时要做到：①分类要细，以防止遗漏某些材料。②分类要避免主观性。为避免分类的主观性，可同时由几个人分别归类，然后再集中讨论。

(2)言语联想式

即提出一个词,让调查对象回答联想导读的东西。例如,一道言语联想法的题项是:“当我们看到一个词时会联想到其他一些词或事物。例如,看到‘天空’会想起‘云彩’,看到‘商店’会想起‘糖’、‘顾客’等等,当看到下列词时你会想到什么呢?”①

刺激词＼反应词＼顺序	1	2	3
学校			
教师			
……			

这种提问方式能够了解调查对象对某方面的看法和印象,特别是能了解到他们无意中流露出的真实想法。

(3)情境导入式

即设计一个现场情境,把被试导入该情境中作回答。例如“有一天在课堂上,学生对你讲的某一问题产生了不同意见而发生了争执。遇到这种情况,作为老师你该怎么办?”上述这道问卷题目就是通过模拟某种情境问题,引导调查对象以“主体角色”身份来回答问题。

开放式的长处是提问较为容易,对象的回答也较为真实,往往可得到意想不到的材料。其弱点是一般只能作定性分析,难以作精确的定量分析。开放式中的自由回答式是使用较多的一种方式,不过他通常适用于研究者不清楚研究结果或打算预测回答结果时用,因此经常用于探索性、预备性的研究。如要了解“当前教育存在的主要问题是什么”时,当研究者只能列举出经费多少、师资水平不高、学生负担重有限答案时,这时就应采取开放式问卷,以得到可能多的比较全面的答案。

2. 封闭式

封闭式指不仅要提问,而且要列出可选择的答案,限制回答的方向和数量,让调查对象选择所赞同的答案。

封闭式有以下几种主要形式:

(1)肯否式,或称正误式。列出的答案只有两个:正、误或对、错。例如,你是否喜欢你的工作? 是(　　)、不是(　　)。

肯否式的缺点是:当调查对象持中立态度,或调查对象说不清楚自己的想法时,容易出现两者随便答一个的情况。弥补的办法是可以在答案中再加一个“不置可否”。其次是肯否式往往给人以暗示或回答易产生从众反应。例如,“你喜欢自己的工作吗?”“你知道吗?”这一类问题,调查对象往往认为喜欢总比不喜欢好,知道总比不知道好。因此,肯否式问题运用有一定的局限性。

(2)多项选择式,也称菜单式,即每个问题后列出多项答案,让调查对象选择,选择的数量可以限制也可以不限制。

---

① 刘电芝主编. 教育与心理研究方法. 重庆:西南师范大学出版社,1997. 243 ~244

如：你最喜欢哪类电视节目？[①]（请在合适的答案后的括号里打“√”）

①新闻节目（　　）　②电视剧（　　）　③体育节目（　　）

④广告节目（　　）　⑤其他（请写明）——（　　）

多项选择设计通常要注意两点：①答案要穷尽所有项目，否则可能出现调查对象想答的答案没有，为保证所设计的答案能穷尽所以项目，通常使用的方法是：将该题目进行多级分类，即将问题分成几个大类，然后再在各大类之下列举出若干项目，最后将各项目综合起来，去掉重复项目，即为所有可能的答案。②列出的答案必须互斥，即概念之间不能出现交叉和包容现象。为保证答案间的互斥，一是用同一标准分类，如对人分类可按年龄分，也可按职业分。二是对较复杂较抽象的问题设计答案时，应在同一抽象层次上进行分类，然后在同一层次上设计答案。

（3）排序式。形式上与多项选择式相似，但不是让调查对象在答案中进行选择，而是将答案排成顺序。

如，把下列词语按你喜欢的程度排出顺序，最喜欢的排为1，其次为2，以此类推[②]：

爱国主义、勇敢、金钱、漂亮、真理

这种方式要求排列的答案不宜太多，一般不超过15项，否则回答时间太长，调查对象不愿回答。在排列时可允许将几个答案并列作为同一选择。

（4）等级式。等级式是提出问题，让调查对象回答其程度。由于表示程度的方式不同，可以分为数字式、线段式和文字式。

数字式，即用数字来表示其程度。如评价学生的注意力状况，以数字1至5依次表示“不集中、不太集中、一般、较集中、非常集中”5个等级，调查对象可任选一数字表示学生注意的程度，如“不太集中”就写上数字2；线段式，即用直线坐标表示其程度。如：我认为“我自己”是[③]：

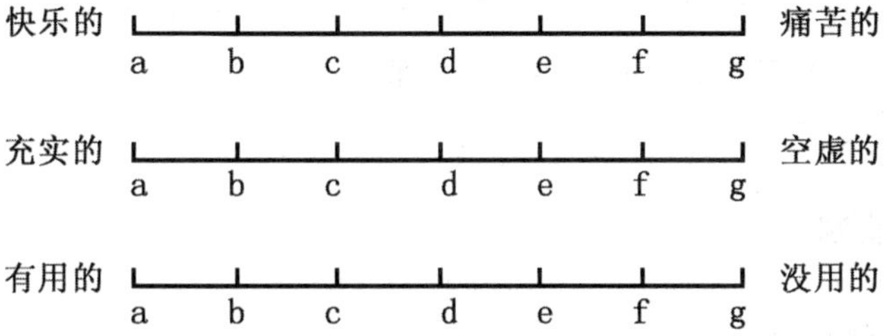

调查对象在相应的坐标上圈一个坐标点以表示自己的看法。

一般来说，线段式比单纯的数字式更有利于调查对象表示连续体的心理距离，有利于更准确地表示出其程度。文字式，即用文字来表达其程度。例如，“你喜欢新编人教版初中语文教材吗？非常喜欢（　　）　较喜欢（　　）　一般（　　）　较不喜欢（　　）　不喜欢（　　）”，该例的选择项即为文字式。

（5）定距式。所谓定距式，就是选择答案不是一个点，而是一个区间。例如“你的收入

① 风笑天．社会学研究方法．北京：中国人民大学出版社，2001.167

② 杨丽珠主编．教育科学研究方法．大连：辽宁师范大学出版社，1995.214

③ 黄希庭主编．黄希庭心理学文选．重庆：西南师范大学出版社，2000.430

是:①1 000元及以下　②1 001元～2 000元　③2 001元～3 000元　④3 001元～4 000元　⑤4 001元～5 000元　⑥5 001元及以上。"

封闭式问卷的主要长处是:问题标准化,能得到较为精确的量化结果。其弱点主要是:①提问比较麻烦,需要调查者做大量的预备工作。②由于列出了答案,因此它很容易使一个不知道如何回答或没有看法的回答者猜着回答,甚至随便乱答。③难以了解调查对象选择答案的理由与动机。

3. 半封闭式

半封闭式也叫综合式。半封闭式兼有封闭式与开放式的特点。也就是说既列出答案,又留有被调查者自由回答的余地。

半封闭式有两种形式:一种是在选择答案中增加"其他"选择项。例如你的学习方法主要受哪种因素影响:

①家庭或亲友的指导;②周围同学的影响;③学校老师的影响;④自学实践摸索形成;⑤其他。

值得注意的是,如果调查对象经常填写"其他"这一栏,说明这张问卷题目编得不好,因为主要的项目没有列出来。

半封闭式的另一种形式是在列出的答案后加上了解动机、理由类问题,以了解调查对象回答的原因与动机,弥补半封闭式问卷的不足。

例如,你平时在评价周围的人和事时,主要标准来源是[①]:(选一项)

A. 权威思想　　B. 舆论宣传　　C. 传统习俗

D. 团体倾向　　E. 亲友意见　　F. 个人好恶

你这样做的理由是________

一般在以下情况用半封闭式:第一,当有些问题的答案由于调查者难以全部想到;第二,列出全部答案太繁琐;第三需要进一步了解调查对象的动机、愿望或理由。如上例。

一张调查表可采用多种不同的问卷类型。某一类型占多大的比重,主要应根据调查对象的特点来决定。

二、问卷的编制

(一)问卷编制的一般程序

一份高质量的问卷设计,并不是随心所欲地想提什么问题就提什么问题,而是根据研究的目的,有总体框架设计。根据总体框架提出的每一个具体的问题在问卷中都有其不可替代的作用,且各个问题之间有一种内在的逻辑联系。要达到上述要求,就要问卷要研究的问题或概念进行框架式的建构,这就要求做到:

1. 明确调查的中心概念,确定研究范围

如研究"中小学生的需要",首先应明确中心概念"需要"的含义,在此基础上,根据研究的目的,确定研究哪些"需要"。尤其是一些抽象的、复杂的概念包含的内容多,不同人理

① 刘电芝主编. 教育与心理研究方法. 重庆:西南师范大学出版社,1997. 248

解的层面或角度可能不一样，因此，更有必要根据研究的目的和对象对其操作化，以确定研究的内容和范围。事实上，研究者往往不可能也没有必要对一个复杂抽象概念的所有方面进行研究，而只能或只需要研究其中某些方面或某几个部分。如“需要”可以列举出几十种或上百种，而研究中小学生希望满足的需要，只需研究其可能产生的主要需要即可。

2. 建构问卷框架

(1)分解中心概念，构建问卷框架。例如我国研究者研究中小学生的需要，根据中小学生的实际情况，把需要分解为生理与物质生活需要、安全与保障需要、交往与友谊需要、尊重与自尊需要、课外活动与精神生活需要、学习与成才需要、奉献与创造需要 7 个方面的需要，而建立起该问卷的结构框架①。又如考察中学生的素质教育现状，可把中心概念“素质”分解为思想道德素质、心理素质、身体素质、文化科学素质等方面进行研究。

(2)以理论为依据，构建问卷框架。例如我国有学者研究人生价值观，就是根据著名心理学家把“价值观分为工具性价值观(实现人生价值的手段)和终极性价值观(实现人生价值的目的)”的观点，而建构其问卷结构的。即把人生价值观的研究分为两大方面：实现人生价值的目的和实现人生价值的手段。

(3)设计开放性问题，做试探性的小规模调查，构建问卷框架。例如研究社会生活价值观，通过开放性问卷，可归纳出人们对待生活的态度主要有：享乐性、事业性、沉溺性等 13 类，以这 13 类构建问卷的框架。

3. 在建立框架基础上，进一步将问题细化

问卷的核心是问题，编制问卷首先需要确定问题，即在问卷中提出哪些需要被调查者回答的项目。问题的形成，一般经过如下步骤：(1)课题分析，提出假设；(2)概念具体化，寻找变量；(3)确定指标；(4)为测定已经确定的指标，编制直接与间接的问题。

现有这样一个调查课题：“学生为什么厌学？”从这一课题，我们可以形成一系列的问题，具体过程如下：

课题：学生为什么厌学？

假设：有些学生因学习成绩不好而厌学，有的学生因人际关系处理不当而厌学。

概念：学习成绩、人际关系、厌学。

变量：对学习内容的掌握、测验成绩；与老师的关系、与周围其他人的关系；对教师的态度、对学校的态度。

指标：入学成绩、期中考试、期末考试、平时测验成绩、作业情况；与教师的关系、与同学的关系、与学校行政人员的关系、与家长的关系；不愿意上学、对教师所讲的内容不感兴趣、对教师的说教有厌烦的心理、对学校环境不适应。

问题：你的入学成绩如何？你在最近一次测验中的成绩如何？你经常做作业吗？对教师布置的作业乐于去完成吗？你喜欢所任教的教师吗？你喜欢与同学相处吗？你能适应学校的学习环境吗？你对教师的说教有厌烦心理吗？……

4. 广泛征求意见，修订题目

5. 试测样本一般在 30～50 人。试测是问卷设计的重要步骤。试测有两个目的：一是

---

① 杨丽珠. 中小学需要倾向性发展研究. 辽宁师范大学学报(社会科学版)，1989(2)

考察问卷的信度、效度；二是进一步发现具体缺陷，如问题的难度、分量、顺序是否合适，问卷的问题是否合理，语言的表达是否确切等细节，以利在正式测试前加以改正。

6. 根据测试结果，进行再次修订。即根据试测结果选择问卷题目。问卷的题目应选用具有代表性的题目（代表测量特征）、内部一致性高的题目（能反映研究目的的一致性高的题目）。通过题目分析，保留高相关的题目，删除低相关题目。

7. 正式测试

（二）问卷的指导语设计

1. 指导语的定义

指导语即用来说明如何填答问卷的一组陈述。指导语是问卷中的第二部分，分卷首指导语和卷中指导语。它一般包括：称谓、研究的目的和意义、回答问题的要求、对有关问题的解释和说明、联系人、联系地址、发问卷日期。

卷首指导语一般以“填表说明”的形式出现在正式调查问题之前，对填表的要求、方法、注意事项等作一个总的说明。

如：填表说明

（1）在每一个问题后适合自己情况的答案序号上画圈，或在______处填上适当的内容。

（2）问卷每页右边的数码及短横线是计算机用的，你不必填写。

（3）如无特殊说明，每一个问题只能选一个答案。

（4）填答问卷时请不要与人商量。

卷中指导语一般是针对某些特殊的问题所作出的特定指示。比如“可选多个答案”“请按重要程度排列”。再如，您所在的学校的校园面积是（　　）平方米（填至小数点后一位数）。还有的问卷中有的问题可能并不是普遍适用的，而只是适用于某一类人，当这类问题出现由特定的一类人填写，其他的人跳过这些问题。

例如：

你是独生子女吗？

——是

——否（如果不是，请跳过问题 4 ~ 问题 8，直接从问题 9 答起）

这里的问题 4 ~ 问题 8 都是询问有关独生子女方面的情况，对于有多个兄妹的孩子来说，显然是无意义的，因此通过跳答指示，让他们从第 9 题开始回答。总之，问卷中每一个有可能使回答者不清楚、不明白、难以理解的地方，一切有可能成为回答者填答问卷障碍的地方，都需要给予某种指导，而对于编写指导语来说，最主要的标准，就是要简明易懂。

2. 指导语的功能与设计

一份问卷调查表，通常包括两大内容：指导语和问题。如何设计指导语，这与它们的功能密切相关。指导语即为问卷的开始部分，即开场白。它较大程度地决定着调查对象是否愿意认真地回答，因此必须给予足够的重视。

指导语之所以重要，因为它在问卷调查中担负着 3 项功能：

（1）建立初步的心理融洽，引起调查对象回答的意向与动机，具体地说，应从以下 3 个方面给予说明：

第一，说明调查者的身份（研究者身份），强调是为了进行科学研究，而非其他私人目的,以取得调查对象的信任。一般来说,出自有名望、权威的专家学者或研究单位的问卷容易得到被调查者的支持。

第二,说明调查的目的,尤其要说明对其价值的阐述最好能与调查对象的本人利益联系起来,以激发其回答的动机。不要说“我正在写一篇关于……的论文”之类的话,而要强调调查内容的重要性或用处。

第三,说明需要调查对象的协作与支持的重要性。

(2)消除调查对象的顾虑。要保证调查材料的真实、可靠,还必须消除调查对象的顾虑,使他们能无拘无束地畅所欲言。消除对象的顾虑可从两方面说明:①说明本问卷是匿名问卷或无需知道调查对象的姓名,仅为科研所用,调查者负责对答案保密,回答的情况对调查对象个人或所在单位绝无不良影响,以消除调查对象顾虑自己的想法暴露给他人的考虑,提高答案的真实性。②说明调查对象的回答不存在对错,以减小被试顾虑回答是愚蠢的或不正常的。我们可以在指导语中恰当地指出这一点。例如:我们无须知道您的真实姓名,我们感兴趣的是您本人的想法和事实的真实情况。因为这才是最主要的。您的回答只是概括的,不记名的前提下才会使用。

(3)通俗简明地阐述回答的内容和具体要求。如回答的具体要求包括:问卷填写的规则、回答的方式及回答问卷需要的大致时间等。要做到交代清楚、要求明确。回答者心中有数、心中有底。

下面是一个《中学生学习策略调查问卷》中的指导语范例[①]:

中学生朋友:

你好,我们是西南大学教育学院的研究人员,此研究旨在了解中学生学习策略,请你将自己实际的想法、做法与题目所陈述的情况相对照,然后选择一个与自己的实际最接近的答案。你的回答不会记入任何档案,我们将会为你保密,谢谢你的合作!

下面是答题方法:

1. 请在答题纸上相应的空格处,填上你所在的学校、年级、你的性格、你的年龄及上学期考试成绩。

2. 本问卷每一个问题都有5个可供选择的答案(A. 完全不符合 B. 比较不符合 C. 有点符合 D. 比较符合 E. 完全符合),答题纸上相应附有 A. B. C. D. E 5个可供选择的英文字母,请把你所选答案在答题纸相应的英文字母画一个“0”。

如果是邮寄的问卷,还要写明何日期之前把填好的问卷寄回何处何人,以免调查者在填完以后就把问卷扔在一旁,就收不到问卷调查的反馈效果。

最后,指导语应放在突出、易见之处,经常用不同的字体或方框标示,以示与问题的不同。总之,在设计问卷调查表的指导语时,文字要简洁、亲切,但又不要太随便。要仔细推敲,不要遗漏所要传达的信息,更不能因表达之误,使回答者产生困惑或歧义。

(三)问卷题目撰写

题目是问卷的核心部分,题目撰写的优良直接关系到调查的结果是不是准确和科学,直接关系到所调查的内容和研究问题的相关性,所以问卷题目的撰写特别重要。要了解问

---

① 参照钟海青主编. 教育科学研究方法. 桂林:广西师范大学出版社,2002. 155~156 改编

卷的题目撰写先了解问题题目的类型以及它们的优缺点，之后才能依据不同的研究问题来撰写不同的题目。

1. 问卷题目撰写的基本要求

(1)所设计的问题要和研究的目的相一致。所谓要和研究的目的一致也就是指所设计的问题要和研究的主题相符合、相切合，要针对主题。一项研究课题要有一个总的研究目的，而问卷中问题的设计过程就是把研究的目的逐渐具体化的过程。在进行问卷问题的设计和撰写时，调查者的头脑中要有一个目标体系，问卷的所有问题都要纳入这一目标体系中，使研究课题的所有要探讨的问题必须在问卷中都有所体现和反映。

(2)不要涉及社会的道德问题。在设计问卷的问题和答案时，应避免社会上不赞成的现象，使题目和答案看起来都是中性的，以清除调查对象的顾虑。比如问："你经常抄别人的作业吗？"这一问题谁也不愿意做肯定的回答，即使是经常抄别人作业的人也不会的，因为在回答问题的时候，人们总是希望自己的回答能够得到社会的认可，而不愿意选择明显的违反社会规范和道德、容易受他人指责的答案。因此，华国栋认为解决这一问题的关键是采用"两难问题"代替常规的问法[①]。

(3)表达清楚、简洁。表达清楚的目的是为了便于调查对象作答，这是基本要求。此外就是问的问题尽可能简短、简洁，以使整个问卷简洁。避免问卷过长，调查对象因花费的时间过长失去耐性而不认真回答，同时问卷的题目不能超出调查对象的知识能力范围。问卷中的所有问题都应该是答卷人能够提供信息的问题，所有问题都与答卷人的信息背景相适应。

2. 问卷题目撰写的技巧

(1)要避免题目中包括两个以上的概念或者事件。

例如：你是否喜欢语文和数学？

A. 是　　　　　　B. 否

上题中，如果回答"是"则表示两者都喜欢，若是答"否"则表示两者都不喜欢。但是如果受测者喜欢两者之一的话，就不知道该如何作答了。因此，像这样的问题，要分别以两个题目表示，一句表示一个事物。如"你喜欢语文吗？"或者"你喜欢数学吗？"

(2)避免采用双重否定。

例如：你认为大多数的大学生没有不想考研究生吗？

A. 是　　　　　　B. 否

双重否定句的叙述问题时，题意往往比较隐含，一般说来，问卷中的问题应该避免双重否定，尽量把题意能直接表达出来。

上例子应该改为：

你认为大多数的大学生都想考研究生吗？

A. 是　　　　　　B. 否

(3)问卷中应该避免不适当的假设

例如：你喜欢路遥写的《平凡的人生》这部小说吗？

---

① 华国栋主编．教育科学科研方法．南京：南京师范大学出版社，2000. 127

A. 是　　　　　　　　B. 否

这个问题隐含了一个不适当的假设，那就是假定被调查者都看过路遥的《平凡的人生》这部小说。事实上并非如此，这里最好改用一个有条件的问题，先提一个过渡的问题，然后再进一步问上面的问题。如“你看过路遥写的《平凡的人生》这部小说吗？”如果回答“是”，再加问“你喜欢吗？”

(4)避免产生对被调查者的诱导和暗示

如：为了体现教育公平，很多专家都呼吁不要择校，你的意见呢？

A. 要　　　　　　　　B. 不要

以专家的意见开头，很容易引导被调查者与专家的意见一致，进而使被调查者不能客观地回答问题，影响调查结果的客观性和科学性。

(5)避免使用学术用语

如：你赞成中学毕业的会考采用标准分数吗？

A. 赞成　　　　　　　B. 不赞成

“标准分数”属于专业的学术用语，不是所有的人都能懂得它的含义的，因此要是用了很生涩的学术专有名词的话，也会影响到调查的结果的客观性。

(6)应该尽量避免问影响调查对象情绪的内容

例如：你认为你们班主任的管理水平怎么样？

A. 高　　　　B. 一般　　　　C. 低

上面的问题，涉及了学生对其班主任的评价，容易引起调查对象的困扰。另外有关于个人的私生活、情感等问题，在设计的时候可以转移到不具名字的第三者身上，请调查对象回答，一定程度上会反映调查对象的客观的想法。

(7)问题设计要具体明确

如：你认为玩具对儿童的发展会产生影响吗？

A. 会　　　　　　　　B. 不会

这一问题问得过于空泛，范围过于大，玩具对儿童的影响有很多方面，是哪方面的影响？是动作、思维、还是想象？是好的影响还是坏的影响？使得调查对象无从回答，即使是勉强的回答了也很难说是其真实的想法。

(8)问题的指代要清楚，以避免产生歧义

如：你在哪里读书？

“哪里”可以指代所在的学校的具体的名字，也可以指代是学校所在的某个城市或者某个乡村。应该改为“你在哪个学校读书”或者“你所在的学校是哪个城市或者乡村？”

(9)选项列举要完整，项与项之间不要重叠，必须互相排斥

例如：当你的生活上遇到困难时你首先会找谁？

A. 父母　　　　B. 老师　　　　C. 朋友

上面的问题的选项，由于列举的不完全可能会导致调查对象无法选择，如果有人先找同学或者找心理咨询师，而上面的问题的选项中却没有，因此当选项不可能作到完全的列举时，要在选项中加上“其他”一项。

3. 题目的编排应注意的问题

问卷的题目撰写好后，还涉及一个题目的编排的顺序的问题，怎样编排这些题目才是合理的、科学的，是值得研究和探讨的问题。

（1）合理的编排顺序

一份好的问卷，设计者在编排题目时，要按照一定的顺序将题目排列起来。一般的说，题目的编排应遵循下列顺序：

时间顺序：按照时间顺序，由近及远，连贯排列。

内容顺序：编排题目时，应把容易回答的问题、人们感兴趣的问题放在前面，不容易回答的或者生疏的问题放在后面，由浅入深，由易到难。

类别顺序：按问题的类别（静态资料、行为、态度）编排题目。排序为：静态资料项目、行为项目、态度项目。此外，开放式的题目最好安排在封闭式题目之后，因为回答上开放式的题目花的时间要长些。

（2）应该注意的问题

由于问卷法操作简单，且在较短的时间里可以收集到大量的、多因素的实证资料，因此，使用的人越来越多。但是由于问卷法自身的缺陷以及人们在使用时的不谨慎，常常造成很多的失误，不能正确地反映要研究的问题，因此在编排题目时要注意以下几个问题。

同一因素的问题应有多个题目。问卷法容易受社会变量的影响，因此，同一因素的问题要设计多个，以此来检验调查对象的回答的一致性。比如我们研究儿童的性格是内向还是外向时，我们会涉及社会适应性的问题，这就需要设计测量社会适应问题的题目。同是测量社会适应性问题，可以设计不同的题目。例如：①在课堂上你经常发言吗？②在小组讨论会上你经常发言吗？③在人多的场合你经常发言吗？如果有人的回答是不一致的的话，说明他可能没有认真如实地回答问题。

不同变量问题应该交叉排列。在排列问卷的问题时，对于反映同一变量或者概念的问题要按一定的规律把它们分隔开来使反映不同变量的问题做相互交叉，这种有秩序地将同一变量的问题分隔开，把不同的问题交叉的有规律地混合排列，可以有效地避免调查对象的心理定势。

总之，问卷问题的撰写和撰写之后的编排都很重要，是一个合格问卷的关键，在编写问卷时要注意。

（四）敏感性问题处理

问卷调查并非总是对一般性问题了解，问卷问题可能会触动大家都比较敏感性的问题，特别是关于禁忌与爱好方面，或者是正面问一些敏感的道德问题、政治问题、涉及个人隐私或恩怨的问题，这类问题往往会遭到抑制。此时就要求设计者掌握一定的技巧，消除回答者的尴尬，达到调查的目的。对敏感性问题的“去敏感化”的一般思路是降低问题本身的敏感度。如在对敏感性问题的表述上，采取下列技巧：

1. 假定性提问。假定性提问指假定回答者犯有某种不规范的行为，并使他不得不在确实犯有该行为时得以承认。先假定回答者有那种行为，然后从后面的答案中作出选择，例如下面两例，第二例即为假定性提问，更可取。例 1：“你考试舞过弊吗？”有（　　）；没有（　　）。若有，有几次？是一次？两次还是多次？例 2：“你考试舞过多少次弊？是一次、两次还是多次？”又如，在对教育管理部门挪用教育经费问题的调查时，采用如下的问题表述方式:上年度本单位挪用教育经费:a.30 万 b.20 万 c.10 万 d.5 万 e.0 万。中国有句俗语:要想人不知,除非己莫为。假定性提问就是利用了这种心理。

2.模糊式提问。假定对规范无一致意见,指出该行为不是异常行为而是普遍现象。例如,大多数教育管理部门都有挪用教育经费现象,本单位上年度挪用教育经费金额为:a.30 万;b.20 万;c.10 万;d.5 万;e.0 万。又如,有人认为儿童随便拿别人东西是不良行为,也有人认为这是儿童强烈好奇心的表现。你在一个月内随便拿过别人的东西吗? a.拿过;b.没有拿过。

3.投射式提问。投射式提问,即指不直接问被试自己的看法,而是让被试对“周围其他人”的想法作出评定。被试者常常会把自己的看法“投射”到“周围其他人”身上,作出真实反映。例如:向中学生了解“人们对于中学生能否谈恋爱,有不同的看法。请你对下面的不同看法作出评定”:①应公开提倡;②应任其自然发展;③应对其进行淡化;④应旗帜鲜明地反对;⑤其他。

4.迂回提问。迂回提问即指不直接提出要测的问题,而是以间接的问题,迂回获得所要测的内容,以使受试者不了解测试的意图,从而增强测试的效度。但要特别注意的是,以间接问题了解所要测的内容,常常容易导致测不到要测的内容。如一份了解学生数学兴趣的问卷中有个题目是:“如果上数学课,迟到一会儿,你感到遗憾吗?”实际上这个题目仅是测量学生对遵守纪律的看法,而不是学习数学的兴趣。若改为:“如果你缺上了一节数学课,感到遗憾吗?”其测量的结果就是测的学生学习数学的兴趣了。

5.委婉性提问。委婉性提问指用婉转的令人愉快的方式或言词提问,以使回答者产生接纳心理。如称环境卫生技师而不称清扫垃圾工人,称管理员而不称守门人或照管房屋的工友,称老大爷、老人家而不称老头子。当调查敏感性问题时,尽量使用婉转性提问,易被调查对象所接纳。

(五)问卷的信度、效度考察

所谓信度,就是所提的问题是否能够获得真实、可靠、稳定的答案;所谓效度,则是指所提的问题是否真实反映出所要了解的现象的特征、水平等。对于问卷,一般是评估每个问题或每组问题的可信度和有效度,而不是把问卷表作为整体来评估的。因为一份问卷表一般由多个内容框架所组成,而不是每个内容框架均包含大量的测量问题。要评价问卷中每一项测量的效度是非常困难的,通常的做法是只评价若干重要测量的效度。

为保证问卷调查设计的科学性,可从多方面来增强问卷的信度、效度。最通常的做法有以下几种:

1.借助观察和访谈法验证

2.对问题本身进行信度、效度考察

3.加大样本容量

4.建立测谎题和校正题

(六)结束语的设计

结束语是问卷的最后部分,包括两部分,一是提出几个开放问题,让被调查者自由回答有关问题,在量化的基础上进行质的研究,加深对问题的认识,或让被调查者提出对本研究的建设性意见。二是表示对被调查者合作的感谢。结束语可根据问卷的需要可有可无。

具体而言结束语一般采用 3 种表达方式。

1. 一段短语内容是对被调查者的合作再次表示感谢，以及关于不要漏填与复核的请求。这一表达方式的目的，在于显示调查者首尾一贯的礼貌，督促被调查者消除无回答问题、差错的答案。

2. 1 ~2 个关于本次调查形式与内容感受等方面的问题，征询被调查者的意见。

封闭性问题举例：

您填完问卷后对我们这次调查有何感想？

(　　)①很有意义

(　　)②有些意义

(　　)③没有意义

(　　)④说不上

开放性问题举例：

您还有需要补充的吗？如有，请写在下面：__________________

3. 本次调查研究中的一个重要问题，以开放性问题的形式放在问卷的结尾。

例如，在对某种教学方法所作调查的问卷的结尾处，可安排如下一个开放性问题："您在使用这种教学方法进行教学的过程中，遇到了哪些主要的困难？请写在下面。"

附录一：访谈提纲样例

教师教学行为研究访谈提纲①

尊敬的老师：

您好！我是天津师范大学教育科学学院三年级硕士研究生，现在正在做有关教师教学行为研究的论文。本论文基于对教师的教学行为特征以及教师反思的深入研究，寻求改进教师队伍的教学行为，提高教学质量的有效途径。各位教师都是在各自岗位上工作多年，对于教学的了解、自己的行为特征以及教学反思都有相当深刻的理解和感受，因此，您的谈话将对本论文具有非常重要的意义，请您给予支持。

衷心感谢您的支持与合作！

一、受访者基本信息

1. 性别：男(　　)女(　　)

2. 年龄：(　　)教龄：(　　)

3. 是否班主任(　　)学历(　　)

4. 现任教学科(　　)现任教年级(　　)

5. 学校所在地：城市(　　)郊县(　　)

6. 您所任职的学校属：重点校(　　)一般校(　　)

---

① 牛丽红．以反思为动力的教师教学行为研究．天津师范大学硕士学位论文，2003

7. 您是否获得过优秀教师的奖励或荣誉？是(　　)否(　　)

二、访谈内容

1. 您认为教案对自己的教学活动影响有多大？您是否经常对教案加以调整和改动？

2. 在您的教学经历中，是否经常出现与计划和设想相矛盾的情况，比如，学生对知识点的掌握或学生思想、情绪等变化与您的预计出入很大等诸如此类的问题，您是怎么处理又是如何看待这些事情的？您是否经常仔细分析其原因并加以研究？

3. 您在课后写教学日记吗？如果写，您认为写教学日记对您的教学帮助大吗？您在教学日记里一般都记录什么？您是否经常考虑一些教育、教学问题？能否举例说明。

4. 为了改进教学，您希望能有什么样的外部环境支持？比如互相听课、参观学习、集体备课等。此外，您对改革教学环境还有哪些方面的需求和建议？

5. 如果有机会接受培训，您认为教师最急需的是哪些方面？（如知识、技能、观念等）

6. “当教师时间长了，上课只是习惯性重复，没有多少新鲜感。”对此您有什么看法。

7. 您认为教师要想成功应具备哪些因素？

附录二：调查问卷样例

基础教育课程改革中教师体验调查问卷的构建[①]

一、问卷维度的初步构建

本研究采用开放式问卷，让参与“新课改”的一线教师写出“‘新课改’中教师压力主要来源”，收回有效问卷80份。在发放问卷过程中，分别对3名教师和3名校长进行了20分钟的访谈。依据国外相关研究成果，采用理论推导的方式，结合开放式问卷和访谈资料。问卷初步将教师在“新课改”中压力来源概括为：学生和家长，上级主管部门或学校，“新课改”的评价体系，“新课改”的支持环境，教师个体应对“新课改”的能力，“新课改”对教师的客观要求和教师在“新课改”中的顾虑等7个方面。

二、初始问卷的编制

依据上述7个维度，初步编制出包括49个项目的“基础教育课程改革中教师体验调查问卷”。请有关专家(2人)、从事教师教育工作的教师(2人)和博士、硕士研究生(6人)对每个项目的可读性和适宜性做出评议，删除其中语义不清或重复的项目9个，并对一些项目的表达方式进行了修改，最后整理形成包括7个维度、40个项目的“基础教育课程改革中教师体验调查问卷”。问卷采用5级分制，极易诱发压力的项目，记分分别为“5分”“4

---

① 刘磊.“新课改”中教师压力研究.辽宁师范大学硕士论文，2004

分”“3 分”“2 分”“1 分”；极不可能诱发压力的项目，记分分别为“1 分”“2 分”“3 分”“4 分”“5 分”。项目得分愈高，说明该项目愈易诱发教师压力。

三、预测

随机选取大连市西岗区实验小学和沙河口区马栏小学参与“新课改”教师 90 名，发放问卷 90 份，回收 80 份。对预测结果进行分析，计算问卷分值可信度为0.701 6($P<0.01$，$N=80$)。这说明预测问卷具有一定的可靠性。经校正的题总相关和变量多重相关的平方的项目分析，删除了 3 个项目，形成正式的“基础教育课程改革中教师体验调查问卷”。该问卷由两部分构成，第一部分包括 2 个项目，旨在调查“新课改”中教师的压力状况。第二部分包括 35 个项目，旨在探索“新课改”中教师压力的来源：其中关于学生和家长的 5 个；关于上级主管部门或学校的 5 个；关于“新课改”评价体系的 7 个；关于“新课改”支持环境的 4 个；关于教师个体应对“新课改”能力的 5 个；关于“新课改”对教师客观要求的 5 个；关于“新课改”中教师顾虑的 4 个。

基础教育课程改革中教师体验调查问卷①

尊敬的老师：

我们在进行一项关于基础教育课程改革中教师体验的研究。请告诉我们您对“新课改”的看法和感受。您对问卷中每一个问题的回答，都将保密。此调查问卷采用无记名形式，仅供研究参考之用。

谢谢您的合作！

请您在下列题目中，填入相关信息或选一项最适合您情况的答案(在选项上打“√”)。

性别：______教龄：______学历：______：所教科目______参与“新课改”的时间：______个月

学校类型：(A)初中　(B)小学　担任：(A)班主任　(B)科任

1. 在实施“新课改”中。家长认为孩子的学习成绩比综合素质：

(A)更重要 (B)重要 (C)同等重要 (D)不重要 (E)更不重要

2. 您觉得“新课改”中所使用教材的难度：

(A)过难　(B)偏难　(C)适中　(D)偏易　(E)过于容易

3. 您在备课时，对教学三级目标的把握：

(A)十分模糊　(B)比较模糊　(C)有些不明确　(D)较为明确　(E)非常明确

4. 在实施“新课改”中，学生提出的要求给您带来的压力：

(A)很大　(B)较大　(C)一般　(D)较小　(E)很小

5. 您觉得，实施“新课改”后，您的工作量与以前相比：

(A)增加很多　(B)有所增加　(C)基本没变　(D)有所减少　(E)减少很多

6. 在实施“新课改”中，您对学生将来的升学情况：

---

① 刘磊．“新课改”中教师压力研究．辽宁师范大学硕士论文，2004

(A)特别关注 (B)很关注 (C)比较关注 (D)不太关注 (E)根本不关注

7.在实施“新课改”中,您认为上级主管部门或学校有关领导对您提出的要求:

(A)太高 (B)较高 (C)一般 (D)较低 (E)很低

8.您认为学生家长对新课改:

(A)十分支持 (B)比较支持 (C)有时支持,有时不支持

(D)比较不支持 (E)非常不支持

9.您认为“新课改”中的课堂组织与“课改”前相比:

(A)更困难 (B)较困难 (C)没有变化 (D)较容易 (E)更容易

10.当学校评定教师在“新课改”中的成绩时,____采用评比或竞争方式。

(A)一直 (B)多数时候 (C)有时 (D)很少 (E)从不

11.您认为,“新课改”的目标与现行的升学考试制度:

(A)特别冲突 (B)很冲突 (C)比较冲突 (D)稍有冲突 (E)根本不冲突

12.您感觉,在实施“新课改”中,您的班级规模:

(A)过大 (B)有点大 (C)较大 (D)稍大 (E)适中

13.广大教师对于在“新课改”中应当做些什么:

(A)总是模糊不清 (B)有时模糊不清 (C)偶尔模糊不清

(D)比较清楚 (E)很清楚

14.您认为,“新课改”对于学生将来的升学:

(A)很有帮助 (B)比较有帮助 (C)没有帮助 (D)有些副作用 (E)有很大副作用

15.您认为,全社会对“新课改”的了解:

(A)很深入 (B)比较深入 (C)一般 (D)比较缺乏 (E)十分缺乏

16.在实施“新课改”中,学生家长对您提出的要求给您带来的压力:

(A)很大 (B)较大 (C)一般 (D)较小 (E)很小

17.实施“新课改”中,教师在应对上级主管部门的检查、评估上花费的时间:

(A)很多 (B)较多 (C)一般 (D)较少 (E)很少

18.实施“新课改”后,您认为您和同事的关系,与以前相比:

(A)更加融洽 (B)有所融洽 (C)没变 (D)有所紧张 (E)更加紧张

19.在实施“新课改”中,学生家长对您的教学:

(A)非常配合 (B)比较配合 (C)有时配合,有时不配合 (D)比较不配合

(E)非常不配合

20.您认为,有关部门在“新课改”中为教师提供的资源(如书籍资料、设备、器材、资金等):

(A)太少 (B)较少 (C)一般 (D)较为丰富 (E)很丰富

21.在教学方法的使用上,您认为“新课改”对教师的要求与以前相比:

(A)更高 (B)稍高 (C)没变化 (D)比较低 (E)更低

22.当上级教育主管部门检查您所在学校的“新课改”执行情况时,您________:

(A)总要准备大量材料 (B)多数情况下,要准备大量材料

(C)有时要准备一些材料 (D)偶尔要准备一些材料 (E)从没准备过任何材料

23. 您认为,"新课改"的评价体系:
(A)特别不完善 (B)很不完善 (C)比较不完善 (D)稍有不完善 (E)十分完善
24. 实施"新课改"中,广大教师在新教学方法的使用__________。
(A)非常熟练 (B)比较熟练 (C)一般 (D)比较不熟练 (E)很不熟练
25. 您______希望上级主管部门关注教师在实施"新课改"中的困难。
(A)迫切 (B)很 (C)比较 (D)不大 (E)根本不
26. 您认为,广大教师对"新课改"中的教学经验:
(A)非常丰富 (B)比较丰富 (C)一般 (D)比较缺乏 (E)十分缺乏
27. "新课改"中,您____期望有关部门组织具有成效的师资培训:
(A)迫切 (B)很 (C)有些 (D)不太 (E)根本不
28. 您认为,在"新课改"中,您的:
(A)付出总是大于所得 (B)付出有时大于所得 (C)付出与所得持平
(D)所得有时大于付出 (E)所得总是大于付出
29. 实施"新课改"中,您认为自己对新教学媒体的操作:
(A)非常熟练 (B)比较熟练 (C)一般 (D)比较不熟练 (E)很不熟练
30. 您认为,广大教师对"新课改":
(A)非常适应 (B)比较适应 (C)一般 (D)比较不适应 (E)非常不适应
31. 您认为,当前教育领域对学生的评价:
(A)依然是分数至上 (B)多数时候分数至上 (C)分数能力同样关注
(D)多数时候关注能力 (E)能力至上
32. 实施"新课改"后,广大教师在规定的课时内,顺利地完成教学任务比从前:
(A)更加困难 (B)较为困难 (C)没有变化 (D)较为容易 (E)更加容易
33. 在观念上,广大教师对"新课改":
(A)非常认同 (B)比较认同 (C)有些认同 (D)比较不认同 (E)十分反对
34. 自"新课改"后,您感觉自身专业水平:
(A)有很大提高 (B)有所提高 (C)没有变化 (D)有所下降 (E)下降很多
35. 您认为,您对新教材的把握:
(A)很困难 (B)比较困难 (C)没有困难 (D)比较容易 (E)非常容易
36. 您认为,"新课改"给您带来:
(A)很大压力 (B)较大压力 (C)一些压力 (D)较小压力 (E)无压力
37. 实施"新课改"后,您:
(A)常常感觉非常疲惫 (B)有时感觉到疲惫 (C)没有感觉到疲惫
(D)感觉较轻松 (E)感觉十分轻松

第六章

个案研究法

个案研究法是社会科学中常用的研究方法。从 19 世纪中叶开始系统使用个案法，到 20 世纪 20 年代以来，个案研究法在研究社会现象问题方面得到了广泛的承认和运用。随着科学研究的发展和需要，个案研究法的运用范围越来越广泛，不仅运用于医学、法律、精神病学，还广泛运用于人类学、政治学、经济学、企业管理以及各种咨询与指导领域的研究工作中。个案研究法在教育研究中也是常用的一种研究方法。

第一节　个案研究法概述

一、个案研究法的含义

"个案"一词，源出医学。在医学上，个案常被称为"病历"。医学上的个案研究是指对个别病例作详尽的临床检查和病史考察，以判断其病理和诊断过程中的变化。在法律上，个案称为"案例"或"判例"。

个案研究通常是以单一的、典型的对象为具体研究对象，通过对其进行直接或间接、深入而具体的考察，来了解对象发展变化的某些特点，并在此基础上设计与实施一些积极的教育措施以促进其发展。个案研究有两种情况：一种是旨在通过对个案的调查与分析来认识个案的现状或发展变化的进程，这就是通常说的"解剖麻雀"的方法；另一种是以对个案的了解与认识为基础，旨在尝试一些积极的教育措施，以促进个案的发展，从而认识措施与发展之间的因果关系。这种研究除了要"解剖麻雀"外，更重要的是探究一般经验，类似于平常所说的"试点"。

首先，它适用于对具有典型意义的人和事的研究。如某个成功的教育管理案例、某位优秀教师的成长历程等。其次，个案研究还适用于对那些不能预测、控制或由于道德原因不能人为重复进行的事例的研究。如对超常儿童的追踪研究、对精神发育迟滞儿童智力发展变化的追踪研究等。教育科研中的个案研究更多的是用于研究教育对象的特点，如有的学生才能特别优异，学习特别勤奋，需要加以介绍，树立榜样；有的学生的行为、情绪与一般学生不同，一般常用的教育教学方法不能促进其进步或改变其行为特征，因此需要予以单独而深入的研究，以了解学生的实际情况或问题症结之所在，诊断形成问题的原因，确定矫正方案，以促进其发展。

二、个案研究在教育研究中的运用

在教育研究中,采用个案研究法可以说由来已久。普莱尔、提德曼等都用日记法对自己的孩子的发展进行过详细的观察记录,皮亚杰在早期的研究中也多是采用个案研究法。我国著名的幼儿教育家陈鹤琴先生也曾对其长子进行过详细的观察记录,这些都是个案研究的典型案例。由于个案研究是对个案进行深入持久的研究,以达到全方位地揭示研究对象的目的,而对于个案资料的收集可以采用查阅档案记录、观察、问卷、面谈、测验、录像等方式,因此,个案研究实际上是一种综合多种研究手段进行研究的方法。

在大多数情况下,尽管个案研究是以某个或某几个个体作为研究对象,但这并不排除将研究结果推广到一般情况,也不排除在个案之间作比较后在实际中加以应用。对个案研究结果的推广和应用属于判断范畴,而非分析范畴。个案研究的任务就是为这种判断提供经过整理的经验报告,并为判断提供依据。

近年来,个案研究法广泛地运用于对差生与优生的研究、智力落后与智力超常儿童的研究、行为异常儿童的研究以及情绪障碍儿童的研究。比如,自 1978 年开始,中国超常儿童研究协作组就广泛运用个案法追踪研究全国各地数百名超常儿童。因此,个案法也是特殊教育领域中的主要研究方法之一。

教育中使用个案研究的意义具体体现在这样几个方面:

第一,教育科学研究历来尊重儿童个体发展的差异性,通过个案研究可以详细地描述个案特征,有助于因材施教,促进学生发展;

第二,通过个案研究所获得的结论,可以为进一步证实某个理论或假设提供依据;

第三,验证某一种辅导策略或治疗方案的可行性和有效性,为解决某类问题提供一般性策略与操作步骤;

第四,将个案的研究结论适度地推广到更大的同类群体中去,发现或描述个体或事件的总体趋势;

第五,个案研究信息的累积有助于对同类事物总体情况的归纳,可以为以后的分析研究、理论概括作准备。

三、个案研究法的特点

(一)个别性

采用个案研究的对象往往是个别的人、事件、团体,这种对象具有单一性、具体性的特点。但不是完全孤立的个别而是与其他个体相联系的,是某一个整体中的个别。因而对这些个别对象的研究必然在一定程度上反映其他个体和整体的某些特征和规律。个案研究的目的固然是了解和把握某个个体的具体情况,但也要通过个案的研究,揭示出一般规律。例如瑞士著名的儿童心理学家皮亚杰通过对儿童的个别谈话法,揭示出儿童心理发展的普遍规律。当然,我们需要正确处理好个别与一般的关系。个别虽可以反映某些一般的特征,但个别毕竟不等于一般。个案研究取样较少,其研究的结论代表性也就较小,因此不宜机械地推广到一般中去,需要谨慎地加以分析,以免犯以个别代替一般的错误。此外,作为个案研究对象的个别,应该具有与众不同的典型特征,不具有典型性的个别是比较缺乏研究价值的。

一般来说,作为个案研究对象的个别应该具有以下 3 个显著特征:

第一,在某方面有显著的行为表现;

第二,与这方面有关的某些测量评价指标与众不同;

第三,教师、家长等主要关系人都有类似的印象和评价。

比如对某学习困难儿童进行个案研究,可以观察他是否经常上课注意力不集中、作业完成困难、反应迟钝;在智力测验上是否低于常人;教师及家长等对该学生在学业方面的表现诸如多动、学习积极性不高等是否有较深的印象,能否举出一些事例。如果确实存在行为表现异常,教师和家长有类似的评价印象,那么把他作为个案研究的对象就具有一定的价值。

进行个案研究的时候,尽管研究对象是个别的,但是为了详细地了解研究对象的情况,必须把对象放在一个更大的范围来进行考察,如研究某学生,就应该从班级、学校、社区等多角度来进行综合了解。

(二)针对性

任何个案研究都是针对个案存在的问题,探索形成问题的根源,以便更好地有针对性地进行矫正,促进其发展。在教育研究中,个案研究的对象一般都是比较特殊的个人或团体,怎样才能使这些特殊的个人或团体获得正常的、适合其需要的教育和发展,就要进行个别研究,对其进行诊断,然后提出有针对性的教育措施。例如某学生最近突然很暴躁,动辄就发脾气,研究者就要通过家访了解其家庭生活,观察其生活环境的变化,找出问题的症结,对该学生进行有针对性的教育和帮助,使其开朗起来。因此,个案研究的针对性特别强。

(三)深入性

对个案进行多维度、多层面的研究。如要研究某个学生学习困难的原因,从空间上说,就要研究这个学生生活环境的一切因素,包括家庭、学校、社区的环境;从时间上说,要研究该学生的过去、现在和将来可预见的趋势。总之,研究越透彻,越全面,针对性就越强,结论就越具有说服力。例如,对一个差生的研究,往往需要从多方面加以考察,诸如学生学习的智力因素和非智力因素,原有的知识基础和学习方法以及教师的教学和家长的辅导情况,还要进行前后左右的比较和对照,这样就可以对该生进行比较全面深入的了解和认识。

(四)综合性

尽管个案研究的对象数量较少,目标也很明确,但是也往往要综合运用多种方法进行研究。只有这样才可能达到对研究对象较为深入的了解。如对某超常儿童进行个案研究,要对该儿童进行智力水平测量就要使用测量法,了解其行为表现就要用观察法并制作观察记录表,了解其成长环境就要使用到问卷调查法和访谈法去了解相关人士等等。因此,仅仅采用某种独立的个案研究手段还不能达到对研究对象的深入了解,只有综合多种研究手段才能全方位地揭示研究对象。同时,在个案研究中,常常是采用归纳的方法对收集的各种材料进行系统分析,从而从个别现象中概括出一般结论。

四、个案研究法的作用

（一）为研究对象提供一定的帮助，有利于因材施教

通过对研究对象进行研究，能够充分掌握研究对象各方面的资料，为研究对象的发展和提高提出有针对性的教育建议和改进措施，有利于贯彻因材施教的原则，使研究对象受到最合适的教育，得到最大限度的发展。

（二）有效揭示典型的、特殊的教育现象或研究对象的特点，促进教育科学研究的发展

唯物辩证法原理告诉我们，个性与共性、特殊与一般是辩证统一的。个别现象或事物不仅表现出自己的特殊性，而且也反映了该类事物的普遍性，普遍性必须通过特殊性表现出来。因此，对典型的、特殊的个案进行研究，有利于认识该类事物的本质特点和规律。同时，个案研究通过收集丰富的个案资料，建立资料库，为以后分析同类教育现象提供了借鉴。此外，个案研究的典型材料，使理论既有概括性，又有实用性，既生动又实用，有助于推动教育科研成果的广泛运用，从而促进教育科学的发展。

（三）为教育科学理论的发展提供例证

个案研究所提供的典型案例为教育教学提供了具有说服力的佐证，能够丰富相关的教育研究成果。现代教育学的研究，常常要借助于个案研究的材料来丰富一般研究的结论，如对于元认知的研究都借助了大量的个案研究材料来说明其得出的一般结论。

五、个案研究法的优点与局限

（一）个案研究法的优点

1. 共性和个性的结合

个案研究注重共性和个性的结合，既强调研究人员必须充分考虑研究对象的特点，并能根据研究对象的实际情况，提出有针对性的建议和对策；同时，又强调研究对象的共性，任何个体都是一定背景中的个体，要把研究对象放到所在的社会文化背景中去加以考察，注重研究对象的社会性，以保证研究的有效性。

2. 历史与现实的结合

个案研究强调历史研究与现实状况相结合的动态研究。这种动态研究能更好地揭示研究对象变化发展的历程与特点，能够提供有关个别对象发展的具体材料，丰富感性认识；同时，通过多次同类问题的个案研究，所得的“案例”，不仅能为以后形成研究假设提供参考，而且也为解释同类事物提供依据。

3. 多种研究手段的结合

个案研究强调对研究对象进行全方位的揭示，因此要达到对研究对象全方位的了解就必须采用多种研究方法。如有关研究对象的背景资料就需要运用访谈法和问卷调查法，有关对象的智力、能力、性格等心理方面的资料就需要运用测量法等手段。因此，通过多种研究手段的采用，达到对研究对象更为细致的了解，为提出有针对性的建议和措施打下良好的基础，进而达到研究的目的。

(二)个案研究的缺点

1. 样本较小,代表性较差

由于个案研究的对象数量较少,从统计学意义上来讲,一般都属于小样本研究,要让一个小样本在所有方面表现出有代表性是很困难的,由此得出的结论也不一定具有普遍意义。因此,个案对象的情况其代表性有限,难以从个案研究中得到普遍性的结论和认识,因而其得到的结论的大范围适用性也常常受到人们的怀疑,推广度有限。

2. 比较费时、费力

个案研究往往需要采用多种研究手段收集对象各方面的信息。对儿童进行一定的训练或矫正,有时需要几年甚至是几十年的追踪研究,因而在研究过程中需要投入大量的人力、物力和财力。同时,由于研究的时间较长,个案对象条件有可能会发生变化(如转学、病故等),难于坚持到底,从而造成前功尽弃。

第二节 个案研究的基本方法

教育个案研究可以根据研究对象、目的、内容的不同,采用追因法、追踪法、作品分析法、临床法、教育会诊法等具体的个案研究方法。

一、追因法

追因,顾名思义,就是追寻现象发生的原因,是个案研究中常常使用的一种研究方法。追因法与实验法因果顺序恰好相反:实验法是先确立原因,然后根据原因去探究结果。追因法则是先见结果,然后根据结果去追究现象发生的原因。例如,某学生的学习成绩突然下降了,我们去寻找他的成绩下降的原因,这就是追因法。简而言之,实验法是由因导果,追因法是由果溯因,两者都是教育研究中常见的方法。

追因法是先接受已经存在的事实,然后根据事实推论此事实的原因。例如某校某班级某学科的教学质量特别高,某学习后进生最近有较大变化,学科成绩提高很快等,这些都是已存在的事实,我们可以把它们确立为研究的问题。研究人员对这些事实进行研究,探讨这些事实发生的原因实际上就是一个追因的过程,所使用的研究方法就是追因法。研究人员经过分析认为某个后进生最近学习成绩有大幅度的提升,其主要原因是学习积极性大为提高。由于教师对其特别关注,周围同学都是成绩较好的,在学习上也给予他一定的帮助,家长的鼓励也多起来了,自身的努力也是显而易见的。所有这些原因都是这位后进生成绩有较大幅度提升的原因,这一研究过程就是个案追因法的应用范例。

二、追踪法

追踪法就是在一个较长时间内,连续跟踪研究单个的人或事,详细收集各种相关资料,揭示其发展变化的情况和趋势的研究方法。追踪研究短则几天、数月,长达几年或更长的时间。如我国著名的教育家和儿童心理学家陈鹤琴先生对他的长子进行了长达近 3 年的追踪研究,积累了大量的研究素材,并据此写出了《儿童心理之研究》一书。中国科学院心理研究所也曾运用追踪法对智力超常儿童进行了研究,证实了这些孩子绝大多数受过良好的早期教育,遗传素质只是为这些孩子的超常发展提供了一种可能,良好的教育和环境影响是促进这种可能性变为现实性的最重要的因素。这项研究为我国进行婴幼儿早期教育提供了一定的科学依据。

追踪法尤其适用于以下 3 种情况的研究:

第一,探索单个研究对象发展的连续性。追踪法一般以相同的对象,做长期连续不断的研究,每个人或每件事情,其自身的发展变化可进行纵向比较,研究者可以从中了解其发展的连续性。

第二,探索单个研究对象发展的稳定性。主要是探索人的某些方面的特质或某些教育现象在各个历史时期发展的稳定性情况。例如,研究智力测验分数的稳定性时,可以从婴幼儿时期开始测量,然后每隔一定的时间再测量,直到青年期为止。这样就可以看出个体的智力发展水平是否具有稳定性。

第三,探索早期教育对后续阶段教育的影响。例如,研究者可以选择一些接受早期教育较好的孩子,从小学一年级开始进行追踪研究,对他们的德智体等方面发展情况进行全面的综合考察,从而分析他们多方面的发展与早期教育的关系。

三、作品分析法

作品分析法是通过分析研究对象的活动作品,以了解研究对象的能力、技能、倾向、熟练程度、知识范围和情感状态等,是个案研究中一种常用的研究方法。在教育科学研究中,通常可以收集以下 3 类作品作为研究对象,它们是:

第一,反映一个地区或一所学校的教育情况的材料,如各种教育方针政策的决定和指示、通告、工作日志、报表、会议记录、统计资料、规章制度、信件、工作总结等。

第二,反映学生的学习情况、知识掌握情况、道德发展水平、心理状态等的材料,如学生日记、书信、各种作业、实验报告、绘画作品、作文、考试试卷等等。

第三,反映教师教育教学情况的材料,如教学工作计划、教学总结与反思、班主任工作日志、教研组研讨记录、听课记录、教案等。

通过对上述作品的分析,可以了解到很多重要的信息。例如,我们研究大学生的毕业论文,通过作品就可以了解大学生的专业知识掌握情况、对待学术的态度等方面的信息。

运用这种方法时,不仅要研究作品,而且还要研究作品制作过程本身以及有关的各种心理活动状况。如我们对学生绘画作品的研究,可以反映出他们的许多心理特征。学生的绘画可以反映他们的知觉特征和学生对所绘的物体形成的表象特征。分析学生的绘画还可以在一定程度上判断其智力水平,鲜明地表现出儿童对周围环境的态度,他们的态度既影响主题的选择,也影响绘画方式。

产品分析法作为个案研究的一种方法,往往需要与实验法结合使用,设置对照组,观察作品制作的实际过程,这样可以获得更加科学合理的结论。作品分析法的采用价值,取决于研究者在所收集的材料中看出和把握生动的教育活动的精髓,如教师和学生的思想和行为,还取决于研究者的研究能力,能否对其进行深入的分析,从而做出有根据的结论。

四、临床法

临床法往往通过谈话的形式进行,故又称临床谈话法。这一方法既适用于问题儿童的研究,也适用于正常儿童的研究。前者旨在解决个案的问题;后者旨在由特殊个案发现儿童发展的一般规律。

临床谈话法的方式可以是口头谈话,即面对面地进行交谈;也可以是书面谈话,即问卷谈话。谈话者可以根据具体情况选择何种谈话方式。对于临床上的复杂个案问题,需要动用两种谈话方法,进行综合判断和分析。比如对一个情绪障碍大学生进行临床研究,既可以采用面对面的谈话,也可以采用问卷的形式谈话,由此可以了解其情绪障碍的具体情况,对情绪障碍的原因作出初步判断。口头谈话是会谈双方的一种互动过程。值得注意的是,教师对学生谈话时,教师一定要首先解除学生的紧张、焦虑、冷淡、戒备的心理,要创造轻松自如的谈话氛围。教师要以平等的身份参与谈话,不能居高临下,咄咄逼人。谈话过程最好不要是教师问一句,学生回答一句,要变学生的被动应答为主动回答。同时,教师的提问要以封闭性和开放性问题交替进行。书面谈话一般按问卷要求的程序进行,教师要向学生交代清楚做问卷的具体要求和注意事项。对问卷的评分要严格按照标准,做到客观、公正。

五、教育会诊法

教育会诊法是指召集有关教育专家学者(尤其是教师集体)通过讨论,就个案(学生的行为)作出鉴定,作出比较客观公正的结论的一种研究方法。其特点是集体性、公正性、简便性。它不仅适用于问题学生,也适用于正常学生的研究。会诊主要是针对学生思想品质及学习方面的问题。由于采用这种研究法的研究者常常是教师,因此,教育会诊是一种深受广大教师喜爱的一样教育研究方法。

前苏联著名教育家巴班斯基认为教育会诊通常包括这样 6 个环节[①]:

· 明确会诊目的;

· 确定会诊参加者;

· 由班主任和任课教师详细说明对某一学生的看法,并列举理由;

· 组织集体讨论,广泛交换意见;

· 为该生(个案)作出鉴定,提出有针对性的教育措施;

· 根据学生的鉴定材料,教师对集体或个人的教育工作进行自我反省,加强自身修养,提高教育教学水平。

教育会诊可以提供有关学生行为方面的比较全面、客观的信息,同时也是提高教师素质的过程。

---

① 王旭等主编. 现代教育科研. 青岛:青岛海洋大学出版社,1998. 215

第三节 个案研究的原则与程序

一、个案研究的原则

(一)灵活性原则

灵活性原则是指研究者在研究过程中,研究者要处理各种变化,尤其是对研究对象进行个别访谈时出现的各种变化。对于不同的研究阶段、不同的研究对象、针对不同的研究问题,都应根据研究需要和进展,调整研究的进程和研究内容,选择或变换更为恰当、有效的研究方法。由于个案研究对象的单一性特点,其研究的进程可根据研究者的需要作调整,体现出灵活的特点。

(二)综合性原则

综合性原则就是指个案研究所采用的具体研究方法是多样的,往往涉及档案分析、观察、测量、调查等方法。常常需要收集研究对象的各方面的资料,包括学校生活、家庭生活、社区关系、社会活动状况等;在对材料进行分析时,需要运用定性与定量相结合的分析方法;对个案的诊断包括身体、心理等多方面的因素。

(三)谨慎性原则

个案研究涉及具体的研究对象,研究时必须注意材料的报道是否经过了研究对象的许可、是否涉及研究对象的秘密和隐私。尤其是个人个案研究中,要注意获取研究对象的信任和支持,要对研究对象表示尊重。这些都要求进行个案研究时必须坚持谨慎性原则。

二、个案研究的程序

个案研究包括在各种现象中识别所研究的具体对象,对个案进行深入的调查研究,收集有效的资料和数据,对影响因素进行分析,制定、改进、调整指导的方案,验证措施的有效性即追踪研究等。具体步骤如下:

(一)确定研究对象

要选定个案对象,需要研究者细心的观察和敏锐的洞察力、问题意识和综合判断能力。同时,研究者应该根据个案研究的目的和内容,确定某一方面具有典型特征的人或事来说明这个问题。在教育教学工作中,某些典型的教育现象、事例或学生的异常行为表现都可能成为个案研究的对象。如某学生上课常常提出一些"怪问题",并且平时有一些小发明、小创造,教师和家长对其评价都是思维比较独特,那么这就可能成为一个典型的创造性思维的个案研究对象;又如某学生近来一改以前学习不认真、厌学的一贯行为与态度,表现出很高的学习积极性,兴趣浓厚,上课主动回答问题,成绩明显上升等现象,为了了解为什么会出现这样的转变,就可以把此学生作为个案研究的对象。

同时，在选择个案研究对象时要结合研究的目的，考虑选题的价值和可行性，特别需要考虑的是研究对象是否配合、研究时间限制等因素。

(二)收集个案资料

详尽的资料收集是得出准确结论的重要保证。为了更好地对确立的研究对象进行全面的深入的研究，找出问题的原因，要对与个案有关的方面进行全面的了解。因为个案某一方面的突出和不同寻常的表现并不是偶然的，它除了有自身的因素外，很大程度上同其所处的现状，如周围的人群、学校、教师、家庭、社区环境等都有密切的联系。所以广泛地收集和个案有关的资料，有助于认识个案各方面发展的基本情况，有助于发现个案潜在的发展趋势。

1. 个案资料应包含的内容①

个案的资料内容相当丰富，不仅包括个案研究对象的现状资料，还包括个案对象的历史资料。就个人个案而言，其主要内容应该包括：

(1)研究对象的基本资料：姓名、性别、年龄、民族、籍贯、所在学校及班级、家庭住址、民族习惯乃至禁忌、学历层次及文化水平等；

(2)个人身体健康资料：有无既往病史、药物过敏史、有无身体器官伤害等；

(3)个体成长及心理发展资料，如母亲妊娠、出生、发育情况、人际交往、人格特征、情绪的稳定性、性格特征、自我态度及价值取向、品德行为情况等；

(4)个体家庭背景资料，如父母姓名、年龄、职业、文化程度、经济状况、居住环境、所在社区状况、对子女的教养方式、亲子关系状况、家庭重大生活事件、遗传病史等；

(5)个体当前问题资料，如问题的主要症状、行为表现特征等。

2. 个案资料的来源

个案资料的来源主要有 3 种，第一种为个案本身的资料，第二种为个案家庭、社区和社会背景，第三种为学校记录。

对个案进行资料收集，可以通过对个案对象的观察、调查得到相关资料信息，也可以通过对周围人士进行调查得到对象的相关资料。如对某超常儿童成长历程进行个案研究，可以收集该学生历次的学生手册、考试试卷、品德评语、体检表、作业本、日记、周记等材料；可以通过访谈了解个案对社会各种现象的真实态度和观念，了解其人生观、价值观、心理特征和个性特征、知识水平和能力等；可以走访研究对象的同学，了解个案过去的发展、变化的历程，了解他们不易被人们发现的各种心态和表现；还应该走访研究对象的家庭，了解个案家庭学习环境、家庭中的生活状况，经济收入，父母的文化水平、职业，教育子女的方法，父母对个案的态度等；走访教师、班主任，了解个案在学校中、班集体中的表现、学习态度，教师对个案的认识和评价；个案研究者还应和个案促膝谈心，了解其思想状况、心理动态等。

3. 个案资料的记录

个案资料的记录是研究者保存的备忘录，也是整个研究最重要的参考资料，记录的原则是保持记录资料的正确性、完整性、清晰性。个案资料记录的方式很多，如直接描述法、半结构描述法、结构描述法、图表表示法等。下面以半结构描述法和结构描述法为例来阐

---

① 刘电芝主编. 教育与心理研究方法. 重庆：西南师范大学出版社，1997. 310

述个案资料的记录。

(1)半结构描述法

根据实际情况逐项填写个案清单中的项目内容,从而获得个案身份、人格等基本资料。下面是半结构式个人评定记录的项目内容①。

· 身份和外表:姓名、居住地、职业、个案来源、相貌特征等;
· 生活史:个案史、过去经验、现在发展状况等;
· 目前状况:目前个人的处境、如何形成目前的状况等;
· 未来透视:未来需掌握的是什么? 环境提供的机会及限制? 采取行动会导致什么结果? 将来会有哪些变化?
· 习惯与活动:生活习惯如何? 如何支配时间和金钱?
· 经济状况:经济来源和物质供应来源;
· 实际事件:从实际发生事件中显示出的个人心理特征是什么?
· 身心健康:个人目前生理及心理健康状态,有哪些不正常的想法、感觉、行动或欲望?
· 普通人格特质:平常个人表现如何? 较持久性及一致性的行为举止是什么?
· 特殊人格特质:在特殊情况下的行为表现如何?
· 表达能力:个人如何表达其感觉及态度?
· 动机状况:个人需求、企图、欲望、惧怕、喜欢或不喜欢的东西。
· 能力:个人能做些什么? 不能做些什么? 适应环境的能力是什么?
· 处事的倾向和感觉:个人对所遭遇的情景,感受如何? 有何期待或想法?
· 理想与价值观:个人的基本信念、价值观和道德原则;
· 自我概念:个人对自己的态度如何? 想法如何? 如何描述自己?
· 兴趣:个人认为重要的事情是什么? 相关的事情? 如何影响的?
· 社会地位:个人的社会地位如何? 别人对他的看法如何?
· 家庭亲属:个人与谁关系最密切? 行为上最像哪些人?
· 友谊和忠诚:谁是他的最要好的朋友? 对哪个人最忠实?
· 对他人的反应:个案对他人的反应如何? 如何想法? 如何期待?
· 他人对个案的反应:别人对个案的反应、想法、期待如何?
· 与他人的交互关系:与他人分享的兴趣及活动是什么?
· 与他人共同或相异的观点:个案与他人比较,与他人相同及相异的看法?

个案记录可以按时间顺序记录,如,按年月先后顺序记录,或按研究进程的阶段(起始、调查、诊断、治疗、跟踪)记录;也可以按专题内容分项记录,如家庭状况、社区环境、社会文化背景、教育状况、健康状况、经济收入、娱乐活动、精神状态、兴趣、职业等。

在教育研究中,个案记录常采用累积记录的方式,即对个案学生在相当长的一段时间内进行跟踪记录。在学校可用于累积记录的内容有:能力倾向测验、各门课程的成绩、性格气质的评定等级、出勤率、体检登记、参加活动情况、同伴关系、学生的轶事材料、兴趣、态度等。

---

① 陈李绸. 个案研究. 台北:心理出版社,1996. 23

(2)结构描述法

结构描述法在个案研究中运用比较普遍,即按某种框架结构(可以是大纲形式,也可以是摘要表格形式),将个案资料加以分类,然后将有关的资料重新组织,形成一个比较完整的个案记录。这种记录方法便于检索有关个案的资料,除可以从记录中发现资料的缺乏或遗漏之处,还可以进一步收集更详尽的资料。

结构描述法除了按规定的框架内容描述个案情况外,有时可以将个案资料相关部分归类,制成表格形式,这样对个案的情况可以一目了然,可以简便地查检到个案的有关资料,形成有效的推论。下面就是根据某一个案情况拟订的表格。

专栏:个案 A 资料记录①

一、个案名称:个案 A

二、记录方法:结构描述法

三、个案资料:

早期家庭关系:

1. 父母:父亲事业忙碌,母亲操劳家务,无暇与个案 A 充分沟通及陪伴个案 A。

2. 弟弟:个案 A 有一个相差 10 岁的弟弟,在心理、情感上无法产生互动。

教育:个案 A 高三即将毕业,已获得音乐学院入学通知。

年龄:17 岁。

社交关系:

1. 同伴:同学眼中的优秀学生,又肯主动帮助同学,与同学相处关系融洽,并与好友组织乐队。

2. 老师:个案 A 是老师心目中的好学生,对他的期望非常高,但无法了解他的内心世界。

3. 父母:无法与双亲沟通,不能向双亲倾诉心中苦闷,而父母又很信任他,很放心地认为他是好孩子,应该没有任何问题。

自我概念:

1. 自己期望甚高,凡事力求完美,但对自己的能力却因无法达到自己的自我要求而失望。

1. 因为周围的人无人能理解他而异常苦闷。

2. 感受到老师、父母、同学对他的压力,而觉得无法承受。

行为偏差:

由于压力过大,出现对抗教师和其他同学的一些行为(具体表现……)

未来策略:

1. 老师:(1)对学生的期望应适度,不可过高,不能要求其能力所不及。

(2)学生的意见应让其有充分发言的机会与渠道,并要时时鼓励。

2. 父母:不要只忙于工作,应时常抽空多与孩子沟通,陪伴孩子,了解孩子的需求

---

① 陈李绸. 个案研究. 台北:心理出版社,1996. 23

根据上面的描述，我们采用表格形式对上面的个案信息进行归类（见表6-1）

表6-1　个案资料表格

	问题叙述	诊断分析	矫治策略	效果建议
行为	①旷课 ②破坏课堂纪律 ③有偷窃行为 ④出手大方，乱花钱 ⑤结交异性 ⑥常去卡拉OK舞厅 ⑦抽烟喝酒 ⑧……	离异重组家庭 行为无人管教 结识不良朋友	老师找他谈心 了解交友情况 安排同学接近他 强调校纪校规 反省自己不良行为 要求家长配合 断绝与不良朋友来往 ……	
学业	①学业成绩不良 ②经常不交作业 ③上课不专心 ④数学、物理不及格 ⑤考试作弊 ⑥……	智商中等水平 没有足够学习时间 家中学习环境不好	学习挫折太多 任课教师补缺补差 创设学习环境 保证做作业的时间 多给予鼓励和赞扬 ……	……
认知	①认为老师有偏见 ②家长不理解他 ③自暴自弃 ④对一切都无所谓 ⑤……	需要理解和帮助 需要成功和表扬	老师与个案交朋友 家长与孩子多沟通 发现个案的闪光点 鼓励积极向上 ……	……
情感	①总想表现自己 ②爱打扮，穿名牌 ③挑衅、惹是生非 ④讲义气打抱不平 ⑤……	要树立正确人生观 更多的给予关注	多给予表现的机会 尽量从个案的角度 考虑问题 ……	……
人格	①倔强，易冲动 ②直爽，无心机 ③不愿受拘束 ④爱吹牛，狡辩 ⑤……	教育要晓之以理，动之以情 承担一定的班级任务	培养责任心 遇事要冷静 …… ……	
其他				

4. 资料收集应注意的问题

个案资料的收集应该注意资料的广度和深度，并仔细核实个案的材料，使获得的资料真实可靠。在教育个案研究中，不仅要广泛收集对象的历史资料和现状资料，还要收集对象深层次的心理活动和倾向。同时，为了获得真实可靠的个案资料，需要访问除对象本身外的许多相关人士。在正式访问前首先必须建立融洽的气氛，增进彼此间的了解，为以后的研究打下良好的基础。在访问中，研究者要注意的问题是：

（1）衣着整洁得体、态度诚恳友善并且首先消除访谈对象的顾虑；

(2)耐心倾听,把握谈话方向并把谈话逐步引向深入;

(3)作好谈话记录并在访谈结束时要致谢。

(三)分析并整理资料

在教育研究中,有些行为的原因容易发现,有些行为的原因却不易察觉;有些行为的原因是单一的,有些行为的原因很复杂,如此等等,都需要对所获资料进行全方位的谨慎而深入的分析。

1. 对个案资料的分析

对资料进行分析就是找出个案在现象间存在的因果联系。学生行为出现或突出发展的因素是多方面的,但总存在着起重要作用的几个主要因素。

对所收集的大量资料,一般来说可以从以下 3 个维度来进行分析:

(1)从主观上分析了解学生内在的动机,如世界观、人生观、价值观与行为及其结果的联系;

(2)从客观上分析了解学生的教育背景、社会环境、家庭教育等与学生的生理、心理特点以及学生的成长、发展存在哪些相适应或不相适应的地方,并找出这些适应或不适应的矛盾关键之所在;

(3)从导致个案行为结果的各种现象形成和发展的过程分析,了解影响个案的各种因素。

2. 对个案资料的整理

一般可以采用表格的形式(见表 6-2)对个案资料进行整理。

表 6-2　学生个案资料表

年月日	姓名		性别		编　号
学校资料					
班级		班主任		性　格	
成绩状况		身体状况		爱好特长	
同伴关系		师生关系		备　注	
家庭资料					
家庭住址				联系方式	
监护人		家庭结构		亲子关系	
教育方式		经济状况		社区环境	
关注问题及谈话记录					
主要问题					
教育时间	事因概况		内容概况		反馈及效果

(四)个案的发展指导

个案的发展指导是指在对资料进行整理、分析的基础上,设计一套因材施教的方案,并加以实施。对个案的发展指导可从两个方面进行:

1. 对学生自身内在的因素加以矫正,以便与社会环境的要求相适应。例如,通过一些医疗措施、心理咨询与矫治,提高学生的健康水平,改善和发展学生的情感、情绪、人格倾向等,使学生克服习惯性焦虑的情绪,过分孤僻的性格;通过思想教育,提高或改善学生的世界观、人生观、价值观、道德观等。

2. 改善外部条件,使之适应学生发展的需要。如家庭中的气氛、影响以及父母对子女的教育方式、校外教育机构的作用、学校教育措施以及学生的人际关系等因素。针对个案的实际情况,对个案提出一些要求,或采取降低家长对学生的过高期望,改变教师对个案学生的看法,布置给学生一定的工作,调整学生所在的小组或座位等措施。此外,对于那些不可能得到改善或发展的外因条件,应提出加以防范或疏导的措施。

以对学习困难的个案指导为例,在找出问题的症结后,制定指导学习的方案。在指导中要注意:

首先,要考虑学生的个人价值、情绪状态、改正错误的态度,承认和肯定学生的优点,在分类和分组中避免诬蔑学生,应及时鼓励学生,重视学生的成就,让学生知道自己的成长。

其次,必须考虑到儿童的全部环境,如调整学生的学习计划,改善家庭环境和家长的态度、教育方法等。在指导过程中,对学生的学习、发展过程必须不断地给予评价,肯定学生的进步。

再次,要结合学生的实际情况选择练习材料。材料的难度和类型必须是恰当的,还要利用正确的教学方法加以辅导。

在指导个案的发展过程中,可以成立研究小组,经常交流一下个案的发展情况、行为状态,根据个案发展状况修订指导计划和措施。在对学生的指导上,需要社会、家庭、学校、社区、个案研究者等共同合作,把注意力集中在与学生成长有关的具体难点和时机上,发展个人成长和进步的可能性。

(五)追踪研究

个案研究是深度研究的一种,对于其研究的对象,需要有一段较长时间的追踪与研究,了解其发展变化,测定与评价用于指导其发展的教育措施的实践效果。在追踪研究中,对观察和研究的目标要持之以恒,但与目标同时制定的发展指导的具体措施方案并不是一成不变的。要随着个案的发展变化、教育和环境的变化而不断修订,不断变化。只有这样,经过长期反复追踪研究,才能收集和积累较为系统的资料。

(六)撰写个案研究报告

个案研究者在对收集的个案资料分析整理过程中,经过一定的理论与逻辑的再认识,又形成了自己的观点,并根据分析、论断的结果制定出指导方案,把初步的感性认识加以探索性的实践,在实施的过程中,不断总结经验,使感性认识上升到初步的理性认识,在比较成熟的时候将其撰写成研究报告。个案研究报告是个案研究成果的重要表现方式,是个案研究过程中必不可少的一环。通过个案研究报告可以了解个案的基本情况及处理的过程。正如医生写的病历一样,可以为以后的治疗、跟踪研究提供依据。

1. 个案研究报告的类型

个案研究报告的表达方式可以多种多样,大致可分为以下几种:

(1)描述性报告。比较详细地叙述个案资料,可以将一些片段并列或串联,不用转述而用原话,尽可能用客观描述来呈现对个案的解释,具有直观、具体等特点。但整理报告的时间较长,重心难以把握,较为繁杂。

(2)分析性报告。通常对论点进行直接的论述,对论点需提供论据,并需说明个案的各种可能表现及推理历程。分析性报告是一种企图利用客观的方式呈现个案资料,但又无法全部放弃主观判断的一种呈现方式。

(3)简介性报告。着重反映个案的主要特征,比较简洁。报告整理时间较短,问题的重心突出,不过对个案的细节部分的报告不够详细。

2. 个案研究报告的格式

个案研究实际上就是用各种方法收集个案的相关资料,通过科学的推理,提出解决问题的策略,进而评价其效果的研究过程。个案研究不仅是一种研究方法,也是复杂的认知过程。一份完整的个案研究报告,其基本格式包括:①

(1)概述。主要包括研究对象的基本情况;

(2)特殊表现的基本描述。主要包括研究对象的特殊表现,如问题学生的问题行为表现、超常儿童的智力超常表现等等;

(3)特殊表现的原因探索。谨慎而深入地分析导致这种特殊表现的原因;

(4)分析与讨论。这一部分涉及对个案进行具体的矫正辅导措施及过程;

(5)结论与建议。通过分析,得出一般性的结论,然后有针对性地提出一些教育建议。这一部分涉及矫正、辅导的效果。

3. 撰写个案研究报告应注意的问题

撰写研究报告时,必须明确描述哪些是事实资料,哪些是有关的证据,哪些是价值判断和推论。

个案研究中"事实"资料是个案真实发生的事件,而"意见"资料则主要涉及主观感受和价值判断。在撰写个案报告时,难免将"事实"资料与"意见"资料混淆起来,区分"事实"与"意见"的方法主要有如下几种:

(1)简单判定法。根据研究者自己掌握的知识经验,对"事实"资料和"意见"资料进行主观的定性判断;

(2)提问澄清法。通过提问方式帮助研究者澄清叙述句的真实性和有效性。如"这是真的吗?""还有别的证据吗?""这个句子是什么意思?"等;

(3)逻辑推理法。采用归纳或演绎的方式,从个案基本资料的内容中,推断哪些是"事实",哪些是"意见";

(4)多重证据法。对不同来源或不同方式得来的资料或信息进行比较分析,看是否具有一致性来判断资料的真实与否。

第四节 个案研究法的类型及其研究例证

个案研究依据研究对象的不同,可以分为个人个案研究、机构个案研究和社会团体个案研究。

---

① 刘电芝主编. 教育与心理研究方法. 重庆:西南师范大学出版社,1997. 315

一、个人个案研究

(一)个人个案研究的概念

个人个案是以个人为研究对象,对该个体特殊的历史、现状及后来的发展进行研究。个人个案研究最初是指医学领域中对精神病患者的研究,后来扩充到法学领域、心理学领域。在教育领域中,个人个案研究主要指对个别学生、教师等进行的研究。如对某情绪障碍儿童进行个案研究、对某教师的创造性教学进行研究。个人个案研究可以通过调查访问、实际测验,也可通过自传、传略或别人介绍的相关资料进行研究。

在个人个案研究中,下面 19 个问题[①]可作为个人个案研究评价的准则,并可作为团体或机构个案的参考。

1. 是否界定和说明了研究问题以及个案的基本情况?
2. 个案记录是否简洁明确?
3. 是否遗漏或忽略了个案的重要信息?
4. 是否用多种手段或途径来收集个案的资料?
5. 对个案资料数据的来源是否加以详细说明?
6. 对个案特殊行为是否详细加以描述?
7. 是否提供个案家庭背景资料的情况说明?
8. 所获资料是否确实可靠?
9. 是否说明个案行为发展变化的过程和经历?
10. 诊断是否有充分的依据?
11. 对行为的判断是否运用测验或推论?
12. 是否考虑到个案作弊的可能性?
13. 是否注意到个案的行为动机?
14. 对个案的矫治是否考虑到伦理问题?
15. 对未来的矫治计划是否做了充分考虑?
16. 是否针对性地提出具体的矫正辅导的措施、方法和过程?
17. 是否准确解释矫正辅导的效果?
18. 个案报告的撰写格式是否规范?
19. 他人阅读个案报告后是否会对个案有真正的了解?

当然,不同内容的个案研究会有不同的研究方式,会有不同的评价方式。一般而言,以上这些问题在进行个案研究时是必须要考虑的问题。

(二)个人个案研究的例证

1. 关于弱智儿童的个人个案研究

有研究者曾运用典型的个人个案研究法,进行了“轻度弱智少年厌学情绪辅导的个案

---

① 郑金洲等著. 学校教育研究方法. 北京:教育科学出版社,2003. 203

研究”[①]。该研究运用观察法、分析法、家校合同、认知疗法及心理疏导等方法对个案的研究过程进行观察记录，分析和总结，从而收集了大量的关于其厌学情绪的丰富资料。通过所收集的资料，从家庭原因、居住文化场所、学校原因、个人原因等方面来综合分析厌学的原因，为培养轻度弱智儿童提供了经验材料。该研究共分五部分。第一部分介绍研究对象，主要介绍了该儿童的厌学情绪障碍。第二部分为“研究目的”。第三部分为“原因分析”及“辅导策略”，家庭原因主要是无人管教，缺乏关爱，导致迷恋游戏；居住的文化场所是娱乐文化，错误判断工作轻松。学校原因是患者频繁转学，不适应新环境，得不到同学的关心。个人原因是成绩不稳定，缺乏自信，逃避现实。并针对上面这些原因，研究者提出了一些辅导策略，包括开展家庭心理辅导、改善家庭教育环境、建立家校合同、认知行为疗法、心理疏导法、集体帮助、引导兴趣转移。第四部分为“干预效果分析”。第五部分为讨论和启示，研究者得出了3点启示：一是要改善环境，愉悦心情；二是要改变观念，接受自我；三是要培养兴趣，树立信心。

2. 关于超常儿童的个人个案研究

有研究者进行了“对一个早慧超常儿童的研究”[②]。该研究运用了测量、调查、谈话等方法，对一超常儿童通过长期的个案追踪，从各方面收集了大量的关于其智力早慧发展的丰富资料。通过所收集的资料，从其心理超常发展的特点、表现及其发展水平等方面进行了科学分析，探讨了其早慧的原因及教育经验。全文分为5个部分。第一部分为“前言”，主要介绍了该研究的目的、研究方法和主要研究工具。第二部分为“介绍研究对象”，简要介绍了该儿童的家庭教育及超常表现。第三部分为“特点及表现”，是该研究的主体，介绍了该儿童认知发展特点是：①记忆能力好，掌握了记忆策略；②空间关系的观察、理解、想象能力强；③类比推理能力发展突出；④创造性思维能力发展优异。非智力发展的特点是：①强烈的求知欲、广泛的学习兴趣；②好胜心强，进取心切；③喜欢冒险；④保持有幼儿特点。第四部分为“分析与讨论”，通过对该儿童超常发展的原因进行分析，认为良好的家庭早期教育和环境条件是其超常发展的关键因素。具体表现为：①抓住了关键期进行教育；②教育思想正确，重视全面发展；③早期教育策略好，正确处理了“双基”的传授与智力的开发；④坚持因材施教，教学方法得当；⑤提供了丰富的有利于智力开发的文化环境；⑥充分调动了自身的主观能动性；⑦日常行为方式训练注意不够，导致其中学时仍有幼儿特点。第五部分为“小结”。

20世纪40年代以来兴起的教育生态学研究，也经常使用个案研究的方法来探讨有机体与其所处的环境之间相互作用的规律。如格姆泊和他的同事对一名叫沃力的男孩进行了个案研究。[③] 该研究通过观察，收集了沃力在家庭和夏令营中的整天生活的详细材料。对这些材料的分析发现，沃力在这两天中进入了不同的生活情景，不仅有数量的差异，而且有性质的不同，并产生了不同的行为反应：在夏令营的一天中，他进入了17种不同的生活情景，在家里他只进入了6种不同的生活情景；在夏令营里，沃力参加了十分明显的更为积极的、探索性的、构造性的和激动人心的游戏，而在家里沃力则将更多的时间花费在被动的

---

① 何晓莹等．轻度弱智少年厌学情绪辅导的个案研究．中国临床康复，2005（8）：74～76

② 陈志君等．对一个早慧超常儿童的研究．西南师范大学学报（哲社版），1991（4）：40

③ 钟启泉等主编．教育科学新进展．西安：陕西人民出版社，1993. 48～49

娱乐(包括看电视)、闲荡和正规的竞争游戏上。在夏令营和家庭这两种不同的环境中,沃力的伙伴和社会交往也不相同。在夏令营中的伙伴有成人和小伙伴,其数量是在家里的两倍;在家里的同伴比在夏令营中的伙伴更有强烈的攻击性、反抗性和恳求帮助的表现,在夏令营中的伙伴则更有教养和富有共同分享的精神;在夏令营中的成人对沃力施加的影响是以兴趣为中心,使沃力较少出现攻击性和反抗性的社会行为。这些因素的影响,使沃力的行为有了差异:在家里,其行为倾向于更为霸道、富有攻击性和趋向于较少听从;在夏令营,其行为显得有教养、情绪表现更为积极、强烈和丰富多彩。

二、机构个案研究

(一)机构个案研究的概念

机构个案是以家庭、学校、工厂、农场、社区等单位为研究对象进行的研究。机构个案研究一般涉及该机构的基本情况,机构的主要目的、任务以及为实现目的所采取的一些典型做法和改革措施。如某个学校的教育教学改革、某工厂提高劳动生产率的个案分析等。

(二)机构个案研究的例证

《校企合作:新办高职院校发展模式的战略选择——湖北三峡职业技术学院个案研究》[①]。该研究把湖北三峡职业技术学院的新型发展模式作为个案来进行研究。作者首先阐述了高职院校发展的背景。继而对三峡职业技术学院开展校企合作的主要做法进行介绍,主要做法有:优势互补,互建基地;联合招生,定单培养;科研开发,互利互惠;产业渗透,互通有无;企业资助,助贫奖学。通过这些措施,使三峡职业技术学院在校企合作中实现了质的飞跃:提升了教育理念;加强了专业建设;提高了师资水平;提高了人才培养质量。

有研究者运用机构个案研究法对"流动儿童城市适应性"[②]进行研究。该研究分为5个部分,第一部分介绍研究的背景与方法,第二部分介绍流动儿童的生存环境,第三部分介绍流动儿童的城市适应性状况,第四部分介绍研究结论,第五部分研究者提出了一些措施和建议,主要的建议有:打工子弟学校需要政策上的扶持;打工子弟学校需要改善办学条件;辅助流动儿童的家长加强家庭教育;各部分需要齐心协力,加强流动儿童教育的宣传工作。

三、团体个案研究

(一)团体个案研究的概念

团体个案研究是以企业团体、学术团体、群众性团体组织或地区中一定数量的成员为研究对象进行的研究。因此,一般来说这种个案研究涉及的人数比较多。如对某一类中学的校长进行研究,揭示这类学校校长的共同特征。研究学校或班级中的非正式的特殊帮派或组织的研究也属于团体个案研究。在一些学校或班级,部分学生根据一定的规矩,成立

---

① 曹孙志等. 校企合作:新办高职院校发展模式的战略选择——湖北三峡职业技术学院个案研究. 教育与职业,2005(20):23~24

② 郭良春等. 流动儿童城市适应性——对北京市一所打工子弟学校的个案调查. 青年研究,2005(3):22~31

特殊的帮派或组织。对这些特殊的帮派或组织的目的是什么？组织系统怎样？有多少成员？参加的手续怎样？组织有哪些规矩？平常有哪些活动？成员都有哪些行为等等，这就需要通过团体个案研究法来进行研究，以了解该组织的详细情况，然后提出有针对性的矫正措施。

（二）团体个案研究的例证

我国研究者吴增基进行的《不同社会群体的社会心理承受能力比较》[①]的研究，运用问卷调查的方法，对江苏省发展程度不同地区的居民进行抽样调查，收集了大量不同文化程度、不同职业群体和不同地区群体人员的社会心理承受能力的数据资料。通过定量分析研究，结果表明：对物质、住房、医疗等制度的改革心理承受能力，文化程度较高的人要低于文化程度较低的人；国有企事业单位的职工要低于个体经营者和乡村企业职工；相对落后的苏北地区的居民要低于较发达的苏南地区的居民。

张春燕等人对"大学生体质现状"[②]进行的研究也属于团体个案研究。研究者对中国青年政治学院 2000 ~ 2003 级学生的体质状况进行调查研究表明：大二、大三学生体质状况较好，大一和大四学生因各种原因总体体质状况相对稍差；在身体形态方面，男生普遍随着年级的提升、年龄的增加，体重或多或少有所增加，女生基本上是体重随着年龄的增加而下降；在身体机能方面总体合格率女生高于男生；在身体素质方面，总体学生下肢好于上肢，女生尤其明显。因此研究者提出了高校体育教学要根据大学生体质变化规律，对其体质上存在的问题寻求解决之法，整体提高学生身体素质。

附录一：个人个案研究

她为什么害怕上学？
——对一个学习适应不良学生的个案分析[③]

一、个案基本情况及症状分析

小唐，女，12 岁，身高 160cm，发育较早，独生女。家庭成员 4 人：妈妈、爸爸、姥姥及小唐本人。不愿意与父亲交流，父亲常以命令式的口吻与她说话。小唐认为父母不理解她，把她作为生气时发泄的对象，很苦恼。进入初中一年级后，小唐感觉自己的学习和生活都发生了很大的变化，学习压力增大，学习任务繁重，开始厌恶学习，讨厌学校。对于英语，更是害怕，成绩直线下滑。对考试产生畏惧，经常失眠。新学期与同学交往不多，目前没有朋友，认为其他同学都很虚伪，但又害怕孤单，羡慕其他同学没有烦恼。痛恨老师偏心，小唐

---

① 吴增基．不同社会群体的社会心理承受能力比较．社会心理研究，1995(2)：9 ~ 15

② 张春燕等．大学生体质现状调查与研究——来自中国青年政治学院的个案研究．中国青年政治学院学报，2005(2)：27 ~ 32

③ 王华容．她为什么害怕上学？——对一个学习适应不良学生的个案分析．当代教育科学，2005(8)：56 ~ 58

自己不甘落后,进取心强,希望成为老师关注的对象,自身目前的状况让小唐产生了挫折感。情绪波动大,变得"忧郁"了。

通过和小唐及其家人交流,结合自己的观察,初步认定这是一个比较明显的学生入学学习适应不良的个案。

二、问题原因分析(个案史分析)

入学学习适应是每个学生都要经历的一个特殊时期。可以从以下几个方面分析小唐入学适应不良的原因。

(一)学习环境的不适应

就家庭环境而言,小唐与父母年龄差距大(与母亲相差35岁,与父亲差距40岁),影响了小唐和父母的交流。况且,由于父亲的严厉,家庭气氛压抑。这样的家庭气氛和教养方式,不利于小唐在面对新的学习环境时,从父母那里得到有效、及时的帮助和指导。同时,新的学校环境和班级环境也给小唐带来了学习的压力。现在小唐就读的是南京市一所重点中学,班上的很多同学都是高分考进来的,小唐感受到了来自同学的压力,并且开始有些自卑。

(二)学习方法的不适应

中学和小学学习的差别之一就是学习任务加重了。小唐一直还沿袭着小学时慢悠悠的特点,做作业的速度十分慢,片面追求作业的工整和美观,不考虑作业速度。由于这个毛病的存在,小唐考试时总因为速度慢而做不完所有题目。另外,小唐的一些学习习惯很不适应中学学习的特点。在英语学习方面,小唐从来不开口读英语,从来不预习,单词记忆也是为了应付老师要求的默写,不主动碰书本。

(三)人际关系的不适应

由于班级人数较多(60多个),老师不再像小学老师那样倾注更多的关注,小唐感到有些失落。另外,重点中学学生间的竞争较为激烈,同学之间的关系就显得很微妙。小唐觉得他们虚伪,不愿意与他们交往,与班上同学的关系不融洽。

(四)自身发育的影响

小唐在同龄人当中是一个发育较早的女孩,让她在班上同学中显得"格格不入",这些生理上的差别使小唐觉得自己不是班集体的一员,有些自卑。

(五)性格方面的因素

小唐是一个内倾的女孩,自尊心强,有些虚荣,喜欢和其他同学比较穿着、家庭经济状况,觉得家境不好,很自卑。主要原因在于现在班上同学的家境水平比小学同学的水平要高很多,小唐再也找不到这方面的优越感了。性格倔强,情绪易激动,逆反心理严重。

三、心理疏导和辅导方案

(一)学习方法的指导

小唐之所以在进入初中后出现了这么多的心理问题和困惑,主要原因在于她在新的学习环境中，学习上受到了挫折，还没有适应中学的学习特点，掌握正确的学习方法。我们还计划和她一起分析当前学习的情况，让她总结小学和中学学习的区别，认识到中学学习的特点，做好努力学习的心理准备，并结合她目前的学习状况，和她一起制定了一份切实可行的方案。

（二）调整家教的方式方法

亲眼目睹小唐父亲打骂小唐后，我以此为切入口，对小唐父母进行了规劝，分析不民主的教养方式所带来的不良后果。

（三）从认知能力的改变入手，改变她对问题的极端认识

小唐出现如此明显的入学适应不良，是与她对一些问题的极端认识分不开的。因此，从认知这个角度着手，改变她已有的一些错误认识是十分必要的。

1. 在学习方面。小唐很想提高学习成绩，也很想成为班上的佼佼者，成为老师的关注对象。但是，一说到具体行动，又抱怨学习太苦，太累。宁愿不花精力轻轻松松地保持中等成绩，也不要花很大精力去争取优等。

2. 在家庭方面。让她意识到自己是在进行攀比，其实，比她家条件差的同学还很多，他们也没有这些东西，但是他们依旧过得很快乐；况且，这些东西对于她这个年龄阶段的学生来说，用处不大。

3. 对同学的认识方面。我建议她进行换位思考：如果你是你班上的某一个同学，你会很坦白地向你的同学说出你的心事吗？况且总是看到你对他们爱理不理的样子，他们怎么会和你坦白心事呢？

4. 从心理学角度入手，让她认识到自己性格的缺陷。通过同小唐的接触和跟她父母的交流，结合自己的知识经验，我挑选了几个目前对她学习生活有影响的性格特质加以分析。让她认识到，自己敏感多疑的性格其实给她带来了很多烦恼，在以后的学习生活中，要学会信任同学，不能因为同学的某个缺点而不愿与之交往，多参加班集体的活动。

四、结果

对小唐的心理辅导还在继续，小唐目前的情况有所好转，脸上笑容增多了。自述可以跟上老师的教学速度了；和同学之间的交往增多，参加了排球队；更令她开心的是：这次期中考试成绩有所提高，得到了班主任的奖励！小唐学习适应性慢慢增强了，迷茫的小舟渐渐驶进了中学的港湾。

附录二:机构个案研究

地方性升级院校的跨越式发展
——以井冈山学院个案为例[1]

一、我国地方性高等院校跨越式发展的时代背景

(一)人力资源大开发与高等教育大众化的发展契机

我国高等教育得到了快速发展,到2004年,各种形式的高等教育在校生总规模达到2 000多万人,高等教育毛入学率达到19%。按照马丁·特罗的高等教育发展理论,我国已超越了精英高等教育发展阶段而进入高等教育大众化阶段。在高等教育大发展的背景下,一些地方大学如江汉大学、长沙大学、上海大学、重庆大学等已经在原有的基础上实现了一定程度上的跨越式发展。井冈山学院正朝井冈山大学(筹建)迈进,面临新的发展契机。

(二)社会多元化的市场需求驱动

社会发展是多元的,对人才的需求也是多元的。我国正处于向中等发达国家水平迈进的重要发展阶段,社会主义建设需要大量的各级各类建设人才,尤其是高级技术人才、应用性人才。在这样一个人才资源广泛需求的时代,各级各类高校都可以各得其所,各显神通,不同办学背景、办学特色、办学目标的学校均能为我国高等教育的发展贡献力量。

(三)经济、信息技术全球化提供强劲依托

信息技术的突飞猛进以及经济全球化给高等教育发展带来一场革命性变革,它使人才培养与流动、教育内容、教育方式乃至教育观念产生飞跃和突破。在经济全球化和新技术的推动下,世界各国高等教育高度渗透、融合,逐步形成一个世界高等教育整体性的进程和趋势,这使得高等教育超常规、跨越式发展成为可能。

二、井冈山学院跨越式发展的探索

井冈山学院是一所历史悠久,有着光荣传统的全日制公办普通本科高等院校,坐落在革命老区江西省吉安市。学校全日制在校生1.2万余人,各类成人教育学生近1.1万人,形成了以本科教育为主,专科教育和继续教育并存的多层次、多学科的综合性大学。前身是创办于1958年6月的井冈山大学。经过近50年的艰难发展,学校不断壮大,尤其是2000年,原吉安师专与吉安教育学院合并组建井冈山师范学院后,学校获得了第一次跨越式突破。2003年7月,教育部批准井冈山师范学院、井冈山医学高等专科学校、井冈山职业

---

① 贺武华. 地方性升级院校的跨越式发展——以井冈山学院个案为例. 职业技术教育,2005(7):38~41

技术学院三校合并，组建井冈山学院，同时筹建井冈山大学。

(一)明确办学定位

1. 正确的办学理念

跨越不仅是资金投入和硬件建设上的跨越，也包括办学思想、理念、体制上的跨越。从国内外高等教育跨越式发展的实践与经验来看，高等教育的跨越式发展总是以教育思想和办学理念的突破为基础的，我们要实现高校的跨越式发展也必须从思想、观念上首先获得突破。办学理念上做到了更新、突破，才会有管理体制和运行机制以及内容、方式、方法等方面的创新与改革，才会形成有利于学校发展的相应体制、环境以及学校的文化、精神。

2. 必须实事求是

办学者丁祖诒教授形象地把他办的学校比作高考落榜生的第二希望工程，让他们在这里继续深造，使他们成为祖国建设需要的高等技术人才，让他们同样成为中华民族未来的希望。由于不切实际的盲目发展，不少地方升级院校已经在跨越式进程中暴露出一些问题：盲目攀升，浮躁虚华，功利性色彩太强，学校下一步发展战略规划也不明确。

3. 强调特色

办学特色是指一所大学在发展历程中形成的比较持久稳定的发展方式和被社会公认的、独特的、优良的办学模式。井冈山大学在师资水平、学科建设、教学与研究方式等方面很难在短期内形成特色，但是在校风、学风、制度规范、文化传统，尤其是人才培养的素质上应当努力形成自己的特色。

4. 树立和落实科学的教育发展观

办学定位应与学校的长远利益、可持续性发展结合起来，实现学校的持续、快速、健康、协调发展。在高校跨越式发展中，地方性升级院校存在数量扩张与质量提升，扩大招生与完成就业，人才高地建设与人才的使用、效能发挥，学校服务社会与人才培养的目标、学科结构、专业设置等矛盾。这些都会在跨越式发展中暴露出来，处理不好就会成为这些院校今后发展的隐患。

(二)制度创新是根本

制度创新可以说是地方升级院校的跨越式发展的“增长极”，制度竞争成为地方性高校发展的一个重要动力，也是这类院校需要完成的紧迫课题，这是毋庸置疑的。学校制度创新牵涉方方面面的关系，外到办学体制、运行机制，内到课程、教学制度等微观领域，但其目的都是为了让人才培养的任务完成得更加顺畅与有效。目前，与其他同类升级高校一样，井冈山学院也是得益于政府的、外在的强制性制度安排。但是，当政府大力扩张高等教育的阶段性使命完成后，高校内在的制度变迁将是今后升级院校必须努力去探索的。井冈山学院应该朝完成现代学校制度的变迁，培育、发掘自身的制度内涵，建设优良的制度环境等方向迈进。

(三)打造“红色”文化特色

“井冈山”赋予“井冈山学院”，以巨大的无形资本。“井冈山”，是一种精神，是一种文化。学校可以此品牌优势为依托，注入学校特色，吸引人才，广揽优秀学子，扩大知名度。

在人才培养模式上，开发井冈山人的内在品质。知识经济时代呼唤“基础厚、口径宽、素质高、能力强、适应广、多样化”的复合型人才。地方性院校，应该淡化培养“高、精、尖”人才的观念，实实在在地以终身教育理念为指导，把学生培养成一个具备宽厚发展平台的终身学习者、可持续发展者。

在引进人才、对外交流与合作上，学校应该注重文化化人、情感化人、山水引人。

（四）以发展地方经济为使命

高等教育正由社会的边缘走向社会生活的中心，对经济社会发展的直接影响越来越显著。地方院校一般都以地方中心城市为依托，深深植根于当地经济和社会发展的现实之中，为所在城市及广大农村培养了大批各类急需人才，已经成为我国高教体系的重要组成部分。可以说，这批地方高校对地方的教育、医药卫生事业等作出了巨大贡献，现在正面临如何进一步发展和提升的机遇与挑战。

合并前的井冈山医专和井冈山职业技术学院，应在做大后的井冈山大学中寻找新的办学生长点，主动为振兴吉安、江西输送合格的建设人才。职业性、专业技术性的人才培养可以依托市场，以就业服务为导向，以能力为本位，把实用性、技术型人才发展纳入当地甚至是全国、全球经济发展的进程与规划中来。

附录三：团体个案研究

中国科大第三期少年班学生追踪研究[①]

中国科大少年班自 1978 年创办以来，先后招收 7 期共 232 名学生，年龄最小 11 岁，最大 16 岁，本文是对科大第三期少年班学生的追踪研究。

一、基本情况

中国科大第三期少年班共有学生 29 人（女 3 人）。他们是参加全国统一高考以后，由学校复试择优录取的。29 人中，从高一考入的 18 人，从初三考入的 11 人。

这些孩子智力发展较早。因而有的孩子在四五岁就开始上学，有的孩子虽然上学不早，但到中学后就跳级。他们没有上完高中。他们进入科大后，成绩突出。四年级学生各科总平均成绩为 83.8 分，少年班成绩高于普通班。从智力发展水平看，少年班学生也高于同年龄的学生。少年班学生在平时的学习和实验过程中，还表现出思维敏捷、深刻、理解力强、思路开阔、具有独创性、逻辑性强等特点。少年班学生有理想，有抱负，立志为祖国四化建设做贡献。在政治上积极要求进步，到目前为止全班 29 个同学中已有团员 28 人，9 人在刚满 18 岁时就向党组织递交了入党申请书。

---

① 朱源等．中国科大第三期少年班学生追踪研究．全国第五届心理学学术文摘选集．中国心理学会编印．122～124

二、成长原因

(一)大脑功能强,素质好

苏州大学体育系曾对52名少年大学生的神经类型进行测查(其中包括79级少年班29名学生)并与同年龄的学生比较,少年班大学生的神经类型大多数是属于灵活型、稳定型,没有一个弱型。

(二)学习积极性高,刻苦勤奋

少年班100%的学生,从小就养成了良好的学习习惯,学习自觉刻苦。他们勤于思考,也善于思考。在学习时,重视搞清基本概念,注重抓住问题的关键和规律,并重视培养训练自己的思考能力。

(三)良好的家庭教育

家长重视学前教育,有计划地培养他们自学,培养自学能力和良好的学习习惯。家长对孩子不是强迫命令,而是启发诱导。

(四)学校教师的发展和培养

当这些孩子被老师发现后,及时采取各种措施对他们进行重新重点培养,为他们创造良好的学习条件,丰富他们的知识、发展能力。

(五)在竞争中培养顽强拼搏的精神

全班29人全部参加过从学校到全国的各种竞赛,其中有28人得到了名次和各种奖励。这些竞赛也培养了他们的顽强拼搏精神。

(六)社会条件是他们身心发展的重要因素

少年大学生中,有85%是在1977~1978年开始自觉用功学习的。高考制度的改革使他们明确了方向,极大地调动了他们学习的积极性。

三、几点启示

(一)要重视早期教育。

早期教育要特别注意爱护孩子的好奇心,培养他们的求知欲。

(二)学校要重视对学生进行思想教育,培养学习兴趣。

(三)超常儿童是客观存在的,家庭、学校、社会都要为他们早日成才提供条件。

第七章

内容分析法

内容分析法是社会科学中比较常用的一种研究方法。早期的内容分析法源于传播学，研究者借用自然科学研究的方法，对大众传播媒体的信息内容进行量化分析，获得良好的效果，并逐渐发展成为一种重要的对文献进行研究的方法。在教育科学研究中，内容分析法既是一种主要的文献资料分析方法，又是一种独立、完整的科学研究方法。

第一节　内容分析法概述

一、内容分析法的含义

内容分析法(content analysis)就是对明显的传播内容作客观而有系统的量化，并对量化结果加以描述的一种研究方法。内容分析的原始材料可以是文献，也可以是其他媒介信息。目的是弄清文献中客观存在的事实，揭示文献所隐含的情报信息，对事物的发展趋势作出预测。其基本做法是把文献中非量化的、有交流价值的信息转化为定量的数据，并以此来判定文献的某些特征。随着时代的发展，内容分析的对象范围逐渐扩大，从最早开始的报纸、广播、杂志、信函、演讲稿、日记、传记、访谈记录等逐步发展到电视、电影、音乐、手势语、地图等，现在还出现了对虚拟世界中的信息进行内容分析。

在教育教学活动中，我们可以利用内容分析法对教科书、参考资料、录音磁带、录像带、学生作业、考试试卷等进行内容分析，获得规律性认识，因而是教育研究中常用的一种研究方法。例如，对学生课后作业进行内容分析可以发现学生作业常见错误的类型，还可以统计不同错误类型出现的频率，这些信息可以为教师的教育教学改革提供依据，还可以为修订教材内容提供指导。

二、内容分析法的特点

内容分析法是对传播内容做系统的、客观的量化处理，从而依据这些量化的信息作描述性的分析。因此，内容分析法具有如下一些特点：

(一)明显的传播内容

这是相对于隐性传播内容来说的，是显性的、便于大家搜索和理解的。任何形态的、可以记录的、可以保存的、并具有传播价值的内容都可以成为内容分析的对象。任何形态包括文字形态和非文字形态，文字形态的传播内容主要有：报纸、杂志、书籍、文件等，非文字形态的传播内容主要有广播、电视、光碟、电影、录音、幻灯片、图片、肢体语言等。明显的传播内容是指它所表现的直接意义（数量、动作、频率、观点等），而不是指其可能包含的潜在内容（例如动机、内部信息加工、智力因素等）。固然，通过对直接意义的内容的分析可以说明间接的、潜在的意义。

（二）客观性

一方面是指传播内容是客观存在的，另一方面是指进行内容分析的依据或标准是客观的。在对传播内容进行内容分析之前，要对分析的类目、评判标准、记录方式等有一个总体规划，然后按照预先制定的类目表格判断并记录内容出现的客观事实，是根据客观事实作出的分析判断，而不是凭借评判者的主观臆断来进行的，因此具有客观可靠性。

（三）系统性

是指对所有被分析的材料按照一定的、标准的程序和方法逐一进行评判记录，它包括从研究目标、研究总体、选择分析单元、设计分析维度，到抽取资料样本、按分析维度评判记录、计算评判结果和统计推论等系统过程和步骤。分析过程是按一定的程序进行的系统过程。

（四）量化

内容分析的过程是以量化的手段对传播内容进行分析统计。内容分析的结果可以用简洁、明了的数字、数学公式、图表等来呈现，如用次数、百分数、比率、或然表、相关系数、差异系数、统计图等来描述，而不是定性的描述、说明或主观推测。内容分析法还可以借助计算机进行数据的分析处理，为使用现代信息技术进行文献分析提供了新思路。

三、内容分析法的运用

（一）内容分析法的优点

1. 研究程序较客观

要求研究者根据预先设定的计划按步骤进行，不同的研究者或同一研究者在不同时间里重复这个过程一般来说都能得到相同的结论，如果出现不同，就要考查研究过程有什么问题。

2. 是一种结构化研究

内容分析的目标比较明确，对分析过程高度控制，所有的参与者按照事先安排的方法、程序操作执行，结构化的最大优点是结果便于量化与统计分析，便于用计算机模拟与处理相关数据。

3. 是非介入研究[1]

内容分析不以人为对象，而以事物为对象，研究者与被研究者之间没有任何互动，被研

---

① 非介入研究：一种在不影响研究对象的情况下研究社会行为的方法。它可以是定性的也可以是定量的。非介入研究主要有3种研究方法：内容分析法、既有统计资料分析法以及历史/比较研究法。

究的事物也不会对研究者作出反应，研究者的主观态度不易干扰研究对象。

4. 体现定性与定量的结合

它以定性研究为前提，找出能反映文献内容的一定本质的量的特征，并将它转化为定量的数据。内容分析只能是对文献的某些方面的认识，还达不到可以取代定性研究的程度。定性与定量的结合能够达到对传播内容所反映的“质”更深刻、更精确、更全面的认识，得出更科学、完整、符合事实的结论，获得一般从定性分析中难以找到的联系和规律。

5. 可以揭示传播内容的一些隐性信息

通过对文献进行分析，可以揭示传播内容的变化趋势，追溯学术的发展轨迹，描述学术发展历程，依据标准鉴别文献内容的优劣。同时，还可以揭示宣传的技巧、策略，衡量文献内容的可读性和真实性，发现作品的个人风格，分辨不同时期文献体裁的类型特征，反映个人与团体的态度、兴趣，获取政治、军事和经济情报，揭示大众关注的焦点等等。

因此，内容分析“一方面可以避免定性分析过于主观，一方面也可以做较大范围的抽样，但在分析过程中，除了传播内容量的分析外，亦注重其质的分析，这种综合的内容分析方法，可以避免两种方法的缺点，增加内容分析的正确性和有效性。”①

(二) 内容分析法在教育研究中的运用

内容分析法在社会科学研究中被广泛采用，是教育科学研究中常用的研究方法之一。就研究材料的来源而言，它既可以对用于其他目的的许多现有材料(如教科书、作业、绘画作品、日记等)进行分析，也可以用于为某一特定的研究目的而专门收集的有关材料(如谈话记录、观察记录、考试试卷等)进行分析，然后再进行评判分析；就研究材料的性质而言，它既可适用于文字记录形态类型的材料，又可以适用于非文字记录形态类型的材料(如动作与姿态的录像、广播与演讲录音、电视节目等)；就分析的侧重点讲，它既可以着重于材料的内容，也可以着重于材料的结构，或对两者都予以分析。内容指材料的具体论题，结构指材料在时空维度上某些特性(如位置、所占时间的长短)。例如，在研究学生性别与师生交往的关系时，如果分析与比较某教师给予男、女同学的不同的辅导时间长度，就是侧重结构，而分析与比较该教师对男、女同学辅导不同内容，则是侧重内容。

在前瞻性的教育科研中，内容分析法可以用于对教育及教育研究的趋势预测。在对现实教育问题的研究中，内容分析法同样能发挥作用。例如，要研究《教育研究》杂志上所发表文章的内容重点之变化趋势，研究者可将该杂志近年来发表的论文题目按专题分类，统计各类文章发表的数量和与总篇目的比例，统计每期之间的变化量，描述出研究课题的变化趋势，还可以依据这些统计描述作进一步的推论。可以用它来分析教材的内容结构，对教材编制的合理性作出定量、定性的分析，也可以用它来分析学生的作品(如作业、试卷等)，对学生的错误类型作出定量的描述；还可以用它来分析学生、教师或其他人的语言、姿势、动作，对学生、教师等的个人风格、个性特征作出判断。

需要注意的是，适合于内容分析的一般应具有能重复操作、能被感官感知、意义明显、可以直接理解等特征。通常，不具备这些特征的、潜在的、深层的内容不适合采用内容分析进行研究，否则难以保证结果的准确性和客观性。当然，这并不意味着内容分析仅能研究

---

① 杨孝荣．传播社会学．台湾：台湾商务印书馆，1995．93

“表面”的东西,恰恰相反,它正是要通过对显性的传播内容进行分析从而揭示间接的、潜在的内容。例如,情感、动机、价值观等。

四、内容分析法与文献法的比较

二者虽然都是对以文字、图形、符号、声频、视频等方式记录保存下来的内容加以研究,但是它们的具体处理程序是不同的。

内容分析法的一般过程包括:建立研究目标和确定总体与分析单位,依据测量和量化的原则,设计能将分析单元的资料内容分解为一系列项目的分析维度(或类别系统),再按照分析维度严格地抽取有代表性的资料样本(抽取样本),把样本转化成分析类目的数据形式,最后对数据进行信度检验及统计推论。因此,它解决问题的核心是使文献或其他研究对象的内容直接量化,通过量化分析推论出科学事实。而文献法是按某一研究课题的需要,对一系列文献进行比较、分析、综合,从中提炼出新的事实和资料。其主要工作步骤是文献查阅、鉴别评价、归类整理,最后作出评述性的说明。

两种方法的主要差别是:内容分析法将非定量的文献材料转化为定量的数据,并依据这些数据对文献内容作出定量分析,进而作出关于事实的判断和推论。而且,它对组成文献的因素与结构的分析更为细致和程序化。

下面用一个表格(见表 7-1)来说明它们之间的区别:

表 7-1　内容分析法与文献法的区别

类别 / 方法	内容分析法	文献法
分析对象	对单个文献样本进行分析	对某课题所涉及的一系列文献进行分析和综合
内容处理	把内容分解为分析单元,并判定单元所表现的客观事实	鉴别评价文献内容,并对文献进行归类
分析程序	根据一定标准预先制定分析类目,并按照顺序作系统评判记录	查阅文献、鉴别评价文献、对文献进行归类处理
成果表述	对文献作定量的描述	对事实资料作出定性说明

第二节　内容分析法的程序

在教育科学研究中,内容分析法既是一种主要的文献资料分析方法,又是一种独立、完整的科学研究方法。作为一种独立的科学研究方法,内容分析法有一套较严格的程序,主要包括文献抽样、设计分析维度及体系、确定分析单位及分析范围、量化处理、信度分析、统计处理这 6 个步骤。

一、文献抽样

文献抽样就是对要进行内容分析的文献进行样本抽取。对由于总体太大带来的研究中的分析材料过多、操作困难的情况,可以采用随机抽样的方法,从总体中抽取样本进行内容分析。例如,要对近10年来高等学校德育研究的情况进行考察,或对改革开放以来教学论研究的文章的内容趋势进行总结,其总体是很大的,可以采用抽样方式,从总体中抽取代表性的内容进行分析。通过文献抽样,不仅可以减少工作量,而且还能保证文献具有代表性。

抽样工作包括两个步骤:一是界定总体,二是从总体中抽取有代表性的样本。进行文献抽样时首先要决定文献的总体,如有关高中数学教材的内容分析,就应该确定总体是高中3个年级的数学教材,然后运用各种抽样方法来进行随机抽样。文献的总体必须是符合抽样条件限制的所有内容,不能随意扩大或缩小文献抽样的总体。如对某大学一年级学生高等代数考试试卷进行内容分析,该年级所有学生的高等代数考试试卷就是该研究的对象总体。同时还要注意文献总体的特殊性,文献总体的特殊性是指要选取与所要分析的内容相关的材料。

对文献抽样通常有如下3种方式:

(一)按文献来源进行抽样

就是指对文献资料的来源进行取样,常见的教育文献资料有:

1. 书面文件:教科书、学生完成的作业、考试试卷、计算机打印稿、报纸、演讲稿及备忘录等书面材料;

2. 视觉媒介:告示、照片、图片及幻灯片等可以进行分析的视觉材料;

3. 听觉媒介:广播节目、录音磁带等音频材料;

4. 综合媒介:由多种媒介构成的文献资料,如图像与声音合一的CD碟片、DVD碟片等。

由上可知,文献的来源多种多样。因此,对教育文献进行内容分析时要考虑对文献资料的来源进行抽样。同时,还应该对不同出版社以及不同版本的文献资料进行抽样。如要研究市场上儿童读物所反映的主题,就应该对出版儿童读物的出版社进行抽样,并且还要对不同版本的儿童读物进行抽样。

(二)按日期进行抽样

是指选择哪一个时间段的文献进行分析。例如要研究某一种教育思潮的发展规律,就需要对这种教育思潮产生后的几年、甚至是几十年的相关文献资料进行分析,这就需要按照日期来进行抽样。但是在按照日期抽样的时候要注意某种文献资料自身的周期性。

(三)按单元进行抽样

即确定抽取所需分析文献的基本单元,根据不同的文献资料类型可以选择不同的单元,可以是一份、一段、一篇、一页、一行,还可以是一张(光碟)、一集(电视剧)等。

二、设计分析维度及体系

分析的维度，又称分析的类目，是根据研究需要而设计的将文献内容进行分类的项目和标准。通常，研究者根据研究目的设计分析维度、类别有两种基本方法：

第一种方法：先让两人根据同一标准，独立编录同样用途的维度、类别，然后计算两者之间的信度，并据此共同讨论标准，再进行编录，直到对分析维度系统有一个基本一致的理解为止。最后，还需要让两者用该系统编录几个新的材料，并计算评分者的信度，如果结果满意，则可用此编录其余的材料。

第二种方法：首先熟悉、分析有关材料，并在此基础上制定初步的分析维度，然后对其进行试用，了解其可行性、适用性与合理性，之后再进行修订、试用，直至发展出客观性较强的分析维度为止。

研究目标规定了研究对象的总体和分析单位，因此，内容分析中的分析维度（类目）可根据研究目标要求达到的细致程度，由粗到细，分层确定，直到满足研究课题的需要。分析类目确定得是否恰当、精细适度，对于内容分析成功与否至关重要。这就要求研究者必须认识研究目标与分析维度（类目）之间的相应关系。如果研究人员感到缺乏确定分析类目的理论或经验，可以先取少量样本作试探分析，取得经验后再确定标准。例如，要分析学生拼写错误类型，而研究者处于不清楚学生究竟有哪些错误的情况下，可先抽取好、中、差3个学生的作业本进行分析，摸清情况后再确定分类标准。

一般来讲，在没有太大把握的情况下，分析类目可以尽量设计得细一些，而不宜“粗放”，因为如果在获得数据后发现分类过细，可合并；但若发现分类过粗，不能说明问题，就无法把粗的分类拆分成细的，而需要重新统计，这样就浪费了时间。

例如，要研究全国报刊的科普教育在某一时期的倾向性问题时，从研究目的出发，仔细分析各种报刊内容所反映出的共同要素，确定其分析类别为科技史话、国外动态、自然之谜、智力测验、科学家轶事、生活顾问、工业技术、环境科学、农业科学、医药卫生、动物世界11类[①]。在许多研究中，分析类目通常是一个层层隶属的体系，确定了大的分析类别后，还应确定大类目下的子项目。又如《10年来我国儿童心理学、教育心理学研究的内容分析》一文中除设计了题目、作者、摘要等大的维度外，还设计了若干子维度，题目中分有简洁性和准确性两个子维度[②]。

例如，研究者把研究目标定为“现行高中一年级的物理教材新知识点分布状况分析”，现行的高中一年级物理教材就是研究总体，书中的各章是分析单位。研究人员从使用最广的现行教材中，选择二本或三本并以它们的各章节作为分析单元，以其中的新增内容作为总的分析维度（类目），抽取教材中各章节的内容作为样本。对新增内容可以细分为概念、原理、公式、例题等项目作为分析维度，登录每一章出现上述内容的数量、次数（频率）与所在页码，为对它们进行量化分析作准备。

在设计分析类目尤其是子类目时，必须要有明确的操作定义。对分析维度进行操作定

---

① 李秉德主编．教育科学研究方法．北京：人民教育出版社，2001．221

② 董奇等执笔．10年来我国儿童心理学、教育心理学研究的内容分析．心理发展与教育，1990(3)

义是设计分析维度及体系中最重要的一步。

设计分析维度时应该遵循如下一些基本原则：

1. 分类必须完全、彻底、能适合于所有分析材料，使所有分析单位都可归入相应的类别，不能出现无处可归的现象；

2. 在分类中，应当使用同一个分类标准，即只能从众多属性中选取一个作为分类依据；

3. 分析类别（维度）必须在进行具体评判记录前事先确定，不能边分析边适应性地修改补充，如果在研究过程中发现有被疏漏的类型，可在首次发现时进行增添，但是应该保持与原有分类标准和维度的一致性；

4. 分类的层次必须明确，逐级展开，不能越级和出现层次混淆的现象；

5. 在设计分析维度时应考虑如何对内容分析结果进行定量分析，即考虑到使结果适合数据处理的问题。一般来说，对每一维度或子维度进行度量时，可使用多种维度层次，例如，评定学生行为时，可使用命名量表，也可使用定序量表。

例如，为了研究全国教育技术主要刊物 2001 年以来关于现代远程教育的报道动向。首先要了解每种期刊所包含的内容栏目，然后设计内容分析的维度体系（如表 7-2 所示），其样本名称是期刊名称，如《电化教育研究》《中国远程教育》《中国电化教育》等；分析单元是期刊的期号，并在对应栏中记下篇数及总字数。

表 7-2　现代远程教育报道的内容分析类目

分析单元 项　目	2001.1	2001.2	2001.3	2001.4	……	2005.12
中央领导的讲话、政策、法规、文件						
现代远程教育关键技术						
网络学院建设与招生的动态						
国外教育技术发展动态与经验						
现代远程教育教学模式						
现代远程教育管理经验						
现代远程教育基础理论						

我国学者吴永军博士对香港和大陆九年义务教育初中语文教科书的价值取向进行过比较研究①。他主要从两个方面（道德和政治）来分析教科书内容的价值取向，故设计了“道德类目”和“政治类目”量表来进行分析，每一大类目又分为若干子类目（有一些子类目在教科书中偶尔出现，由于不具有分析意义，故而忽略不提）。道德类目统计表（见表 7-3）和政治类目统计表（见表 7-4）如下：

① 吴永军．课程社会学．南京：南京师范大学出版社，1999．178～199

表 7-3　初中语文教科书道德类目统计表

	主副题					
	大陆			香港		
	合计	百分比(%)	排序	合计	百分比(%)	排序
爱国						
坚毅						
科学						
奉献						
智能						
勤学						
仁爱						
进取						
信实						
认真						
谦虚						
友情						
亲孝						
勤俭						
立志						
信心						
敬业						
助人						
知足						
合作						
热情						
宽容						
自尊						
谦让						

表 7-4　初中语文教科书政治类目统计表

	主副题					
	大陆			香港		
	合计	百分比(%)	排序	合计	百分比(%)	排序
爱国						
信仰理想						
革命精神						
批判揭露						
歌颂赞美						
社会秩序						
自由						
颂扬领袖						
忠诚						
民主						
国际						
政府运作						

三、确定分析单位及范围

在教育研究中，研究者对文献资料进行内容分析时，用来检视文献资料的最小单位就是分析单位。分析单位的确定具有重要的意义，它直接影响着设计分析维度和材料的取样。分析单位是教师就应在教师中取样，分析单位是论文就应在论文中取样。

通常，选择的分析单位可以是个人（例如，作者、各年龄的儿童、父母、同职业的人）、群体（例如，家庭、学校、班级、各种学生团体等）和各种材料（例如，书籍、杂志、文章、绘画、泥塑、电视节目）等，也可以是上述各类中的一部分（如人的面部表情、操作的行为动作、文章中的段落与句子、书籍中的章节、电视节目中的镜头等）。例如，要研究大学生价值观时，大学生是分析单位；而在比较各国中学生的心理发展特点时，各国中学生则是分析单位。同样，比较两种学术刊物的质量时，刊物的具体栏目及其内容是分析单位。

当分析单位比较大时，常常需要选择一些与其有关的中、小层次的分析单位来加以描述、说明和解释。比如，当需要研究作者的态度倾向时，不但需要从作者总体中抽取作者（大分析单位），而且还要从抽出来的作者中抽取其作品的样本（中分析单位），然后再从作品中抽取一些章节或段落甚至句子（小分析单位）进行分析。

选择分析单位与具体的研究目标、研究总体密切相关，并以它们作为确定和选择的基础。例如,要研究儿童读物中男女角色的异同,儿童读物就是分析单位。而要研究不同国家中学科学课程设置的异同,分析单位不是教科书,而是不同国家课程计划和课程设置的内容。

在教育研究中,运用内容分析法对教育文献进行分析时常有 5 种分析单位:[①]①单个字;②句子或段落;③整篇文献资料;④人物(如小说、戏剧中的人物);⑤主题。究竟采用哪一种分析单位并无定则,要依据研究的目的和文献的数量而定。如果分析的资料具有明显的主题,则以"主题"为单位进行分析;如果分析的资料是学生的家庭作业,那么就可以段落或句子为分析单位;如果分析的资料是童话、小说、戏剧、寓言等,则可采用"人物"或"主题"为分析单位。但是,如果分析的资料繁杂,逐字逐句分析就不太可能,这时就可以采用"整篇文献"为分析单位。一旦决定了分析单位,就可以设计内容分析的类目表格,记录其所属的类别。如我国学者吴永军博士曾选用内容分析法对中国大陆、香港九年义务教育初中语文教科书的价值取向进行过比较研究。选取的分析单位是每一篇语文课文的主题和副题。

分析的范围也称语境单位,是文献资料中足以显示分析单位意义的范围。例如,要了解一句话的意义,必须联系这句话所处的段落来进行分析,那么段落就是分析的范围。若分析的范围不同,分析的结果可能有所差异,因此,无论研究者采用哪一种为研究单位,都必须采用一个能包括"分析单位"的"分析范围"。特别是当分析单位前有转折词汇时更应谨慎对待。

四、量化处理

在内容分析法中,常用的使文献资料数量化的方法有 4 种:

(一)判定某类别是否出现

就是考查某个类别在文献中是否出现,如果出现一次就相应地作一次记录,没有出现就不做记录。

(二)统计频数

即统计每一个类别所占的百分比。这是应用得最广泛的点算方法,比判定类别是否出现能提供更多的信息量。比如,我们分析《人民日报》和《中国教育报》关于新课程改革的报道,但是新课程改革的报道在这两种报纸上出现的频数大不相同。另外,频数点算对确定有疑问的古代文献典籍的作者很有帮助,只需计算作者所喜好的独特词汇出现的频数即可。为计数方便,分析维度(类目)和分析单位可排列成表格形式,编上序号。

例如,分析 2002 年版人教社高一《物理》教材内容,设计的内容分析评判记录表如下(见表 7-5):

---

① 刘电芝主编. 教育与心理研究方法. 重庆:西南师范大学出版社,1997. 187

表 7-5 2002 年版人教社高一《物理》教材内容分布状况的评判记录表

分析单位类目＼类目		概念	实验	定理	公式	图表	例题
第一章 第一节		1	1	1	3	2	3
第一章 第二节		2	3	0	1	2	2
第一章 第三节		3	2	0	1	1	1
第二章 第一节		2	1	0	0	4	1
第二章 第二节		1	1	1	1	2	2
第二章 第三节		2	2	1	2	1	2
第三章 第一节		1	2	0	1	3	3
第三章 第二节		1	0	0	0	0	2
第三章 第三节		2	1	0	2	1	1
……		……	……	……	……	……	……
总计 章	节						

（三）空间（或时间）数额

即类别出现所占的空间（时间）位置、数量等。如某两项科技成果都在某报纸上加以介绍，如果仅仅以是否出现就不能判断其重要性程度。但其中一项科技成果是在此报纸的头版头条加以介绍并占了一整版位置，另外一个科技成果是在最后一版某个角落用了不到 200 字简略提及，其中的意义则迥然不同。空间测量在有广泛影响的大众媒介的分析中用途比较广泛。

（四）陈述的强度和力量

即陈述语气的强弱。如在关于教育产业化的问题上，有极力主张、赞成、不置可否、反对、极力反对等几种意见，显然反映出不同的态度值。

上述 4 种点算方法各有自己的特点，在内容分析中究竟采用哪种点算方法，应根据研究目的而论。

评判记录是根据已确定的分析维度（类目）和分析单位对样本中的信息作分类记录，登记下每一个分析单位中分析维度（类目）是否存在和出现的频率。要做好评判记录工作，需要注意以下几个方面：

第一，评判只能记录某类目的有或无、长或短、大或小等明显的客观的事实，必须避免使用主观的、价值性的词语，如好与坏、善与恶等来对内容作出判断；

第二，对于分析类目事实的出现频数，只需按分析单元，依顺序在有关类目栏中以“√”

做记号进行记录；

第三，相同分析维度的评判必须有两个以上的评判员分别作出记录，以便进行信度检验。评判记录的结果必须是数字形式；

第四，对于具有评论成分的内容分析，通常对含赞扬性、肯定性的内容用“+”符号记录，对含批评性或否定性的内容则用“-”符号记录；

第五，在根据类目出现频数进行判断记录时，不要忽略基数。

五、信度分析

内容分析法的信度是指两个或两个以上的研究者按照相同的分析维度，对同一材料进行评判结果的一致性程度，它是保证内容分析结果可靠性、客观性的重要指标。一致性高，内容分析的可信度也愈高；一致性低，则内容分析的可信度愈低。

内容分析法的信度分析的基本过程是：

· 对评判者进行培训；

· 由两个或两个以上的评判者，按照相同的分析维度，对同一文献材料独立进行评判分析；

· 对他们各自的评判结果使用信度公式进行信度系数计算；

· 根据评判与计算结果修订分析维度（即评判系统）或对评判者进行培训；

· 重复评判过程，直到取得可接受的信度为止。

内容分析的信度与参与内容分析的人数多少有关，内容分析的信度公式如下：

$$R = \frac{n \times K}{1 + (n-1) \times K}$$

其中 R 为信度；

n 为评判人员人数；

K 为平均相互同意度，是指两个评判员之间相互同意的程度，相互同意度 K 为：

$$K = \frac{2M}{N_1 + N_2},$$

其中 M 为两者都完全同意的栏目；

N_1 为第一评判员所分析的栏目数；

N_2 为第二评判员所分析的栏目数。

通常，进行内容分析都是由研究工作者本人作为内容分析的主要评判员，同时安排另外一人以上的其他人做评判员，相互同意度是把每个评判员与主要评判员进行比较而确定。

例如，一项研究中有 10 个类目，由 A，B，C 3 个评判员进行评判，其评判结果登记如表 7-6 所示。

表 7-6 评判结果登记表(对应三名评判员)

项目 \ 评判员	评评判员 A	评判员 B	评判员 C
1	√	√	√
2	√	√	√
3	√	√	√
4	×	√	×
5	√	√	√
6	×	×	√
7	×	×	×
8	√	√	×
9	√	√	√
10	×	×	×

假定 A 为主评判员,评判员 B,C 均为助理评判员,我们可以按照表 7-6 给出的结果计算 A 与 B,A 与 C 和 B 与 C 之间的相互同意度。

对于评判员 A,B 之间,除了第(4)项意见不一致外,其余 9 项都是意见一致,因此它们之间的相互同意度为:

$$K_{AB}=\frac{2\times 9}{10+10}=0.90$$

对于评判员 A,C 之间,第(6)和第(8)项的意见不一致,即共有 8 项意见是一致的,因此它们之间的相互同意度为:

$$K_{AC}=\frac{2\times 8}{10+10}=0.80$$

对于评判员 B,C 之间,第(4)、(6)和(8)三项的意见不一致,共有 7 项是意见一致的,因此他们之间的相互同意度为:

$$K_{BC}=\frac{2\times 7}{10+10}=0.70$$

假如只考虑 A,B 两人的评判信度,则其信度为:

$$R=\frac{2\times 0.90}{1+[(2-1)\times 0.90]}\approx 0.95$$

假如同时考虑 A,B,C 三位评判员的评判信度,则需要先算出 3 人的平均相互同意度:

$$\overline{K}=\frac{K_{AB}+K_{AC}+K_{BC}}{n}=\frac{0.9+0.8+0.7}{3}=0.80$$

3 位评判员的评判信度 R 为:

$$\frac{3\times\overline{K}}{1+[(3-1)]\times K}=\frac{3\times 0.8}{1+[(3-1)]\times 0.8}=0.92$$

经过信度分析后,根据经验,如果信度大于 0.90,则可以把主评判员的评判结果作为内容分析的结果。

六、统计处理

对评判结果(所获得的数据)进行统计处理。描述各分析维度(类目)特征及相互关系,并根据研究目标进行比较,得出关于研究对象的趋势、特征或异同点等方面的结论。具体方法,可参考统计方法。

综上所述,我们可以用一个图来表示内容分析法的操作流程(如图 7-1 所示)

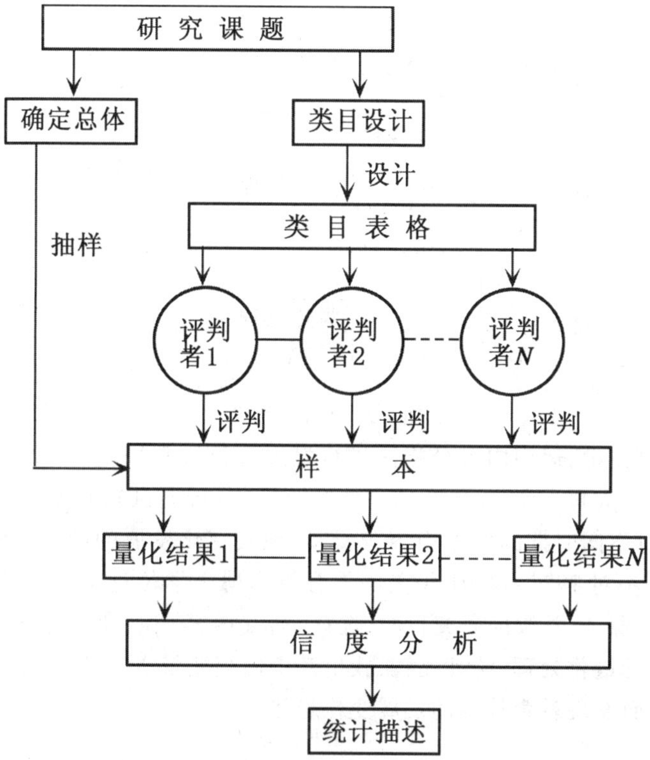

图 7-1　内容分析法操作流程

第三节　内容分析法的应用模式

内容分析的一项重要工作就是根据研究课题的需要,设计或选择进行系统化分析的模式,以便合理地选取资料样本,并把这些样本经量化处理后所得的结果进行分析,以便能有效地、定量地说明研究结果。在教育研究中,我们可以把各类教育文献资料作为内容分析的样本资料,按照内容分析法的基本步骤,对这些样本资料作客观、系统的量化处理,取得量化的结果,然后把这些样本的量化结果,按照一定的模式加以比较,可以从不同的角度,做多方面的研究用途。内容分析法有如下几种常见的应用模式:

一、发展分析

发展分析也称趋势分析，是通过对某一对象在同一类问题上，在不同时期内所显示的资料进行内容分析，把这些不同样本的量化结果加以比较，找出其中发生变化的因素，从而可以判断这一对象在某一类问题上的发展趋向。

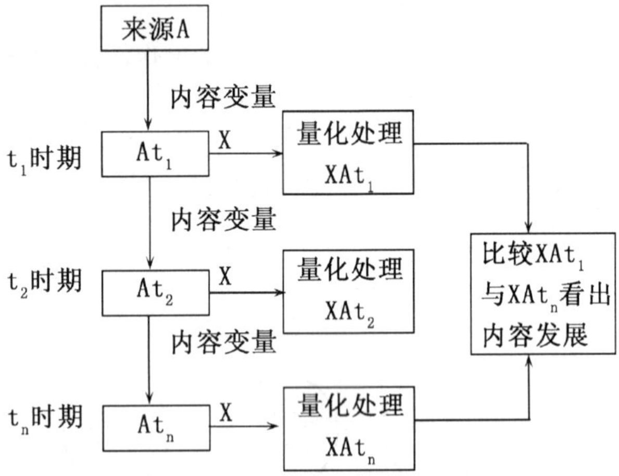

图 7-2　A-X-T 模式

在教育科学研究中，运用内容分析法进行发展分析通常采用 A—X—T 模式（如图 7-2 所示）。A 代表同一资料来源，X 代表同一内容变量（分析类目），T 代表从不同时期中抽取的样本。即通过对不同时期的样本内容分析，发现其变化发展的趋势。例如，祝智庭和孟琦[①]运用内容分析法对 1977～2001 年美国教育技术博士学位论文进行分析。通过来源抽样选择内容资料来源 A，并按照研究目的，选择“研究内容”和“研究方法”两个方面进行分析，通过对样本进行量化处理，统计比较，找出其中内容变量 X 的集中或差异的趋势以及前后的相互关系，从而发现教育技术的发展变化趋势。

二、比较分析

比较分析，它是通过对同一中心问题，但对象或来源不同的样本资料进行内容分析，把这些来自不同对象的样本的量化结果加以对比，从而找出它们之间的异同。例如：比较不同国家或地区对各类教育问题观点上的异同；比较两个学术流派、学术刊物的观点的异同；比较不同学校、不同教师的教学方式和教学效果的差异；比较两种不同教学计划、教学大纲、教材的差别；比较两个不同学校、不同班级学生的学习成绩、学习态度、思想品德表现等方面的差别等。

① 祝智庭等．从美国博士学位论文元分析看教育技术研究趋向．电化教育研究，2002(12)

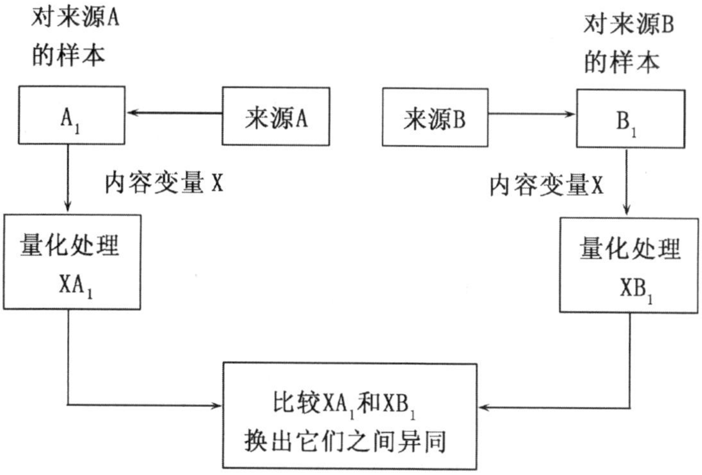

图 7-3　A-B-X 模式

进行比较分析通常采用 A—B—X 模式(如图 7-3 所示)。A、B 分别代表两种不同的资料来源,X 代表同一个内容变量。比如,随着基础教育课程改革的实施,教材版本多样化,假如要比较北京师范大学出版社和西南师范大学出版社编印的数学教材的内容体系,了解其各自的特点并比较异同。首先确定两个出版社编印的数学教材为两个资料来源 A 和 B,把反映该学科的内容特征的基本论点或词语作为分析类目 X,然后分别从来源 A 和 B 中抽取部分章节作为样本 A_1 和 B_1,对样本分别进行量化处理;最后把两个不同来源的样本的量化结果进行统计比较,找出其中异同,从而定量说明两种不同版本教材的内容体系上的异同。此种方法还可以用来比较两种教材结构体系、叙述方法等方面的异同。在这种模式中,可以把其中一种资料来源当作标准来源,而其他的资料来源分别和它作比较。

三、特征分析

特征分析也称为意向分析,是通过对某一对象,在不同问题上或在不同场合上所显示出来的内容资料进行内容分析,把这些不同样本的量化结果加以比较,找出其中稳定的、突出的因素,从而可以判定这一对象的特征。例如,分析某个优秀教师的经验特点;分析不同类型的教师、学生的心理状态、潜在动机、兴趣、态度以及价值观念;分析某一个时期,各种不同对象在教育问题上的注意力和议论焦点;分析某教育者的教学目的、意向、动机并检验能否达到预期的效果等。

根据研究目标的不同,进行特征分析通常有两种模式:A—X—S 模式和 A—X—Y 模式,下面分别介绍这两种分析模式。

(一)A—X—S 模式

A 代表同一资料来源,X 代表同一内容变量(分析类目),S 代表对象在不同情境时所显示的资料内容。通过对不同情境下内容变量的分析比较,发现某种特征。

例如,为了分析总结某个优秀教师运用不同的教学方法进行教学的经验,可按如下步骤进行。

1. 确定资料来源 A

这里 A 代表该教师对不同学习班讲课时的课堂实录资料(录音或录像资料)。

2. 确定内容变量 X

选择明显的教学方法作为分析类目,如课前提问、比喻运用、演示实验、挂图使用、课堂练习、幻灯片和投影仪的使用、播放录像片等。这些类目就构成内容变量 X。

3. 按情境取样

根据研究问题的性质,选取该教师在对两个基础程度不同的学习班,讲授同一主题的教学现场录像资料作为内容分析的样本,分别用 AS_1 和 AS_2 表示。

4. 对样本作量化处理

按照内容分析程序,以同一个内容变量 X(分析类目),分别对样本 AS_1 和 AS_2 进行内容分析,得到量化了的结果,分别用 XAS_1 和 XAS_2 表示。

5. 统计比较

把不同情境的样本的量化结果进行比较,定量地判断哪一个类目是基本稳定不变的,哪些类目是随着对象不同而有所改变,并可定量地了解其变化的趋势,从中可以发现该教师教学方法的基本风格、基本技巧,了解哪些是因对象而异的灵活处理的方法,以及如何处理,从中总结出该教师的一些教学经验。

我们可以把上述过程用模式结构图表示(如图 7-4 所示)。

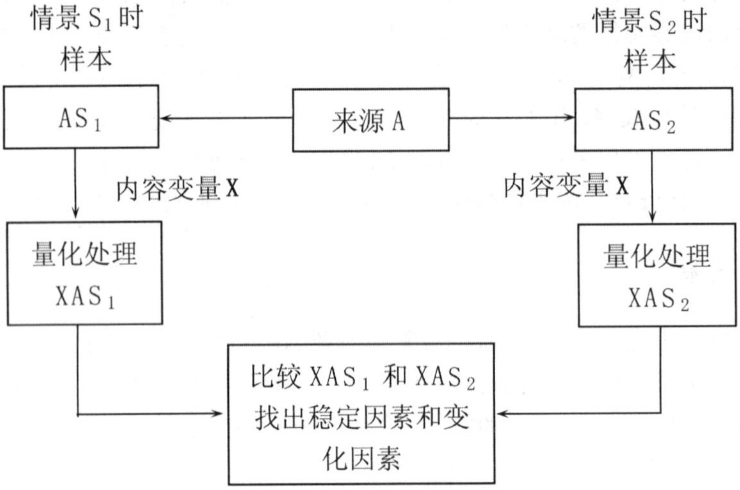

图 7-4 A-X-S 模式

(二)A—X—Y 模式

A 代表同一对象同一资料来源,X,Y 代表两个不同的内容变量(分析类目)。例如,为了研究某报纸的特点,我们可以选择此报纸在不同版面所刊登的文章作为分析样本,通过内容分析,研究他们之间的关系,从而判断该报纸的基本立场、主导思想和观点的稳定性,可按照如下步骤进行内容分析。

1. 确定资料来源 A

这里 A 代表某报纸在某一时间段内在各版面刊登出的文章。

2. 确定内容变量 X 和 Y

考察其中两个不同版面的内容,把其中一个版面内容的分析类目构成内容变量 X,而把另一个版面内容的分析类目构成内容变量 Y。

3. 按版面取样

根据研究问题的性质,选择该报纸在这两个版面所刊登出的文章中,分别抽取其中之一作为内容分析的样本,分别用 A_X 和 A_Y 表示。

4. 对样本作量化处理

按照内容分析的程序,分别用两个不同的分析类目对两个不同的样本进行内容分析,其中以内容变量 X 对样本 A_X 进行量化处理,得量化了的结果 XA_X,而以另一个内容变量 Y 对样本 A_Y 进行量化处理,得另一个量化了的结果 YA_Y。

5. 把两个不同版面的样本的最后结果进行统计分析,研究它们之间的相关关系,以及各个类目中的次数分布、各种百分率等等,从而定量地了解该报纸的基本立场、基本态度、主导思想。

我们可以把上述两个模式用模式结构图表示(如图 7-5 所示)。

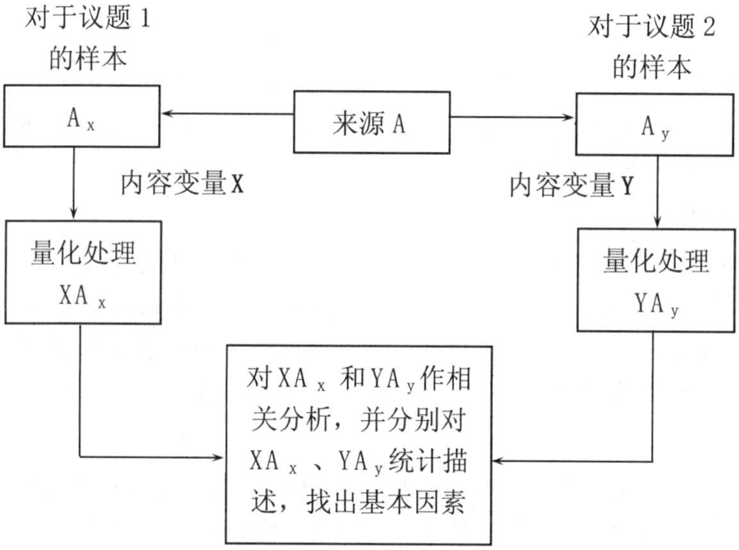

图 7-5　A-X-Y 模式

附录一:

近年来我国教育技术研究的内容分析[①]

自从 1994 年美国教育与技术协会发表了关于教育技术的新定义以来,我国教育技术的研究工作也取得了长足的进展,研究内容和研究方法较以往也有了很大的不同。对这些研究进行分析和评价,发现教育技术研究过程中的问题与不足,对当前和今后教育技术研究工作、特别是对教育技术研究水平的提高、促进教育技术的发展、正确把握教育技术的研究方向、加强教育技术与其他学科的联系有着非常重要的意义。为此,笔者对教育技术在

① 郭慧珍. 近年来我国教育技术研究的内容分析. 河南师范大学学报(哲学社会科学版),2001(5):105~107

1996～2000年的研究进展情况进行了统计分析和评价，试图把握其发展趋势，呈现其中存在的问题，希望给以后的教育技术研究者提供一个参考，为以后研究工作的顺利展开提出一点针对性的建议。

一、研究设计与实施

（一）研究假设

通过阅读有关教育技术杂志，我们发现：在教育技术研究领域中，理论研究多，实践研究少，理论和实践严重脱节；媒体研究多，教学设计研究少，使研究显得浮于表面；研究面过窄，仅限于课堂，没有扩展到社会，服务于社会；研究方法单一，不能全方法、多角度地阐述要研究的内容；研究工具欠缺，使研究数据显得不够科学，缺乏说服力。而内容分析法正是通过对单个抽样单元进行客观分析，发现问题，解决问题的一种科学分析方法。

（二）分析单位和范围

本文采用内容分析法，以每篇文章为分析单位。由于分析对象是教育技术方面的研究成果，故在国内权威的教育技术杂志中，我选择《电化教育研究》和《中国电化教育》两种刊物作为研究内容。从《电化教育研究》和《中国电化教育》1996～2000年所有期刊中各选取25篇文章作为研究对象。

（三）文章抽样

从上述两种杂志中共抽取50篇研究成果为分析对象，《中国电化教育》和《电化教育研究》各25篇。取样方法是：首先统计两种杂志1996～2000年的所有文章，然后对所有文章分门别类，求出每一类文章占总文章的百分比，用这个百分比乘以50，算出每一类实际要抽取的文章篇数，进行随机抽样，保证了抽样的随机性和科学性。

（四）分析维度

参考有关文献，本文拟在五大维度对1996～2000年教育技术的研究现状进行分析和讨论。这五大维度是：研究人员所属机构、内容主体、教学媒体、研究类型、分析方法。

（五）统计方法

在进行内容分析的过程中，为了使统计数据科学化，引入数据库（Visual Fox Pro6.0）对分析内容进行分析。

二、研究结果统计处理与分析

（一）研究人员所属机构

大体上可分为3类：大学、学院教育技术系（含教育技术研究所）、各级各类电教馆和电教中心、学科教师和其他。它们分别占比例为29.55%、15.9%和56.81%。大学、学院教育技术系（含教育技术研究所）虽说比例不大，但研究内容大多是理论性很强而且与教育技术发展联系很紧的前卫领域；学科教师则充分发挥理论和实践相联系的特点，把自己的实践上升到理论，从而指导教学工作的展开；至于各级各类电教馆和电教中心，由于平时从事的大多为技术性工作，所以他们研究的实践性相对强一点。

(二)抽样单元的内容主体

分为7个小纬度,分别为:教育技术基本理论、教育技术理论基础、教学设计、媒体教学应用、软件制作、教学模式和其他。在这7个方面,媒体教学应用所占比例最大,为31.82%,教育技术基本理论和教学模式都是20.45%,教学设计和教育技术理论基础也同为11.37%,软件制作占了4.5%,剩下的为其他。从以上的数据我们发现,媒体确实是现代教育技术的研究重点,而教育技术的理论基础只有区区11.37%,确实太少,这反映出教育研究深度不够。而且在教学设计这种技巧性和科学性很强的领域亟待加强。

(三)教学媒体

分成9个纬度,分别是:电视媒体、电影媒体、幻灯投影媒体、视听媒体、交互媒体、多媒体教室、计算机多媒体、网络和其他。它们所占比例分别为29.54%、2.27%、13.64%、6.82%、2.27%、0%、36.36%、22.73%和20.46%。我们发现,传统媒体(幻灯投影、电视媒体)已经是江河日下,而现代媒体(计算机媒体、网络媒体)已经取代传统媒体成了现代教育技术发展的主流。这一点和时代的发展十分吻合,而且这种趋势还将进一步扩大。在近两年的杂志上,没有看到幻灯投影的介绍。在这次抽样中没有关于多媒体教室的介绍。

(四)研究类型

在近5年的教育技术权威杂志中,理论研究(占61.36%)优势明显。有56.81%的学科教师参与了研究,他们理论与实践并重,而主要从事理论研究的大学、学院专业人员(29.55%的比例)明显多于主要从事实践研究的电教中心、电教馆(15.9%的比例)的人员,从而体现在研究类型的差距。

(五)分析方法

这一部分中,定性分析(77.27%)的比例优势十分明显,定量分析只占很少一部分,有些定量分析并没有按照调查、抽样、量化等一般步骤来进行,而对一些研究过程也没有按照提出问题、研究假设、研究设计、得出结论等一整套的科学研究过程来进行,缺乏一种科学的、严谨的研究作风。

三、结论

(一)理论研究(占61.36%)比例比实践研究大,而且存在理论和实践相脱节的现象。

(二)对媒体的研究就层出不穷,而对教育技术的核心问题如教育技术理论基础(占11.37%)、教学设计(占11.37%)研究不够。

(三)教育技术的研究面狭窄,仅仅只局限于课堂这一个方面。

(四)分析方法过于单一,仅定性分析就占了77.27%的比例。

附录二：

我国建国以来三套初中历史教科书的分析①

作为社会化基本内容的载体和社会控制的中介，教科书历来承担着重要的历史使命，这是人所共知也是历代统治阶级所共求的事实。然而，由于各种主客观因素，教科书所传递的或明或暗的信息与统治阶级所倡导的价值、教科书编写者的意图总有某些偏差。为揭示教科书所蕴含的尚未被发现的信息，吴永军博士对我国建国以来3套历史教科书中历史人物的“沉浮”作了分析。

一、维度体系设计

由于是对3套不同历史时期的初中历史教科书中的历史人物特点进行比较，故选择A-X-T模式。

本研究选用了3套建国以来初中历史教科书，一套是1955年人民教育出版社出版的历史教科书，一套是1973年北京出版的历史教科书(由于文化大革命中出版的历史教材没有全国统一的，故选用北京版)，一套是1987年人民教育出版社出版的历史教科书。3套教科书基本上代表了我国建国后3个历史时期：文化大革命前、文化大革命中和文化大革命后特别是十一届三中全会以后。

作者对教科书中出现的各个历史时代的历史人物作了统计。其中有4个维度：第一，历史年代分为五段：(1)原始奴隶社会，到春秋止；(2)封建社会前期：从战国到南北朝止；(3)封建社会中期：从隋朝到元朝止；(4)封建社会后期：从明朝到清朝止；(5)旧民主主义革命时期：从辛亥革命到“五四”运动。由于文化大革命中1973年版历史教科书只编写到“五四”运动，为保持3套历史教科书年代的统一，具有可比性，故把旧民主主义革命时期跨度只到“五四”运动。第二，历史人物以其优势身份为主统计其身份(职业)，既包括社会评价意义上的“地位”(身份)，又包括专业领域意义上的“职业”。如孔子，教科书称他为思想家、教育家，就其优势身份而言归为思想家类，这样众多历史人物的身份(职业)被概括为20大类。第三，作者把历史人物处理形式(教科书中历史人物的介绍形式)分为3种：第一种是重点介绍，即“专条”介绍，教科书中设专门标题对人物加以全面介绍的；第二种是一般介绍，即没有专门标题但有成段文字对人物专门加以介绍，或虽未对人物本身专门加以介绍，但对其主要作用和事迹的连续过程加以介绍；第三种就是提及的，即以某一事件带出某一人物，并对这一人物有简单介绍或仅仅提及其姓名或称号的。第四，对每一套版本的历史教科书出现的人数进行统计，这是现行信息。另外，3套版本一共出现历史人物计500多个，而每套版本的历史都必须对特定的历史人物加以删除。因此，每一套历史课本中未出现人物的统计(相对总数而言)则成了隐性信息。

---

① 吴永军著．课程社会学．南京：南京师范大学出版社，1999. 171～178

二、内容分析统计

从3套版本的历史课本的人物身份(职业)出现的数量看:1955年版本的排名前6位的是:帝王将相(占全部出现人物的43.5%,以下同),群众领袖(16.4%),官吏(6.8%),其他(6.8%),思想家(4.1%),少数民族首领(3.8%)。1973年的排名前6名的是:帝王将相(28.8%),群众领袖(20.5%),其他(10%),官吏(6.6%),文学艺术家、科学家(均占6.1%),思想家(5.7%)。1987年版本排名前6位的是:帝王将相(33.1%),其他(13.4%),群众领袖(9.2%),文学艺术家(8.2%),官吏(8%),科学家(6%)。

从处理形式看,1955年版重点介绍的人物占15.1%,一般性介绍的人物占17.5%,而提及的占67.5%;1973年版相应的比例为3.5%、32.3%、64.2%;1987年版相应的比例是:12.2%、34.3%、53.5%……

从历史人物分期来看人物数量及处理形式上的分布:前者,历史人物较多地出现在封建社会后期,三套版本百分比分别为,1955年(33.6%),1973年(34.5%),1987年(29.9%)。后者(以重点介绍为主),1955年版封建社会前期占多数,占重点介绍人物的43.2%;1973年版仍以封建社会前期为多,占50%;1987年版,封建社会前期、中期以持平,均为28.6%,后期则占24.5%,三段比较平衡。未出现人物历史分期,以封建社会后期为多,1987年版尤为突出,占37.9%。

(限于篇幅,统计表略)

三、结果及讨论

我国历史教科书隐含的价值特性有如下几点:

(一)皇权崇拜渗透历史教科书

从历史人物出现的量的比例次序来看,3套教科书无一例外地是帝王将相雄居首位,特别是1955年版本,帝王将相出现率几乎占了一半。

(二)"阶级斗争是历史发展的动力"的历史观逐步被取代

从人物出现比例看,群众领袖(主要是农民起义领袖)出现率比较高。特别是1973年版出现率最高,占了1/5,这和当时强调阶级斗争的大背景有关,突出两条路线的斗争,强调阶级斗争作为历史发展的主要动力的意识形态深刻地印在文化大革命教材中。

(三)官本位意识阴魂不散

3套历史教科书都给予官吏以大致相同而又高于其他身份的比例,反映了在对于有历史记载的官吏取舍上的差别不大,隐藏着官本位的意识形态。

(四)尊重知识、尊重人才

科学家、思想家、文学艺术家在3套教科书中占有一定的比例,特别是在处理形式"重点介绍上",占有比较高的比例,这既反映了我国历史具有悠久灿烂辉煌的文化的特性,又反映了我国当代社会尊重知识、尊重人才的意识。

(五)历史人物的沉浮具有鲜明的时代特色

历史人物在历史教科书中的沉浮(命运)既反映了几十年来社会统治阶级及教材编写

者们历史观的变迁,也反映了其一脉相承性。从人物的处理形式看,给予重点介绍的人物在3套教科书中差异很大,很明显地反映了当时的社会状况和教材编写者们对历史人物的关注程度。

(六)不该忽视的历史

从被忽略的身份(职业)来看,有些历史人物很少或根本未出现。例如对中国民族工业发展做出重大贡献的一代又一代工商人士在3套历史教科书中绝无仅有,这不能不说是历史的遗憾,而对中国与世界的交往做出过积极贡献的人士也笔墨太少,少数民族的历史人物在整个历史人物中的比例太小,似可有可无,整个历史有“唯汉历史”之倾向,这些都不符合当今改革开放的大形势。

第八章

行动研究法

教师即研究者是近年来教育界颇为流行的看法。人们越来越认识到,没有教师参与的教育研究,是无法使教育研究成果很好地在教育实际中加以运用的。美国学者斯腾豪斯(Stenhouse)曾就此谈到:“如果没有教师这一方面对研究成果的检验,那么就很难看到如何能够改进教学,或如何能够评定课程规划。如果教育要得到重大的改进,就必须形成一种可以使教师接受的,并有助于教学的研究传统。”①

行动研究与教育具体实践是密切相关的。一方面它针对教育实际活动,不断提出改革意见或方案,是行动的指南;另一方面教育实际之动态过程又不断提出新问题,使研究者不断得到启示,充实或修正方案,提出新的具体目标,行动又成为研究的向导。行动研究是在教育科研和教育实践之间架起的一座桥梁,它能增进两者的相互沟通,从而使研究的价值增大。

第一节　行动研究法概述

一、行动研究的缘起

“行动”和“研究”,是两个用以说明由不同的人从事的不同性质的活动的概念。“行动”主要指实践者、实际工作者的实践活动和实际工作;而“研究”则主要指受过专门训练的专业工作者、学者专家对人的社会活动和社会科学的探索。

“行动研究”(Action Research)作为一个术语、一种社会科学领域中的研究方法,始见于第二次世界大战时期的美国。

约翰·柯立尔(John Collier)于1933年至1945年间任美国联邦政府印第安人事务局局长时,曾安排事务局内、外人士共同合作研究改善白人与印第安人之间的关系。他认为专家研究的结果,与其靠行政人员及社会人士执行评价鉴别,不如让行政人员及社会人士依据自身之需要,自己作为行为研究主体,或许更具效果,他将这种方法称为行动研究。这就是行动研究一词的一种起源。专业性的研究工作,大多数要花费许多时间来进行,而研

① 瞿葆奎主编.叶澜等选编,教育学文集·教育研究方法.北京:人民教育出版社,1998.16

究结果也不是指日可待。注重使用研究结果的人,对实际问题之解决,往往迫不及待;若是等待专家的专业性研究结果来解决问题,常常会有迟缓的感觉。为此,有人针对柯立尔所提出的"行动研究"概念雏形,加以应用发展;对于迫切问题的解决,不采用全面研究的方式,而是就已经占有的材料,提出针对问题的改革计划;一方面将计划付诸实施,另一方面注意收集事实,以验证计划的效果,并随时加以修订,以适应实际的需要。第二次世界大战后,这一方法本身又有改进,有人称之为实施研究法(即作业研究法)。

20 世纪 40 年代美国社会心理学家库尔特·勒温(Kurt Lewin)与他的学生在对不同人种之间的人际关系进行研究时提出来了这个概念。他们当时与犹太人和黑人合作进行研究,这些实践者以研究者的姿态参与到研究中去,积极地对自己处境进行反思,力图改变自己的现状。1946 年,勒温将这种结合了实践者智慧和能力的研究称为"行动研究"。在《行动研究与少数民族问题》(1946)一文中指出,"没有无行动的研究,也没有无研究的行动",强调行动与研究之间的密切关系。以后,他还把行动定义为"将科学研究与实际工作者之智慧和能力结合起来解决某一事实的一种方法"。他的观念很快传入教育领域,他和同事、学生们开始同教育家一起研究课程结构和教师的事业发展。

在美国哥伦比亚大学师范学院前院长考瑞(S. Corry)等人的倡导下,行动研究于 20 世纪 50 年代进入了美国教育科研领域,其运用范围日益扩大。他在 1953 年出版的《改进学校实践的行动研究》一书中,第一次系统地将行动研究定义到教育中来,提出"所有教育上的研究工作,经由应用研究成果的人来担任,其研究结果才不致白费。同时,只有教师、学生、辅导人员、行政人员及家长、支持者能不断检讨学校措施,学校才能适应现代生活之要求。故此等人员必须个别及集体采取积极态度,运用其创造思考,指出应改变之措施,并勇敢地加以试验;且须讲求方法,有系统地收集证据,以决定新措施之价值。这种方法就是行动研究法"。[①] 自此,行动研究很快影响到教育实践。但是,到了 60 年代中期,由于实证主义的突起,教育研究中尚未成型的行动研究模式便让位于技术性极强的"研究——发展——普及"(RDD)模式。进入 70 年代后,由于实证研究的弊端日渐突出,沉寂一时的行动研究再度在教育研究领域中崛起。在英国,地方行动研究网络已经建立,最有名的是以剑桥教育研究所为基地的课堂行动研究网。美国教育协会的分会"辅导与课程编制协会"宣布,每一个合格的会员应该对行动研究法有足够的了解和应用能力。法国"现代学校合作组织"提出:教师应参与行动研究,成为改进教育实践的人,为了使研究更有成效,甚至可以让家长也参与到教育研究中来。近年来,乘着世界范围内教育改革的不断深化,世界各国都十分强调教育科研为教育改革的实践服务,并在方法上提倡思辨型、经验型和实证型综合互补这一契机,行动研究已发展成为一项声势浩大的国际性运动。目前,我国学者正极力向广大教育工作者推荐行动研究,并正致力于行动研究的本土化工作。[②]

二、行动研究的含义

人们对行动研究的认识颇不一致,英国的艾里奥特(Elliott)认为:"行动研究旨在提供

---

① 戴长河. 行动研究概述. 教育科学研究,1995(1)

② 陈桂生. 到中小学去研究教育——"教育行动研究"的尝试. 上海:华东师范大学出版社,2000

社会具体情景中的行动质量，是对该社会情景的研究。"《国际教育百科全书》中把行动研究定义为"由社会情景（教育情景）的参与者，为提高对所从事的社会或教育实践的理性认识，为加深对实践活动及其依赖的背景的理解，所进行的反思研究。"[①]尽管不同的人对行动研究有不同的认识，但把这些观点归纳起来，大致可分为以下 3 种。

第一种观点认为，行动研究即行动者用科学的方法对自己的行动所进行的研究。持这类观点的人强调用测量、统计等科学的方法来验证假设。例如，在柯立尔看来，行动研究者就是实际工作者用科学的方法来解决实践中的问题。有不少人认为，行动研究是一种小规模的实验研究，它用统计的方法来验证假设，用科学的方法来解决教室里的实际问题。

第二种观点认为，行动研究即行动者为解决自己实践中的问题而进行的研究。持此类观点的代表人物有斯腾豪斯等人。他们关心的不仅仅是统计数据，还重视教师和学生的日记、磁带、照片等所有对以后的回忆和评价有帮助的材料。在他们看来，课程的研究和编制在本质上，只是一个实践问题，而不是理论问题；理论的正确性并不依赖于"科学"的测试，而在于是否从实践中产生。他们对行动研究的典型看法是"行动研究就是由教师或其他实际工作者针对实际问题进行研究的一种方法"。

第三种观点认为，行动研究即行动者对自己的实践进行批判性思考，以"理论的批判""意识的启蒙"来引起和改进行动。持此类观点的代表人物有凯米斯等人。他们认为行动研究是追求自由、自主和解放的，从而把行动研究看作是教师和其他教育实际工作者所进行的一种自我反思的研究，倡导教师对自己的实践进行批判性思考。[②]

上述 3 种不同的定义反映了人们对行动研究含义的不同认识。第一种定义强调行动研究的"科学性"；第二种定义更关注行动研究对教育实践的"改进"功能；第三种定义突出了行动研究的"批判性"。尽管学术界对行动研究尚无统一的定义，但其基本内涵已被人们逐步认识，即行动研究是解决实际问题的方法，是将研究者和实践者结合起来解决实际问题的方法。

三、行动研究的基本特征

（一）以解决实际问题，改进实际工作为主要目标

"改进"是行动研究的主要功能。它既能解决教育实践中产生的问题，也能提高教师的教育教学质量和研究水平。在社会科学领域，一类研究旨在揭示事物的普遍规律。另一类研究旨在充实和健全学科体系。然而，现实生活中许多问题的解决、规律的发现不是以上两类研究所能完成的，往往需要从多角度、多层次去观察和分析实际问题，并运用多学科的知识、方法和技术来科学地解决问题。行动研究就是这样一种研究，它的目的不在于发展和完善理论，而在于当时当地情境的改善。

在教育领域中，行动研究关注的不是学科中的"纯理论研究者认定的'理论'问题"，而是教育决策者、学校教师们日常遇到和亟待解决的实践问题。所以行动研究不局限于某一

① 张民选．对"行动研究"的研究．华东师范大学学报（教育科学版），1992（1）

② 李臣之等．行动研究若干问题探讨．教育科学论坛，1995（5）

学科的主张或某一种理论知识，而是主动容纳和利用各种有利于解决实际问题、提高行动质量的经验、知识、方法、技术和理论，特别重视实际工作者对实际问题的认识、感受和经验。

行动研究把解决问题放在第一位，并不等于行动研究无助于也不关心“一般知识”和“理论”的发现、产生。它只是更强调从具体、特殊到一般和普遍；更强调已有的理论和知识体现在从抽象到具体的过程中；更强调渗透在行动计划的经验和理论都须受实践的检验、修正、补充甚至证伪；更强调知识和理论说到底还是来源于实践，并在实践中体现其有效性和真理性。

（二）强调研究过程与行动过程的结合，注重研究者与行动者之间的合作

行动研究通过要求实际工作者系统地反思或与他人共同研究自己的工作过程、环境和问题，通过要求专业研究者深入现场，直接参与从计划到评价实际工作的过程，与实际工作者一起研究他们面临的问题，使实际工作过程本身变成一种研究过程，使研究过程又变成一个理智的工作过程。这样，行动研究就在解决问题的过程中，为研究者和实践者共同参与研究和工作，为研究者和实际工作者的结合提供了结合点，或者说一个共同活动的行动“场域”(field)。

这种研究活动间的结合和合作，一方面指中小学教师可以从研究专家那里获得必要的研究技能，改变对教育教学的职业感情；另一方面研究专家既可以从真实的教育情景中获得第一手教学改革信息，又可以通过合作而使自己的理论研究成果更容易为中小学教师接受，较快地应用于教育改革实践。

（三）要求行动者参与研究，对自己所从事的实际工作进行反思

行动研究的倡导者认为，中小学教师作为研究人员参与研究是完全可能的，因为实践者在行动当中，有行动的目的、责任，能够体察实践活动、背景以及有关现象的种种变化，能够通过实践检验理论、方案、计划的有效性和现实性。他们对实际问题具有“局外人”——专业研究人员——难以替代的认识作用。他们还认为，行动的效率、实际工作的成败虽然不完全取决于行动者对方案、环境和行动的理解，但是总也离不开他们对行动和问题的理解。基于这样的认识，行动研究要求实际工作者积极反思，参与研究，将行动和研究融为一体。

（四）实际情境与自然条件下的动态研究

行动研究是一种对具体情况采取相应措施的现场研究方法。这意味着行动研究是在动态的自然环境中进行的。由于行动研究以解决实际问题为首要目标，鉴于任务的迫切性和情境的可变性，行动者在提出一个大致的设想后，允许其根据情境的变化调整和修正原有的计划。由此可见，行动研究能够有效地克服以研究者主观假设为研究出发点的缺陷，强调研究者深入实际情境与教师一起随时发现新情况并不断对计划进行调整，从而使研究更具有客观性和针对性。

四、行动研究类型

标准不同,对一个事物的分类就会不同。宋虎平在《行动研究》一书中,以参与者不同为标准将行动研究划为 3 种类型:单个教师的行动研究、协作型的行动研究以及学校范围内的行动研究。[①] 下面就对这 3 种类型逐一进行分析。

(一)单个教师的行动研究

所谓单个教师的行动研究,是指某教师对该班某学科的教学实行此方法,或将自己的新观点转化为行动。

1. 目的和过程

单个教师通常关心课堂上的变化,他(她)往往对课堂管理问题、教学策略或材料、学生的认知和社会行为感兴趣,然后再寻求解决这些问题的措施。学生也可以直接地帮助教师形成问题解决的方案,如果家长也一同参与研究,那么家长通常是信息的提供者。

2. 外部帮助

行政人员提供的帮助和专业人员提供的帮助有所不同。由单个教师所进行的研究经常会得到大学课程、有关行动研究论文的启发,也得到校长或大学教授的鼓舞。外部机构经常能向教师提供必要的、及时的帮助,有时外部人员会充当教师的角色。

3. 资料利用

一些单个行动研究者使用定量资料进行处理、形成和检验假设,他们用不同的、已经形成的行动处理问题,研究和记录这些行动的效果,保持和调整或抛弃基于研究结果之上的行动方式。一些教师在类似的过程中同样可以使用定性资料。

4. 受益者

单个教师研究的结果的最初受益者是实施该研究的教师,如果学生直接参与调查研究的话,那么学生也就成为最初的受益者。

5. 额外效果

由单个教师实施的研究效果也可以运用到课堂教学之外,同一个学校内的几个教师也可就某个相类似的主题进行研究,也可讨论他们的经验和研究结果。参与人数的多少取决于同事之间关系的密切程度,凡是参与人数多的学校,该校同事之间关系的密切程度都会得到提高。

(二)协作型的行动研究

所谓协作型的行动研究,是指专业研究人员、教师、政府主管部门、资助者等组成研究队伍,一起参与行动研究。这是行动研究的典型层次,也是最高层次。理想的行动研究应体现在这一层次上。

1. 目的和过程

由于教师参与人数的不同,协作型的行动研究集中于研究某个或几个课堂上出现的问

---

① 宋虎平. 行动研究. 北京:教育科学出版社,2003. 68

题，虽然一个研究小组可以承担较普遍的问题研究，但重点必须集中在课堂中出现的问题上。研究小组可以少到两个人，多到包括教师、行政人员和来自大学的专业人员等多人一起组成研究小组。研究小组同单个教师的研究一样，也是先调查研究，然后对行动研究进行反思。

2. 外部帮助

在进行协作型的行动研究时，教师和行政人员经常会与大学的研究人员一起工作，协作型的行动研究经常会结成学校、大学的协作关系，并定期得到来自每个参与人员的帮助。教师从事协作型的行动研究一般处于自愿或寻求与在某一课程领域有专长的人员联合，教授、学校行政人员可吸引教师探究某个需要得到改善的领域或参与有发展前途的应用研究。

3. 资料利用

协作型的行动研究人员所利用的资料是定性的，也可以是定量的。较大规模的协作型研究小组也可运用多种方法，将人力集中于问题的不同方面。例如，在一项有关纪律的行动研究中，一个人可去访问学生家长，第二个人可去访问教师，第三个人可去考虑收集参考资料，并通过因果关系加以有效组织。

4. 受益者

对协作型的行动研究的结果来说，研究小组成员是最初的受益者。根据在形成和设计调查的过程中所参与的程度，学生和家长也可成为最初的受益者。如果是学校行政管理人员或大学所发起的行动研究，那么这些小组也同样是最初受益者的一部分。协作型行动研究与单个教师的行动研究和学校范围内的行动研究相比，好像与第二受益者共享研究成果多一些。这可能与来自大学研究人员在研究过程中的参与程度有关，大学研究人员除了向教师提供帮助外，还积极探索他们自己感兴趣的专业领域，因为他们的大学教师身份需要他们形成和共享知识。大学研究人员经常有更多的时间交流行动研究的经验，有更多的机会表述所研究的结果，完成这些工作常常由一个或多个实践者来共同完成。

5. 额外效果

当学校的实践者和大学研究人员之间的工作是合作性，彼此受益的时候，对实践者来说，最主要的收益是大学研究人员在帮助他们掌握社会科学手段方面起着指导性的作用。有一些研究小组合作长达几年，在一般感兴趣的领域内实施多项研究，他们的研究技术和专长也因此而得到提高，这样的合作也提高了同事之间的密切程度。

（三）学校范围内的行动研究

所谓学校范围内的行动研究，是指学校组织若干教师组成研究小组，在外来研究者的指导下自行开展研究。

1. 目的与过程

在学校范围内的行动研究中，学校的教职工选择一个共同感兴趣的问题，然后收集、组织和表达现场资料，把来自其他学校或专业文献中的资料汇集成为教职工共同制定决策的过程，然后再决定采取何种研究行动。这一研究过程是循环性的，能作为一种对所采取行动效果的形成性评价。

学校范围内的行动研究侧重于在3个领域内使学校得到改善。第一,它设法改善作为问题解决组成部分的组织的效率,随着研究的不断深入,就能期望教职工能更好地一起去鉴别和解决问题。第二,学校范围内的行动研究能提高对学生的公正性。例如,如果教职工研究学生的作品是为了更好地向学生提供更好的教育机会,那么研究的结果能使所有的学生受益。第三,学校范围内的行动研究能设法提高本身的意义,每个班级和教师都共同参与研究和评价。总之,教职工在资料的收集、表述及选择行动措施方面可以包含学生、学生家长,甚至普通人员的参与。

由教师和行政人员组成的领导集体经常共同承担决策过程中的责任,这些领导促进了资料的收集、组织和表达,传播了现场资料,使专业文献资料在共同分析研究中得到应用,促进所选行动措施的实施。

2. 外部帮助

学校领导集体经常提出学校范围内的研究,因为他们参与一个能把行动研究作为改善学校的最主要策略。领导参与学校范围内的研究,参加有针对性的研讨会,或将学校范围内的研究成果应用于学生的家庭教育之中。

3. 资料利用

从研究学校现实问题和所采取的行动措施的效果中得到的数据可以是定量化的、定性化的,或者是两者兼而有之。简单的数据收集可以是统计学生的作文写作方式,复杂的可以是跨年度的个案研究。教师可以像在合作型的行动研究中一样有分工,也可以参加与其他学校相类似的研究,得出相同或不同的结论。为了增强效果,应该经常收集数据,对所采取的行动措施的评价应该是形成性的,因为依靠终结性的评价,如年度标准参照测验等,会减弱研究过程的活力,因此,在所有的个案研究中都需要多种评价措施的介入。

4. 受益者

学校范围内的行动研究结果的受益者包括所有最初的参与者,至少包括学校所有的教师,教师根据研究的需要,可以决定将受益者扩大到学生、学生家长,乃至学校董事会成员等。

5. 额外效果

共同的行动研究是最复杂的行动研究形式,它需要全校所有教师的参与,但教师这种全方位的参与会迅速建立同事之间的密切关系,使教师学会管理自身的研究小组,思考他们在单独工作时不可能做到的,掌握改善教学方面所存在问题的措施。

近年来,许多教师和行政人员已经通过各种行动研究进行课程开发和教学改进的研究,行动研究已经提高了学校解决问题的可能性,也推动了当今以学校本位为基础的决策运动。随着对有关行动研究过程知识的累积和不断探索,它必将会更好地指导学校的各项改革。

五、行动研究与其他研究的关系

(一)行动研究与实验研究

行动研究与实验研究之间的异同点详见下表8-1。

表 8-1 实验研究与行动研究的差异比较表①

	实验研究	行动研究
需要的训练	在测量、统计学和研究方法方面需接受广泛的训练。教育领域内的许多科学研究,由于缺乏受过这些方面训练的研究者,而显得科学性脆弱。	通常不需要严格的设计和分析,只需有限的统计学和研究方法的训练。研究者在教育测量方面所接受的训练较教师为多,故提倡结合进行研究。即使教师的研究的技巧欠佳,仍可在咨询者的协助下进行好的行动研究。
目的	获得的结论或知识,可普遍应用于较大的总体,可发展与验证理论。	获得的知识能直接应用于当前的教育情景,可向参与研究的教师提供实施在职训练的机会。
研究问题的来源	借助各种途径提出研究问题。研究者必须了解问题,但通常并不直接涉入其中。	选定的问题是在教育情境中,足以引起研究工作者困扰的或干扰其教育教学效率的现象。
假设	经深思熟虑后发展出来的特定的假设,可运用操作定义界定,且可以被检验。	问题的特别说明常被视同假设。理想而言,行动研究的假设必须接近于正式研究所要求的严谨程度。
文献查阅	通常须就直接资料作广泛的查阅,并且研究工作者充分了解该研究领域现有的知识状况。	给教师阅览可用的间接资料,使其对被研究领域有一般性的了解。往往不对直接资料作完整而无遗漏的检讨。
抽样	研究者试图从研究的总体中获得随机的或有代表性的样本,但通常无法圆满达成。	班级的教师或做该研究的教师,通常以该班可用的学生做受试者。
实验设计	在开展研究之前,进行详细、有计划的设计。注意维持供比较用的条件,控制无关变量,并减低误差。	在开始研究之前,按一般方式设计程序。研究期间,施予变化,以了解这些变化是否可改进教育教学情境。不大关注对于实验条件的控制或误差的减少。由于参与的教师自我投入研究,通常会出现偏见。
测　量	努力选取最有效的测量工具,对可用的评量工具进行评价,并在研究之前对测量工具进行测试。	对测量工具的选择与评价较不严谨。参与者缺乏使用与评价教育测量工具的训练,但可通过咨询者的协助,进行令人满意的工作。
资料分析	经常要求复杂的分析,包括量化分析。由于将结果普遍化是研究的目的之一,通常要强调统计上的显著性。	简单的分析通常就够用,强调教育上实用的显著性,而非统计上的显著性。参与教师的主观意见经常被赋予较重的分量。
结果应用	结果是可以普遍应用的,但许多有用的发现无法应用于教育实际。研究工作者与教师之间所受训练由于有经验的差异,产生严重的沟通问题。	研究发现可立即应用于参与教师的班级,并经常可导致持久性的改良。结果的应用很少超越参与教师本身。

① 王文科．教育研究方法．台北:台湾五南图书出版公司,1987. 31 ~ 33

（二）行动研究与评价研究[1]

行动研究是由教育实践者进行的，常常仅局限于本校或本班层次上，目的是解决特殊情境下的问题。而评价研究主要是由校区来进行，来评价结果、程序、工作计划或课程的有效性。二者的相同之处是：(1)都是由教师来进行的，而不是专家学者；(2)都在本校情境下完成；(3)都旨在解决本校的问题；(4)都不关心研究结果向别的群体或情境的推广。二者的不同之处（一般来讲，而并不总是这样的）在于：(1)行动研究发展一些新的东西，而评价研究评价质量；(2)就规模来讲，行动研究一般要比评价研究小；(3)行动研究只关注特定情境下的运用，而评价研究关注更广范围的应用。详细情况见下表 8-2。

表 8-2　行动研究与评价研究的比较

	行动研究	评价研究
聚焦点	特殊教育情境的特殊教育问题，或为了新的或更好的结果或程序。	已有结果、程序、工作计划或课程的价值。
目　的	解决特殊的问题，而不关心把结果运用到别的情境或问题，也不关心发展新的或更好的结果或程序。	做出评价，或运用于本校的情境中。
假设与问题	主要使用研究性问题。	主要使用研究性问题。
程　序	根据问题本身对问题分类；制定计划；计划实施；结果的阶段评价；根据需要调整计划；再评价。	根据评价问题分类；公布评价标准；根据标准来评价产品、程序和计划；报告评价的结果与标准的相符程度。
资料来源	参与者、提供信息者、文件、目标、情境、程序。	提供信息者、相关的个人、结果的分析、程序的分析、工作计划的分析、课程的分析。
资料收集	测量、观察、分析、访谈。	测量、观察、分析、访谈。
资料分析	言辞分析，偶尔用统计分析。	言辞分析和统计分析。
分析结果	言辞呈现；或许产生新的结果或程序。	言辞呈现和统计呈现。
结　论	回答研究的问题，或呈现新的结果或程序，或者还有观察者的解释和评论或报道。	回答所有有关质量的研究问题，或还有观察者的解释和建议。

（三）行动研究与基础研究

行动研究的主要目的是解决学校、班级或教育方案实际提出的即时问题，旨在立竿见影地应用，而不考虑发展理论或更广泛的概括。常常是教师和学校管理人员针对自己工作中遇到的实际问题所做的研究，其成果不像基础研究或应用研究等以报告及论文的形式呈现，而是体现在改进教学工作之中。作为一种教育研究类型，行动研究是运用科学的方法来解决学校教育中的日常问题。行动研究与基础研究可以看成是教育研究中最不正规和最正规的两个极端，其间 10 个方面的差别可见下表 8-3，[2]它能帮助我们理解行动研究的一些重要特点。

① C. M. Charles(1998), Introduction to Education Research, San Diego State University, Third Edition, pp. 279 ~ 280

② 宋虎平．行动研究．北京：教育科学出版社，2003. 173

表 8-3　行动研究与基础研究的比较

	基础研究	行动研究
1. 科研训练	需要在测量、统计知识和研究方法等方面经过较广泛的训练。有许多教育科学研究之所以科学性不强，其原因在于研究者缺乏足够的专业素养。	由于通常不需要进行严格的研究设计和分析，所以对研究者在统计知识和方法方面的要求不很高。在教育测量知识方面，可能比一般教师所掌握的要求更高些，假如达不到这种要求，也可以通过咨询取得协助。
2. 目标	获得可供较大范围的总体应用的概括性知识，发展和检验教育理论。	获得能够直接应用于实际课堂情境的知识，锻炼教师的研究能力。
3. 研究课题	通过众多的方法确定课题。研究者必须通晓课题的性质，但通常不需要直接涉足与课题有关的事情。	研究者从实际工作面临的困难中确定课题，与改进研究者本身的教学工作的效果直接相联系。
4. 假设	需要提供可供操作化处理和检验的相当专门化的假设。	通常把研究假设用课题陈述的形式来表示。较为理想的做法是，行动研究的假设应像正规的教育研究那样力求严格细致。
5. 查阅文献	通常需要查阅和评述大量的第一手资料，以便研究者对这一研究课题的实际状况有一个全面的了解，使得研究者站在前人的肩膀上。	通常运用适当的第二手资料，使教师对这一研究领域有一个大致的了解，几乎用不着对第一手来源的材料作详尽无遗的查阅和评述。
6. 取样	研究者力图从总体获得随机的样本或其他类型的无偏见的样本。但这一点并不是常常能做得完美无缺的。	班级中的学生或教师本身都可以作为研究对象。
7. 实验设计	研究工作进行前需要详尽细致的规划，并且尽可能地贯彻执行。规划中需十分注意实验条件可比较性及减少误差与偏见，控制无关变量。	在研究工作开始前，只需要做出一般程序性安排。如果对改进教学工作有利，也可以在研究中改变原来的计划程序。对控制实验条件和降低误差一般不作要求，因为教师本人直接介入了研究情境，总会带有某种偏见。
8. 测量	努力获得最可靠的测量手段。在研究中运用测量手段时，首先必须对其作出完整的评价和试用。	不需要对测量手段进行严格的评价。虽然研究者在教育测量的运用和评价方面缺乏必要的训练，但是通过咨询，可以满足实际研究的需要。
9. 数据分析	经常要求较为复杂的数据、材料分析，由于正规的教育研究的目标是做出概括力较强的结论，因此，一般均强调统计检验的显著性。	只需要进行一些简单程序就足够了，研究工作所强调的是实际意义而不是统计上的显著性。参加研究的教师个人的见解往往举足轻重。
10. 结果的应用	要求结果富有概括力，具有可行性，但是实际上许多有用的发现在教育实践中并没有得到应用。研究者和教师之间在科研素质和经验方面造成的差距给相互交流带来了很大的困难。	研究结果即时运用在教师本人的课堂教学实践中，提高教学效果。超出这个范围的应用是很少见的。

就认识未知,发展理论上看,基础研究更有意义、更有价值;针对解决实际问题而言,则是行动研究更为直接,更为迅捷。所以,对广大中小学教师来说,积极提倡开展行动研究则更为适宜,也更有意义,更有价值。

第一,行动研究在取样、研究假设、条件控制等方面的限制性较少。一般教师首先从行动研究做起,有利于研究工作的顺利进行,获得预期的结果,并在研究中得到提高,不易遭到挫折,丧失信心。

第二,行动研究的针对性强,教师直接从需要得到即时改进的领域中选择课题,这样既避免了一味从基础研究或应用研究的现成结论中寻找答案的依赖心理(实际上,基础研究或应用研究很少能够为教师提供这类直接的对号入座式的答案),同时也通过有效地改进日常工作,为弥合理论与应用之间的裂缝做出了努力。

第三,行动研究的一个独特优势就在于教师"行为和态度的改变",或者说"它对教师的教育观点和态度的影响"。换言之,评价一种研究类型对从事实际教学工作的教师价值的标准,应该同时考虑它对更新教师教育观念,提高教师科学地对待育人工作的热忱及其在研究过程中使研究能力得到不断完善等一些"无形"的成果。从这个意义上说,我们提倡广大中小学教师积极投身于行动研究,以推动群众性教育研究的蓬勃发展。[①]

(四)行动研究、实验研究和日常教学工作

行动研究从 20 世纪 50 年代开始被广泛地应用到教育领域。它是指"情境的参与者(如教师)基于实际问题解决的需要,与专家学者或组织中的成员共同合作,将问题发展成研究主题,进行有系统的研究,以讲究实际问题解决的一种研究方法"。我们将行动研究与实验研究、日常教育(学)工作作一比较[②],详情见下表 8-4。

表 8-4　实验研究、行动研究和日常教学工作的比较

	实验研究	行动研究	日常教育(学)工作
研究主体	教育科研人员	教育实际工作者	教育实际工作者
主要研究任务	发现教育规律 发展教育科学	改善本地教育现状 优化教育过程	完成教育(学)大纲规定的任务
研究情景	在严格控制变量的条件下进行	在教育的自然状态下进行	在教育的自然状态下进行
研究评价	是否发现了教育规律	是否提供了实用有效的教育改革措施	是否完成了教育(学)大纲规定的任务,其水平如何

(五)行动研究与自然实验研究法

行动研究不仅利用观察手段去诊断现状、发现问题和规律,而且还可以利用实验的手段去改进现状。尽管由于教育实验的特点使之无法完全置于计划控制之内,而是需要进行大量的随机控制,故从形式上看,它相对实验法的严格性要求有所松缓。但作为教育科学

① 盛力群. 中小学教育科研的五种类型. 教育研究与实验,1991(2)

② 顾颉. 试论中小学教育整体改革的行动研究方法. 教育研究与实验,1993(1)

研究的方法,对研究成果科学性的追求是不容异议的。所以研究者必须有意识地创造实验条件,不但要善于控制实验的客观过程,也要时时控制研究者自己的主观过程,使研究始终能够处于可能范围内的最佳控制状态。可以说,运用此种方法需要更充分的理论准备和更高超的研究技巧与应变能力。

六、行动研究的适用范围和局限性

行动研究的局限既有来自教师工作条件、教师自身素质,也有来自教育行动研究方法自身的局限,还有来自其他资源支持、各相关机构(如教师教育机构)配合情况的。既然行动研究在实践中会出现这样或那样的局限,因此,我们就有必要对它的适用范围和局限作一分析。

(一)行动研究的适用范围

由于行动研究是针对教育实际情境而进行的研究,因而它只适用于那些教育实际问题(而不是理论问题)的研究,以及中小规模的(而不是宏观的)实际研究。

由于参与者的不同,行动研究一般可分为3个层次:某教师单独对该班某学科的教学实施新方法,或将自己的新观点转化为行动;学校组织若干教师组成研究小组,自行开展研究,或在外来的研究者指导下进行研究;由专业研究人员、教师、政府部门、资助者、学校行政领导等组成较为成熟的研究队伍,在对方支持下从事的研究。

因为研究层次及人员构成上的不同,不同类型的行动研究适用的范围也就不同。

· 在教学过程中将新的改革措施引入固有的体系中去,使之得到创新;

· 作为一种职业训练的手段,给教师提供新的技术和方法,提高教师的职业分析能力和自我意识;

· 在特殊情况下,对已确诊的问题加以补救,或使环境条件得到改善;

· 对课程进行中小规模的研究和改革。

作为行动研究者来说,并不是每一个教育实际工作者都能胜任,他应具备研究的知识和能力;应秉承客观正确的研究态度;要能充分运用各种资源(研究人员、图书、期刊、仪器、设备等)。在这一前提下,他还需要凭借自己的经验及观察力,捕捉到实际中存在的问题,并对主要问题予以确认:

· 教育教学情境中发生了什么问题?从什么意义上讲有问题?它们与自己的期望或价值有什么冲突?

· 这些问题对你的重要性如何?对班级的重要性如何?对学生的重要性如何?

· 哪个问题不解决不行吗?哪一个问题将成为一系列问题解决的突破口?

确认了问题,并不能保证行动者就可以承担起这一研究,还需要考虑行动研究者主体自身的制约因素及行动环境内外的制约因素:

· 你的工作能力如何?

· 就这一课题实施行动的理论基础是否具备?

· 有多少时间?

· 所处的实际情境中,有哪些人力、物力方面的限制?

· 可能受到社会环境中的哪些人的影响?

· 可以找什么人咨询或商讨?

这些问题明确以后,才有可能确定行动研究的课题。

(二)行动研究的局限性

任何事物都有优缺点,任何研究方法也都有其长处和不足。明确地了解行动研究的不足或局限性,才能更好地完成行动研究,从而使得中小学教师少走弯路。有人将行动研究的局限性归纳为以下4点:

第一,研究质量不高,难以将结果推广到应用;

第二,研究者本身在观念方面、时间方面和能力方面存在限制;

第三,由于研究中主管人员不支持或群体间意见不一致,造成协调上的困难;

第四,研究是自行应验效果,难以客观地诊断问题①。

第一点属于对行动研究的误解,行动研究的出发点并不是将结果扩大化,在更大的范围内推广开来,它是以解决问题为出发点的;第三点属于对行动研究误用后产生效果的批评,并不是行动研究本身的弊端。第二与第四点倒是与行动研究自身的缺陷密切相关。

确实,在实际运行中,因为研究者或教育实际工作者较强调行动研究法的简单易行、要求松缓的一面,而忽视其计划性、系统性和潜在的控制性,使得某些行动研究显得缺乏起码的可靠性和说服力。抛开这种误用不论,行动研究本身常以具体实际情境为限,研究的样本受到限制,不具代表性,对自变量的控制成分很少,因而内外部效度显得有些脆弱,在某些方面不符合科学的严格要求。考虑到这一点,行动研究不能取代其他的研究方法,而只能作为其他研究方法的一种补充。

由于研究范围较小,而且是对特定对象的研究,研究的情境也无法作较精密的操作;再加上研究的目的,只要求对某一特定问题的解决,至于选样是否具代表性,能否类推到其他情境,则无法得知,因此难免受到批评,认为不够严谨,缺乏科学的严密性。

另外,在行动研究的实践中要注意克服教育实验中出现的几种"效应"。

1. 霍桑效应:在实验中表现为师生意识到开展实验,产生新奇感、优越感而以积极态度大力投入,其表现超乎寻常。

2. 约翰·亨利效应:在实验中表现为对照组得知将与实验组比高低,而以不甘居后的心理激发起学习热情,使其成绩比实验前有显著提高。

3. 皮格马利翁效应(或罗森塔尔效应):在实验中表现为教师对学生的先入为主的主观看法会影响学生的自信与进步。

第二节　行动研究法的研究程序

行动研究法自其产生以来,倡导者们都力图寻找一种可以普遍推广的操作模式,以便使行动研究法的实施更加规范和明确。然而,由于理论背景的差异和现实问题的复杂,使得不同的研究者在实施行动研究的具体步骤上呈现出差异。在这其中,由凯米斯(S. Kem-

① 戴长河等. 行动研究概述. 教育科学研究,1995(1)

mis)、艾里奥特(J. Elliott)和埃巴特(D. Ebbutt)3 人提出的实施程序影响最大。

尽管关于行动研究的程序,有着种种不同的认识。但近几年来,在欧美教师中更为流行的可能要数"迪金大学行动研究模式"。这个模式是由凯米斯以及他在澳大利亚迪金大学(Deakin University)的同事麦克泰格特(R. Mc Taggart)等人设计的。行动研究是由若干个螺旋形行动研究循环圈构成的。每一个圈中又都由相互联系并具有内在反馈机制的 4 个环节构成。这 4 个环节分别是计划、实施行动、观察(相当于"勘察""发现事实")和反思。下面就简要介绍这 4 个基本环节。

一、计划

计划是行动研究的第一个环节,其主要任务是:发现问题、明确问题、分析问题和制订计划。

行动研究是一种以问题为中心的研究方式,发现问题是行动研究的起点。这里的问题指的是教师在日常教育教学中遇到的看似平常的问题。如学生的不良饮食问题,学生学习某门课程积极性不高的问题,学生上课纪律不好的问题,新的教学方法能否提高本门课程的教学质量问题等等。教师发现了某一问题之后,还需要进一步明确问题和分析问题,即对问题进行澄清和界定。因为要解决这些问题,关键是要对这些问题本身进行确认,要尽可能地明确这个问题的种类、范围、性质、形成过程及可能影响,以期对问题的本质有较为清晰的认识,这是为下一步研究提供依据。一般说来,教师是凭借自己的经验及观察力,捕捉实践中存在的问题,这些问题包括:(一)教育教学情境中发生了什么问题?从什么意义上讲有问题?与自己的期望或价值有什么冲突?(二)这些问题对你、对班级、对学生的重要性如何?(三)哪个问题不解决不行吗?哪一个问题将成为解决的突破口?① 在对问题进行了界定和分析之后,接下来要考虑的问题是如何解决这一问题,提出一个总体计划。即对问题做了界定和分析之后,行动者可以根据自己或他人的经验,根据一定的教育理论,凭借自己对问题的理解设计出可能解决这一问题的总体计划。一般来说,总体计划应该包括以下内容:

1. 预期目标。这是计划实施后可能达到的目标状态。在陈述具体目标时要尽可能做到客观、具体,使预期目标具有可操作性和可监测性,防止模棱两可。

2. 拟改变的因素。即行动者为了解决问题而采取的一些方式方法。如准备采用新的教学方法,准备改变教学内容的呈现方式等。当然,这种改变绝不是随意的,它必须是在我们深入分析问题的基础之上结合行动者的理论修养和经验而提出来的。并且,一次拟改变的因素不宜太多。

3. 行动步骤与行动时间安排。即研究中先做什么,需多长时间,再做什么,又需多长时间,行动步骤安排是行动研究十分重要的一个环节。为了能妥善处理一些始料未及的影响研究结果的因素,要求行动者对行动步骤的安排表现出开放性和灵活性特点,同时在时间安排上也需反映出这个特点。

4. 研究人员及任务分配。为了使研究顺利进行,计划中对任务的分配尤其重要。

---

① 郑金洲. 行动研究:一种日益受到关注的研究方法. 上海高校研究,1997(1)

5. 收集资料的方法。准备用哪些方式和方法来收集资料。

另外行动者在计划环节应注意：

1. 任何行动必须是行动者能够做到的。

2. 了解拟研究的问题的研究现状。

3. 行动研究不能干扰正常的教育教学活动。

4. 所采取的行动研究，必须在一定的时间内能测量出结果

二、实施

实施是行动研究的第二个环节，即实施计划或者说按照目的和计划行动。它的主要任务是行动，它是整个行动研究的工作成败的关键。

行动就是行动者在获得了关于行动背景和行动本身的信息，经过思考并获得一定程度的理解后，有目的、按计划采取的行动步骤。研究者在行动时应注意：(一)行动是不断调整的，在行动过程中，随着行动者对问题的认识逐渐深化，以及行动过程中各种信息的及时反馈，行动者可以不断吸取参与者的建议，对实施中的计划进行修改、调整，甚至是重新选择问题，开展研究。(二)行动的目的是为了解决实际问题，而不是为了检验某一计划。

三、观察

观察是行动研究的第三个环节。它主要是指对行动过程、结果、背景以及行动者特点的考察。究其实质是收集研究的资料、监察行动的全过程。由于教育教学实践的复杂性决定了行动研究必然要受到多种因素的影响和制约，而且许多因素不可能事先确定和预测，更不可能全部控制。因此，需要行动者在行动过程中观察，不断发现，获得反馈意见，修改行动计划，因此行动研究法赋予观察以重要的作用。如上例中，老师在采用新的课堂结构后学生的学习兴趣发生变化没有？发生了多大变化？什么原因？都需要观察才能及时获得相关信息，为反思提供基础性材料。

行动者在观察时应注意：

(一)观察的内容要全面

一般说来，观察的内容主要包括：1. 行动背景因素及其制约方式。2. 行动过程，包括什么人以什么方式参与了计划的实施，使用了哪些材料，安排了什么活动，有无意外的变化，如何排除干扰等等。3. 行动的结果，包括预期的和非预期的，积极的和消极的。

(二)收集的资料要全面

在观察中，要注意收集 3 个方面的资料：1. 背景资料，它是分析计划设想有效性的基础性材料。2. 过程资料，它是判断效果是不是由方案带来的和怎样带来的观察依据。3. 结果资料，它是分析方案带来什么样的效果的直接依据。

(三)观察的方式要灵活、有效

一般说来，可根据具体情况选用以下 3 种方式之一种或几种合用。1. 行动者可邀请自己的同事或相关领域的专业人员来帮助观察和记录。这种方式的优点是最易于发现研究中出现的新问题，也易于促进行动者与专业研究人员的相互交流和合作。这种方式的最大

缺点是研究环境中出现的第三者会影响行动研究的效果。2. 行动者可委托一个或几个研究对象对情况进行观察和记录。这种方式固然可以消除因第三者出现在研究现场而带来的负效应,但是由于研究对象对环境等方面情况的理解可能与行动者的想法相去甚远,而导致记录的结果可能会出现偏差。3. 现代化的记录观察手段。即对整个研究实地进行多方位的录音录像。这种方式便于行动者准确地反复地观察,但需要相应的设备,研究造价较高。

(四)观察的方法要科学

要根据研究情况选取相应的一种或几种观察方法,根据观察记录方式的不同,观察可分为 3 类:描述性观察法、取样观察法和观察评价法。1. 描述性观察法,是指通过详细记载事件或行为发生、发展的过程而获得资料的方法,它又可包括日记描述法、轶事记录法和连续记录法。2. 取样观察法,它是一种比较严格、系统的观察方法,指的是研究者选取一部分有代表性的行为或事件作为研究对象,用来代表相同条件下的一般行为或事件。3. 评价观察法,也称为等级量表法,是一种简单的观察测量法,能够将观察所得印象数量化。根据评定方式的不同,又把它分为数字等级法、图表评价法和强迫选择法。总之,我们在选择观察的方法时一定要具体问题具体分析,依研究的实际情况来进行选择,可以一种,也可以数种。

四、反思

反思是行动研究的第四个环节。它是对行动实施的效果和过程全面进行总结、评价,并在此基础上计划下一步的行动。所以,它是行动研究第一个循环周期的结束,又是过渡到新的循环周期的中介。如上所介绍案例中的老师,在实施新的课堂教学结构后,又进行测验,了解新方式实施后的效果。如果效果好,则继续实施原行动方案,否则,必须再分析与诊断产生问题的原因,以修正行动方案(即反思)。

研究者在反思环节应注意:

(一)反思的内容要全面

一般说来,反思环节至少应包括以下几方面的内容:1. 问题界定是否明确? 2. 行动的操作定义是否清楚? 3. 研究计划是否周详? 4. 行动中是否按计划实施? 5. 资料收集和记录是否详实无误? 6. 研究的信度和效度如何? 7. 资料的分析与解释上是否慎重恰当?

(二)反思要以科学的理论作指导

(三)反思要以实际问题的解决的程度为依据,而不追求解释是否完善

(四)写出研究报告,拟定下一步行动计划是否需要修正及应作出哪些修正的结论

当然行动研究过程并不一定完全符合这些程式,因为现实总是一种即兴的、创造性的情景。现实中的行动研究过程往往是这些程式的种种变式,或者是它们的简单化。因此,我们在这里提供给读者的是一个既可参考而又不被其所左右的可变通的框架而已。

第三节 行动研究法的应用

一、行动研究在我国中小学教育研究中的重要意义

行动研究作为一种研究范式,具有传统研究所没有的特征和功能,它不仅从根本上使日常的教育教学活动的性质发生了巨大变化,而且使教育教学研究从研究目的、过程到研究人员的构成上都出现了前所未有的改变。这种改变对中小学教育教学研究具有重要的理论意义和现实意义。

(一)为教育理论的自身发展找到了新的生长点

从当代教育理论存在的缺失出发,人们越来越注意到教育理论要生存、发展,除了从理论中寻找自己的发展方向外,更应该从教育自身独有的领域中寻找新的生长点。因此教育理论要关注教育自身的问题,要以研究课堂、课程、教学等实践问题为主,在问题解决中发展自己。这种走向问题解决的教育理论取向使研究者把目光投向了中小学教育教学实践。行动研究法也就应需而生。尽管行动研究法主旨不在于探索规律,构建理论,但理论体系的建构仍是它的终极目标取向。因此,行动研究为教育理论的自身发展找到了新的生长点。

(二)符合我国中小学教育科研发展战略

在科研兴校思想的促动下,我国中小学正涌动着一股教育科研的热潮。许多学校都争先恐后地像专职教育理论研究者那样运用规范的研究方法去进行理论构建型的科研活动,而且"成果颇丰"。冷静地剖析这股热潮,我们定会发现中小学教师由于受到专业实践的任务、角色定位以及多种主客观条件的制约,一般不可能也没有必要去开展以追求科学理想为目的的研究活动。严峻的现实告诉我们,我国中小学教育科研亟待进行战略转移,需要将目前的理论构建研究目标转移到教师创造性地运用教育教学理论解决实践问题的目标上来。因此,加强行动研究符合我国中小学教育科学研究的发展战略。

(三)改变中小学教师的职业形象,提高中小学教师的科研素养,促进教师专业化发展

长期以来,中小学教师与专业研究者是两种不同的形象,在这种实质定性的形象中,中小学教师处于无权的地位,他们只是被动地听从管理者、课程论专家、教科书编撰者的指导,而他们自己对教育教学理论与实践方面的意见不被关注,长此以往,他们也失去了主动思考问题的积极性和主动性。而行动研究法却可以改变这一切。早在60多年前,英国教育家贝克汉姆(Beckham)就论证了教师成为研究者对于增强他们的自尊心和专业化的重要意义与联系。他认为教师拥有研究机会,如果他们能够抓住这个机会,不仅能有力地和迅速地改进教学的技术,而且将使教师工作获得生命力和尊严①。事实上,中小学教师以研

---

① 宁虹等. 教师成为研究者:教师专业化发展的一个重要趋势. 教育研究,2000(7):41

究者的身份参与到各种教育教学改革措施和方案的制定中,他们就会以研究者的眼光来审视早已熟悉的教育教学现象,对教育教学现象的看法、态度、行为方式都会发生实质性的改变,从而对教育教学活动及其本质产生更加深刻的认识。并且,通过行动研究,在与专业研究者的合作中,不仅获得相关的教育教学理论认识,而且也能增强教师的教育教学能力,尤其会增强其科研能力,提高科研素养,促进教师专业化发展。

(四)提高中小学教育教学质量

改革仍然是当今社会的一个永恒话题。不论是观念的转变,课程设置的改革,教学手段的改变,还是教育体制的改革,其主要目的之一就在于提高教育教学质量。要提高教育教学质量就必须研究和解决教育教学实践中存在的问题。传统的由专业研究人员发起的为解决这类问题而进行的研究的效果早已受到人们的质疑。人们在倡导"如果一个人在进行教学的同时也进行研究,那么他的教学效果一定会得到进一步的提高。即使他的研究工作并不像他希望的那么成功,但他可以继续有效地进行教学。一般说来,总会得到答案的。"[①]教师开展研究有着得天独厚的优势。教师置身于现实的、开放的、动态的教育教学情境中,能够随时随地考察教育教学活动、背景以及有关现象的种种变化,及时准确地把握住实践中亟待解决的新问题,能够依据自身丰富的工作经验直觉地对假设、方案的可行性和有效性作出较准确地判断,以最快的速度解决问题,提出最贴切的改进建议。这种务实高效地解决教育教学实践问题的行动研究最有利于提高中小学教育教学质量。这已为众多的行动研究事例所证实。

二、中小学教育科研中顺利开展行动研究的前提条件

(一)对行动研究法的适用范围和局限要有清醒的认识

1. 明确行动研究法的适用范围

行动研究法主要适用于中小规模的教育教学实践问题,它针对教育教学实际情境而进行,真正做到从实践中来又回到实践中去。具体表现为:

(1)教学中将新的改革措施引入原有体系中,如实施新的教学方法等。

(2)课程进行中小规模的改革,如改革课程设置、开发校本课程等。

(3)为师生职业技能训练提供新的技术和方法。

(4)学校管理评价:如班级控制与管理、学校控制与管理等。

(5)对已确诊的问题进行补救:如差生的教育、态度的改变、不良心理的调适等。

2. 知道行动研究法的不足之处

(1)行动研究法以具体情境为对象,研究的样本缺乏代表性。同时由于缺乏严谨科学的研究设计,研究中存在大量无关变量,加之资料处理方法简单,使研究结果的内外效度不高,推广价值不大。

(2)行动研究法以实际问题为导向,而研究者又是行动者,所以难以客观地诊断问题。并且,在评价结果时,行动研究的主观意见影响较大,以致易形成主观认定研究结果符合假

---

① 叶澜. 教育研究及其方法. 北京:中国科学出版社,1990. 9

说，而实际上无助于解决实践问题的状况。

（二）提高行动研究水平应强化的几种意识

1. 强化科研意识。行动研究的实质就是广大教师在教育教学实践中通过行动与研究的结合，创造性地运用教育理论研究和解决不断变化的教育实践情境中的具体问题，从而不断提高专业实践水平的一种研究方法。其研究主体是教师。没有教师的行为就没有研究。因此，强调每一位教师树立科研意识，是开展行动研究的先决条件。

2. 强化合作意识。合作是行动研究的最大价值所在。只有通过专业研究者和教师的合作，才能解决教师“上不去”和专业研究者“下不去”的问题，才能共同反思，取长补短，才能取得较大的研究成效。因此，专业研究者与教师都要转变传统观念，树立合作意识。

3. 强化行动是研究的向导意识。行动研究是以问题解决为中心的研究，而教育教学中的问题是多种多样，千变万化的。因此，研究中要面对变化的问题及时对研究方案进行修改调整，使研究方案最大程度地直面变化中的实践问题，以利于对问题的有效解决。所以，行动研究强调要树立边行动边修改的意识，即行动是研究的向导的意识。但这并不是说行动研究在构想整体方案时可以草率行事，或者在研究过程中可以随心所欲。恰恰相反，行动研究要求在构想整体方案时更需要经过严密慎重的考虑，比如准确地表述研究目标，清楚地解说名称概念，广泛参考已有理论和研究成果等。

4. 强化学习意识。行动和研究是两个不同的概念，它们有着各自的活动区域，有着各自的理论和行为的目的。长期以来，由于人们认识上的片面性，把二者截然对立，理论研究者凭假设搞科研，其研究成果因不符合实际而难以满足社会的需要；实践工作者仅凭热情去行动，这种缺乏理论指导的行动十分盲目、低效。而行动研究法把二者统一起来，使实践工作者与专业研究者结合在一个完整的教育情境中，扬长避短，以达到对实践问题的最好解决。这种结合必须是实质的结合，实质的结合强调相互学习，取长补短。因此强调实践工作者与专业研究者间的学习意识，才能真正体现“没有无行动的研究，也没有无研究的行动”。

附录：

教师行动研究案例[①]

（一）问题的发生：A 赖学

A 今天没来上课，不知是生病了，还是碰到什么意外？上完两节课，马上与 A 的父亲电话联系，得知 A 既没有生病，也没有碰到“意外”，好端端呆在家里，“又哭又闹，死命不肯上学”。问题看来很严重。A 是不是和同学发生了矛盾？是不是他家里出了什么事？这个学期开学以来，他情绪低落，上课常开小差，作业马虎，屡受任课老师的批评，昨天语文课上我还责备他不专心。A 会不会因为受不了老师的批评赖学在家呢？

---

① 陈桂生主编. 到中小学去研究教育——“教育行动研究”的尝试. 上海：华东师范大学出版社，2003. 80～85

(二)问题的症结:A担心什么

中午,A的父亲赶到学校,悄悄向我道明了原委。原来,最近一段时间,他们夫妻不和,吵过几回架,影响了孩子。昨天,他们吵得特别凶,孩子给吓哭了。今天早上,他怎么也不肯上学,谁劝都不听。说到这里,A父叹了一口气:"我的话,他是更加不听了。所有的人都只好顺着他。"

听完这席话,我大致弄清了A不上学以及近来情绪低落、上课不专心、成绩退步的原因:第一,父母失和,使他担心失去父母的爱,思想负担重;第二,A是一个比较特殊的孩子,自小备受娇宠,学习自觉性低,三、四年级时虽有好转,但也需在学校和家庭多方面的关注下才能按时完成作业,现在,A家夫妇因为自身的问题,更加迁就孩子了;第三,我们教师工作不够细心,没能及早发现A在校表现失常的真实原因,简单的批评反而加重了他的思想负担。

(三)解决问题的尝试:解开A的心结

1. 对策与方案

A所面临的显然不是学校和教师完全能够解决的问题,但我们依然可以做一些工作。例如:第一,帮助他尽快稳定情绪;第二,激发他的学习兴趣,设法把他的注意力转移到学校生活和学习上来;第三,以真情引导他感受来自父母、老师、同学等各方面的关爱,消除他内心害怕被遗弃的担忧。第一条和第二条是治标之策,第三条为治本之策。因此,工作的重点应放在组织教师、A的家庭和同学三方力量帮助A走出困境上。

处于家庭危机中的孩子最需要的是父母的爱,一种不被遗弃的安全感。这是我们教师不能给予的,但我们可以提醒A的父母不要忽视孩子。如果需要和可能的话,还可以向A的夫妇提出一些如何对待孩子的建议。做父母的让年幼的孩子面对家庭失和的不幸事实,也应该让孩子真实地感受到父母一如既往爱他的事实。

家庭不幸的孩子,往往对老师和同伴的关爱有一种特别的渴望。师爱和友爱虽不能代替父爱和母爱,但至少可以使学生感受到学校生活的温情和暖意。这不只是一种爱的补偿,更是一种爱的启迪。一个感到人世间充满着爱的孩子,一定会走出心中的阴霾,鼓起生活的勇气,乐观地面对现实。如果我和其他教师与全体学生一道,伸出援助之手,帮助他、鼓励他、关心他,他一定会从学校和班集体中源源不断地汲取信心和力量。如果A更多地寄情于学校生活,他也许会淡化对父母争吵的情绪反应,从学习进步及与同学友好交往中得到快乐和安慰。

遭遇不幸的孩子,渴望真心实意的关心和帮助,同时又对自己的不幸特别敏感,不能忍受别人的怜悯,更不能容忍别人歧视或取笑他的不幸,所以不愿意自己不信赖的人知道自己的不幸。我吃不准A是不是信任我,愿不愿意让我知道他家中发生的事情,所以在A面前不能轻率从事。于是,我事先给A写好了一封信,陈述老师和同学这段时间里对他的牵挂和想念,盼望他回到学校和班级。同时表示,"老师永远不会舍弃自己的学生""同学永远不会孤立自己的同伴""父母更不会遗弃自己的孩子"。我准备在适当的时候交给A。

我担心的是,学生们年纪尚小,阅历不足,对类似于A那样的处境和心情体会不深,在关心和帮助A时大大咧咧,轻率地提及A的家庭争端以及由此发生的赖学事件,触痛A心灵的创伤,结果好心办坏事。为了防止发生这种事,不能轻易把A遇到的实际困难透露给全班学生。可以先组织班级开一个小型欢迎会,表达全体师生对A重返学校和班级的喜悦之情。根据学生的表现和A的反应,再作定夺。

可是,终究得让学生们了解和感受到像A那样的处境和困难。否则,就不可能引导学生真正关心和帮助小A。唯有对同伴及人类的幸福与不幸富于细腻的敏感性,才可能真正懂得怎样关心人、帮助人。我希望每个学生通过关心和帮助A,自己也受到教育,学会关心人。我还希望借助班级内发生的一些小事,或者结合课堂教育的某些内容,使学生逐渐懂得,乐于助人是不够的,还应当学会善于助人。

2. 方案实施及结果

(1)小型欢迎会。A同学回来了。按事先的布置,全班组织了一个小小的欢迎会。会上,我隐瞒实情,和同学们一道热烈欢迎他归来。整个班级的气氛一直很活跃,许多学生表达出对A的关切之情,以及对他回到集体的喜悦。显然,这个小型欢迎会给了A意外的惊喜。上午的几堂课,他始终听得很认真,这是近来少见的。我觉得与A交谈的时机已基本成熟。

(2)致A的信及与A谈心。中午,我把事先准备的那封信交给了A,然后等他的反应。下午上课前,A来到办公室,悄悄走近我的身边,叫了一声"陈老师!"接着就哽咽了,但他那双泪光闪烁的眼睛告诉我,他好像有许多话要说。何不趁此机会好好和他谈谈,帮他驱逐心头的阴影,重新树立信心?于是,我用温和的口气和他交谈起来。谈到了他今天的感受,谈到了大伙对他的关心,谈到了他父母对他的爱护,还谈了身边的一些亲人。最后,A似乎明白了什么,对我说:"陈老师,我知道了,大家都很关心我,希望我好。我会振作起来的!可是,我的爸爸妈妈……"说着说着又哽咽起来了,大颗大颗的眼泪滚落下来。

欢迎会、信、私下的谈心,对A确实有所触动。但是光凭学校给予的一份真情,弥补不了孩子心灵上的创伤。我该再和他父母谈谈。

(3)给A父母的建议。几天后,A的母亲应邀来学校。从她那里了解到:A与母亲感情很深,甚至达到了一种依恋的程度。但是,A的母亲工作很忙,几乎抽不开身陪陪儿子。我建议她多抽时间陪伴儿子,与儿子多交流,让他多得到母爱的温暖。这样的孩子是很怕被冷落被抛弃的,要让他知道自己始终在父母心中占有重要的地位。

当他的父亲来时,我建议他摆正为父位置,既不要像过去那样动辄呵斥和打骂,也不能像现在这样过于迁就孩子,而应动之以情,晓之以理,用情感感化他,用理智说服他。

我不清楚A的父母后来做了什么,对待孩子有什么改变。但令人欣喜的是,在此之后A在学校里的情绪稳定了许多,学习上和表现上也有了不小的进步,有时还主动帮助集体做一些事。这些难得的进步应该及时予以鼓励。

(4)思想品德与A致全班同学的信。记得在思想品德课上,讲到"事物是变化发展的"时候,我启发学生们看看身边的人和事的变化,就有一个学生提出"A同学也在变化发展",得到全班同学的赞同。于是,围绕这一点,我组织大家讨论:"怎样帮他变得更好?"不少学生发表了意见。有的还提出把座位调到他的旁边,帮助他一起学习。还有的学生当即热情洋溢地鼓励了A一番。课后,A找到我,告诉我他心里也有许多话想和同学们说,就是不好意思开口。我建议他先把心里话写下来,然后读给同学们听。

后来,A果然写了一封给全班同学的信。他写道:以前,我学习上懒懒散散。……同学们一直在帮我改。我决心不负众望,努力学习。

(四)问题的思考

在家庭和学校、学生和教师的关心与帮助下,逐渐唤起了A心中被爱的意识。A在他本人的努力下,逐渐找回了学习和生活的信心,许多方面都取得了可喜的进步。但是,暴露出的和隐含着的问题还不少。

首先,A的父母现已离婚,A判给父亲。在父亲和祖父祖母面前,A显得脾气暴躁。一家人本来就十分疼爱他,娇纵他;家庭破裂后更使一家人都觉得歉疚,就越加疼爱他,迁就他。但是,A本人并没有多少感动,他更多的想法是,大人们都欠了他,没有给他一个完整的家。我觉得,A的一家对待A的方式存在问题,使A在父母离异之后没有受到正确的引导,甚至受到了误导。由于这是个家庭问题,我们做教师的不便插手过问。不过,我还是可以从侧面做一些疏导工作的。A已是六年级的学生了,与他一起讨论父母离婚的合理性,不是没有可能。即使他还理解不了离婚后对感情破裂的父母来说是一种正确的选择,这样的讨论至少可以给他一次设身处地替父母着想的机会。重要的是,帮助他勇敢地面对父母已经离婚的事实,同时,帮助他认识到父母离异并没有影响他们各自对他的爱。他失去了一个完整的家庭,却没有失去父母,也没有失去爱,相反得到了更多的爱。

其次,A的家庭遭遇,已经开始影响他对老师和同学的态度。同学有几次好心帮他,结果招来他的奚落。造成这种令人痛心的尴尬局面,既有来自A方面的原因,也有来自我们教师和学生方面的原因。A的处境和心情,容易使他误解别人的善意。如果不设身处地,格外防止触痛他内心的创伤,帮助他就很可能变成伤害他。今后我们还想帮助和关心他的话,比以前难度更大了。但我觉得,这正好给了我们教师学会关心学生的机会,也给了我们引导学生学会关心同学的机会。对一个家遭不幸、深受刺激的孩子,该怎样设身处地地关心他、帮助他,而不伤害他?这是摆在我和我的学生面前的一道难题。

第九章

教育实验

随着教育科学研究活动的广泛开展和改革的深化,教育实验日益受到重视。目前,不但提倡教育理论工作者要大力进行教育实验,而且也提倡广大教师结合自己的教育、教学实践进行教育实验研究。教育实验作为教育科学研究的主要方法之一,将推动教育科学向科学化方向发展。因此,研究和学习教育实验的理论、知识和技能对广大教育工作者来说是十分必要的。

第一节 教育实验的概述

一、教育实验的含义

教育实验是人们在教育科学研究中,以一定的理论为基础,依据研究目的,有计划地控制教育现象的发生、发展过程,并就所得的结果进行分析,用以解释和认识教育规律的一种研究方法。①

首先,教育实验的本质是科学实验研究。因而它必须具备科学研究的本质特征,如假设、控制和可重复验证等。其中,有目的地控制变量是教育实验的最本质特征,是区别于其他类型教育科研方法的最本质特征。教育实验通过控制要研究的变量,可以比较客观地观察分析变量的变化,从而概括出变量与变量之间的关系,而且变量控制越严格,就越能搞清楚这种关系,而其他的教育科研方法都无法对变量进行控制。

第二,教育实验是在教育情境中进行的实验研究。教育实验不能像自然科学实验那样把某一两个因素绝对地从教育情境中分离出来,进行纯实验室的实验。这是因为教育实验的直接目的是研究变量之间的关系,而最终目的是为了将研究结果推广到自然教育情境中去,从而指导教育改革和教育实践。教育实验研究必须具有教育性、可应用性和可推广性,否则就失去了实验的意义。

教育情境的特殊性决定了教育实验中的变量控制和特殊性。在教育实验中这些特殊性表现在:实验对象难以从总体中随机获得,只能在既定的对象中施加均等化处理(包括随机分配);影响教育结果(因变量)的因素很多,难以实行严格的完全控制,只能进行相对控

---

① 参考宋乃庆等编著. 教育实验研究. 重庆:重庆出版社,2000. 1

制;任何教育结果的变化往往不是由单因素造成的,所以教育实验的自变量往往具有很多因素综合的特点;教育实验的结果具有较大的自然性。由于上述特殊性,任何教育实验的成果都必须考虑其适用范围,慎重推广,应用推广的过程本身应当是再实验再检验的过程。

第三,教育实验必须对实验产生的教育效果进行有效归因。实验研究者最终必须探究教育实验产生的效果是否显著;探究其产生显著性效果的原因,以便上升到教育科研的理论高度,从而增加其实验的内在效度和外在效度;即使未产生显著性效果,也必须寻找其原因。

二、教育实验的特点

(一)教育实验以科学假设为前提

教育实验与其他教育研究方法不同,教育实验要探索的是自变量和因变量之间的关系,实验者在实验室前,必须对这一关系提出明确的科学假设。

所谓科学的假设,就是在一定的经验事实的基础上,以已有的科学认识成果为依据,运用创造性思维,对某些尚未被认识的事物作出假设性的推测,通过实验的检测,以确定是否属实。恩格斯对科学的假说曾给予高度的评价:"只要自然科学在思维着,它的发展形式就是假说。……如果要等待构成定律的材料纯粹化起来,那么这就是在此以前要把运用思维的研究停下来,而定律也就永远不会出现。"①科学发展的历史表明,任何一种科学理论的产生,都是经过由科学的假说(设想)到实验和实践的检验,才确立起来的。

教育实验,从逻辑意义上来说,就是针对教育中存在的某种问题,提出有科学根据的设想或假说,然后付诸实验的检验,从而得出结论,接受或拒绝假设。如洛扎诺夫的"暗示教学"实验,是源于"中学生和成人学习外语时,单词的记忆量、阅读理解能力和口语表达力的形成速度总有一个常模,很难逾越,而印度瑜珈教徒可以强记住经书上10万个单词;他自己用精神治疗法使一个抱怨自己记性不好的工人记忆力大增。于是提出假说:常人的智慧潜力极大,未得到开发和表现,其原因可能是不适当的教育和学习者普遍对自己能力的低估,如果消除学习者不必要的紧张和消极的自我暗示,创造轻松的学习环境,建立师生相互尊重信任的和谐关系,以感情调节理性,使学习成为一种享受,可望大大提高效率。进而,从心理环境、教学方式、艺术手段三方面实施教学,果然效果惊人:在外语教学中用暗示教学法比常规的学习外语的方法至少提高效率5倍。"②

(二)可控制性

教育实验法是在人所控制的一些条件下,主动地促使事物的某些现象、性质的出现,积极地寻求事物、现象发生的原因。它是有计划地有控制地观察,是主动地揭示事物因果关系的一种研究方法。

教育实验的对象是人不是物,人是世界上最复杂最能动的物质和精神的复合体,是具有能动性的主体,人的思想行为又是受外部环境的影响不断变化的。我们不能把学生禁锢

---

① 湖南省中师教育研究会编. 教育实验. 长沙:湖南教育出版社,1990. 63

② 湖南省中师教育研究会编. 教育实验. 长沙:湖南教育出版社,1990. 63

在实验室内与外部环境不接触,严密的控制着他们的思想与行为,教育实验主要是采用自然实验法(即在教育教学的自然过程中进行的),对实验的环境很难做到严密的控制。因此,教育实验很难做到像自然科学中的实验那样,对实验的对象和实验的环境做到充分的严密控制。但是人的行为并不是不能进行控制研究的,那种借口教育实验的对象是人,难以进行严密的控制,而不设法在实验中进行控制,是完全错误的。作为科学的教育实验,应尽量地控制影响实验的一些因素。

(三)可重复性

实验研究的目的是探索或验证客观事物间的内在规律,这种规律的存在不以研究者的主观意志而转移。如果研究者重复操作同样的实验,其操作条件不变,那么实验结果在相同条件下应该重复发生。为了进行反复观察,并验证观察的结果,同一实验重复多次,其结果仍然有效。因此,教育实验的可靠性取决于它的可重复性,一个好的教育实验能够大面积推广,并取得同样好的实验效果,关键在于教育实验本身所具有的可重复性特点。教育实验的可重复性越高,它的科学价值也就越高,因此,它的外在效度也就越高。

(四)形成性

教育实验研究者重视的不是教育实验的结果,而是教育实验中各种教育现象的形成过程,关心教育现象产生的原因,以及这种原因的必然性程度。因此,教育实验研究者是在"控制无关变量以求纯粹化""操纵自变量以求强化""测量因变量以求量化"的情况下,去观察和分析所带来的各种变化,以掌握实验的理论假设所期望的结果是如何形成的。事实上,实验所期望的结果的产生有一个形成过程,这个过程对实验者来说是十分重要的,因此,这个过程中,有一系列中间环节,在这种中间环节中,需要"诊断""调整""观察"和"分析"自变量与因变量的变化,探究"变"是怎么的"变的"?为什么会"变"?"变"的趋势是什么?这正是教育实验研究关键之所在。

(五)周期长

一般来说,教育实验周期性比较长。因为一种新的教育制度、新的教材和新的教法的实验,绝非短时期内所能完成的,往往需要几年,才能看到真正的效果。较为复杂的教育实验,往往还需要几轮的反复实验,才能获得可靠的结论。因此,进行教育实验,需要在人力、物力和时间上做好充分的准备,制定出周密的计划,从事教育实验工作的人员要具有持之以恒和百折不挠的精神。

三、教育实验的类型

教育实验的类型,目前尚无统一的划分标准与分类,我们可以从不同的角度可以加以认识。

(一)实验室实验和自然实验

这是根据实验的场所和情境来划分的实验类别。

实验室实验基本上是在人为特设的条件下,采用复杂的仪器,有效控制无关变量,准确揭示自变量与因变量的共变关系。它的特点表现在,要求严格(环境、条件设备等)、操作复杂、费用高、时间短、常可重复验证等。常用于探讨理论问题。

自然实验是在自然常态下的教育情境中进行的实验。只能尽量地,不能完全地控制无关变量,但能较长时期地持续进行。因实验在真实环境中施行,研究结果较能解决教育实践中的实际问题。这样做可以回避实验室方法所需要的条件的限制,较容易推广实验成功的经验,大大提高了外在的效度。所以自然实验法运用最广泛,最易推广。

(二)探索性实验、验证性实验和改造性实验

这是根据某种实验是否有人做过和对问题的已知程度来划分的实验类别。

探索性实验是指为了探索一个前人从未探索过的新的教育理论问题或教育实践中的新问题,从事的一种具有开创性的实验研究。例如,中小学的"九年一贯制""五四制"等实验都为开创性实验。开创性实验分为两个阶段:一是共变关系不清楚,理论假设不完善进行"试探性"阶段;二是,通过"试探性"实验之后,清楚其共变关系,便正式进入"验证性"实验阶段。

验证性实验是指按照前法再一次进行的实验,既包括仿照别人做过的实验,也包括自己的第二轮实验。目的在于验证自变量是因变量变化的原因。

改造性实验是指在别人曾经做过的实验的基础上,加以改造和改进的实验。

(三)前实验、准实验和真实验

这是根据实验的控制程度和内、外效度的高低来划分的实验类别。

前实验不能随机分派被试,可以进行观察和比较,但对无关干扰和混淆因素缺乏控制,误差程度高。前实验往往无法说明因果关系,从而无法验证自变量与因变量的因果关系,也很难将实验结果推论到实验以外的其他群体或情景,内外效度均很差。

准实验指不能随机分派被试,只能按现存班级或群组进行实验;不能完全控制无关因素,只能尽量减少误差的实验。实验效度较之真实验低,但在教育实践中较现实可行。做结论时需谨慎。

真实验是指能随机抽取和分派被试,保证各组被试等质;系统操纵自变量,完全控制无关变量的实验。实验效度高,误差程度低。

(四)单科单项实验、综合实验和整体实验

这是依据实验课题覆盖的区域大小来划分的实验类别。

单科单项实验的课题范围限定在某一学科以及学科的某一学年段,或者某一专项性的教育活动之内,例如数学教学实验,语文教学实验、数学自学辅导教学实验、思维发展与教学实验等。

综合实验指对有内在联系的多项因素进行综合性操作变革,以观测其综合效果的实验。综合实验的实施范围较大,或者横跨两门以上学科,或者实施于不同学段,或者介入两种以上的教育因素。例如,对新教材及相应的新教法和教学组织形式 3 个因素进行综合实验,对一门学科教学所涉及的多方面进行综合实验,像语文教学中识字、阅读、欣赏、作文等方面的综合实验。

整体实验是根据系统理论中关于整体最优化的思想,以某一教育活动系统内部所有教育因素为实验变量,它关心的是各种因素怎样相互联系、相互作用才能影响到系统整体功能,借此找出优化系统结构的有效途径或方式。

(五)单组实验、等组实验和轮组实验

这是根据实验的组数和方法来划分的实验类别。

单组实验是指向一组实验对象施加一个或数个实验因素,然后测量其发生的变化,借以确定实验因素效果的实验方法。单组实验必须具备以下条件:第一,后一实验因素与前一实验因素不发生影响;第二,其他非实验因素所产生的影响在实验前后应保持一致;第三,测验数据准确可靠。单组实验的优点就是简单易行,缺点是后一实验因素易受前一实验因素的影响。

等组实验是指在甲、乙两组条件相当的情况下,一组施加某种实验因素,称实验组,一组不施加某种实验因素,称控制组、普通组或对比组。实验结束时,将两组情况进行比较的实验方法。

轮组实验是指将各实验因素轮换地在两个或几个组内进行实验,最后将各实验因素在每个组内取得的成绩相加,并进行比较,以判定各实验因素效果的好坏。这种实验是为了避免实验对象的不同水平对实验效果的影响,适宜在趋于等同水平的实验对象中做实验。轮组实验的优点是,减少了无关因素的干扰;省去了谋求各组相等的麻烦;一定程度上保证了实验结果的准确可靠。其缺点是,实验次数增加,带来了麻烦,也要花费更多的人力和时间。

(六)单因素实验、双因素实验和多因素实验

这是根据施加实验因素的多寡来划分的实验类别。

单因素实验是在实验中只施加一种实验因素的实验。单因素实验又因实验因素的水平(个数或等级)多少可分为:单因素两水平的实验和单因素多水平(3 个或 3 个以上)的实验,如两种教学方法的实验,即单因素两水平的实验。这种实验,我们通常是把一种新的教学方法当做实验因素,把另一种教学方法不当做实验因素,将其实验结果进行比较,其实,也就是做了单因素两水平的实验比较。

双因素实验是在实验中施加两种实验因素的实验。如对某个年级的数学教学,在课程、教材、教学时数、教师水平等控制的情况下,进行教材与教法的改革实验,即双因素实验。双因素实验又因实验因素的水平多少分为:双因素两水平的实验和双因素多水平(3 个或 3 个以上)的实验。

多因素实验是在实验中施加 3 种和 3 种以上的实验因素的实验。多因素实验又可分为多因素两水平的实验和多因素多水平的实验。

(七)S-R 法则实验与 *P*-R 法则实验

这是根据自变量的性质来划分的实验类别。

S-R 法则实验,探讨环境刺激与人的行为反应之间的因果关系。此时自变量为环境因素,如教室的光亮度或空间场地的大小与学生学习效果之间的关系。

P-R 法则实验,探讨人际变量与行为反应之间的因果关系。这里的人际变量可分为两种:1. 个体变量(或机体变量),如性别、体重、身高等。这一类研究严格地说不能称为实验研究,因为研究者不能主动地操纵这类自变量,只能把具有自然存在的某些特性的个体选择出来进行比较,至多能得出相关性结论,而不能做出因果关系的结论。2. 假设状态变量,

如疲劳程度、情绪状态、挫折感反应等。这类自变量可由研究者创造条件情景，给予系统的操纵，可将被试随机分组进入不同的实验条件，如能有效地控制无关因素，这类研究便可能验证变量间的因果关系。

四、教育实验的功能与局限性

（一）教育实验的功能

教育实验是发展教育科学理论的源泉，是检验科学理论真理性的重要手段。教育实验能超越教育经验的局限，探索和发现客观事物的内部联系和规律，对于改革教育、提高教育质量、发展教育科学和教育事业，都起着重要的作用。具体地说，它的功能主要表现在以下几个方面：

1. 教育实验能为发现和揭示新的教育特点和规律提供必要基础。

通过教育实验，我们能发现未知，开拓新的研究领域，从而不断加深对教育发展的规律性认识。因此，教育实验是新理论、新观点、新方法形成的基础和源泉。

2. 教育实验能检验现有教育理论的科学性、先进性，进而改进教育教学内容与方法。

通过教育实验，人为地创设一定系统和环境，在科学教育理论指导下改革教学内容或教学方法，并通过提供有意义的可信赖的信息，不仅对现有教育教学理论能进行筛选、改造、提炼和发展完善，而且能直接促进教育质量的提高，进而产生好的社会效益。

3. 教育实验能对引进的教育理论进行检验、变通、改造与发展。

无论国外先进教育思想理论和方法的引进，还是国内教育理论与方法的相互借鉴学习和国内教改实验较大范围的推广都必须通过教育实验。因为，某个实验所揭示的原理以及经验体现的精神是限于某一个群体范围，并且受到多种因素的制约。因此，通过实验结合本地区本学校实际情况加以修改、补充和完善，从而探索在不同条件下新教育经验的具体表现，使新的教育思想经验扩大了适用范围，也提高了外在效度和普遍性程度。

4. 教育实验能为新的科学理论假设应用于实践寻求操作程序。

当研究者提出一套较为完善的教育教学理论之后，必须通过教育实验将其理论转化为可操作的实验方案，从而付诸于教育实践，才能发挥科学理论的指导作用。通过实验，一方面寻求将这些理论具体化并运用于教育教学实践过程的操作程序；另一方面，实验的结果又将进一步检验、充实、完善这些理论的科学性、先进性和可操作性。这正是发展教育科学理论的一条重要途径。

5. 教育实验能节省人力、物力和财力。

一种新的教育制度、新的教材和新的教学方法，在未普遍推行之前，应该先进行实验，待取得好的效果时，再普遍推行。这样，既可避免教育事业遭受大的损失，又可节省人力、物力和财力。

我们把教育实验的功能，作了上述的分析，但必须明确：教育的研究方法是多种多样的，他们各有各的特点，各有各的用途，研究者应该根据研究的目的和任务，选用适当的研究方法，并将各种方法相互配合起来，才能获得好的结果。

(二)教育实验的局限性

教育实验实质上是发展人的实验,因此,它面对的是极其复杂的教育现象和过程,就自然显现出自身的局限性。

1. 变量操纵的局限性

教育活动不仅涉及复杂的因素,而且这些复杂的因素又处于不断的变化之中。因此,对于更为复杂的问题,包括涉及更多变量的教师和学生头脑中的许多认识、情感问题、教育基本理论等问题,不可简单地以实验法来研究。如果有必要,一定要注意其适用范围,注意将问题转化为可以检验、便于操作的假说。

相应地,如果通过严格控制条件,简化或者"纯化"实验研究环境,这会有利于实验检验假说,却不利于在更广范围内检验和推广,因为环境越被控制,它就有可能越远离真实的教育实际。

2. 研究者受价值观、态度、认识等主观因素的限制

研究者对教育实验的价值观、态度、动机会自觉不自觉地影响观察和收集资料的方向。因此,教育研究涉及的价值判断将对实验的客观性产生积极的或消极的作用和影响,这将导致研究者对教育实验价值判断的局限性。

3. 测量手段的局限性

现有的测量手段还不能十分正确恰当的测量教育情境下的复杂行为,对实验结果的分析也必然受到条件限制。正由于此,描述的模糊性、定性分析的程度、研究者的主观体验以及理论的合理性等,就成了教育实验中的特殊问题。

4. 不可避免的样本不足和选择误差

从统计分析和实验推广的角度看,教育实验往往只能选择非常有限的样本(学校、教师和学生)进行研究,因而,难以代表全体或其他群体,这就势必会带来样本不足、缺乏足够令人信服的代表性的缺陷。如果扩大样本,则又会带来更大的控制难度,因此会影响实验的效果。

正因为如此,在教育实验研究中做出结论时不能过于武断。同时,在推广和应用已有研究成果时,又不能简单地模仿和照搬,而需要结合具体的情境、具体的教师和学生和教育内容创造性地应用。

五、教育实验的效度和信度

(一)教育实验的效度

不管实验研究的形式是怎样的,也不管研究指向哪个目标,我们都期望实验研究是有效的,也就是具有效度。效度是什么呢? 一般的,我们说某件事是有效的,是希望它基于事实或证据,也就是"能够被证明的"。更具体地说,效度同时包含两个概念,内在效度和外在效度。内在效度是指结果可以被精确解释的范围,而外在效度是指结果能被推广的人、情境和条件。请看下面解释效度概念的例子。

1. 内在效度

内在效度(internal validity)就是指实验者所操纵的实验变量对因变量所造成的影响的

真正程度。实验内在效度高低,取决于对无关变量控制的程度。控制越好,实验结果越能解释为由实验处理所造成。反之,控制越差,实验结果越无法解释。其结果究竟是由实验处理所产生,或由其他无关因素所导致,将难以确定。由此可见,内在效度是实验研究的基本条件。

假设一位体育教师对两种不同的练习方案可能对初三男生体育技能测试成绩产生影响的问题感兴趣。这个教师计划用两个上午体育教育班,并且可以随机在每个班级指定28个学生。他将这两种练习方案分别运用到两个班级中,时间同为16个星期。最后,由他本人负责对两个班进行同样的体育技能测试。这项研究具有好的内在效度。

为什么说这个研究具有好的内在效度呢?因为,如果两个班的体育技能测试成绩有差异,譬如说,2班的均数比1班高,我们可以充满自信地解释这个结果,并得出方案2比方案1更有效的结论。不论结果怎样,都可以较有把握地得出解释,因为总的来看,两个班级之间唯一的不同是方案。两个班级都是上午上课,同一个教师任教,在同一所学校,并且每个班级都是由初三男生组成。肯定地讲,任何两个男孩在原有的体能方面存在不同,但是56个男孩是由每班随机指定的28个男孩组成的。总的来看两个班级中的其他因素与方案相比对体育技能的可能影响是非常相似的。例如,可能有些男孩比其他的睡得多一些,但总的平均来讲,两个班级大致是一样的。实质上,随机的指定使两个班级的其他因素变得基本相同了,因此我们说这两个组在随机涨落范围内是相当的。

下面是一个缺乏内在效度的例子。正在进行的研究是关于已用的3种类型的教材对初三自然科学课学习有什么不同影响。现抽出3位教师参与研究,他们分别在不同的学校教学;其中两名教师每人教4个班的初三自然科学课,一名教师教3个班。其中有一所学校的班级是按照能力分班的。碰巧,参与研究的这个学校的这名教师教的是能力高的班级。每位教师使用一种教材,为期为9周。教师们使用不同的材料,并且没有教师使用超过一种以外的材料。9周后,对学生进行自然科学的成绩测试,每位教师使用他(她)自己出的试卷。

研究者计算出试用3种教材的自然科学的平均分数。对于3种教材的相对效果,我们能得出什么结论呢?简直可以说什么都不能得出。假设学校Ⅲ的学生得分最高,是因为这些学生的能力高或教师C教得很出色吗?或教师C出的试卷比其他教师的容易?或者教材3比其他两种教材更好?我们无法从结果中得出有效的解释。不管是什么形式的结果,任何关于结果的雄辩的解释都不能得出“教材3效果最好”的结论。这样,这个研究就缺乏内在效度,因为结果不能被解释。①

那么,有哪些无关变量会影响实验结果呢?美国坎贝尔和斯坦利(Campbell&Stanley,1963)认为下列8项因素是影响内在效度的无关变量。②

(1)历史(history)(或同时事件)。假定研究者所用的实验设计如下:

O_1 X O_2

即,在给予实验处理(X)之前进行测验(O_1),经过一段时间之后再进行测验(O_2),自

---

① [美]威廉·维尔斯曼著. 袁振国主译. 教育研究方法导论. 北京:教育科学出版社,1997. 5 ~ 8

② 李方编著. 现代教育科学研究方法. 广州:广东高等教育出版社,1989. 228 ~ 232

O_1 到 O_2 这一期间内,影响因变量 O_2 的因素,除了 X 之外,可能还有某些特殊事件。例如,研究者想试验一种阅读教学方法的效果,他对一组受试者实施阅读测验,经过一个学期的新的阅读方法教学后,再以同样的阅读测验测量受试者的阅读能力。结果发现后一测验的分数显著高于前一测验的分数,因此,研究者就下这样的结论:新阅读教学方法是较好的方法。这个结论可能不正确,因为在实验进行期间,一些影响因变量的事件,可能和实验处理同时发生作用而混淆实验结果。如,学校图书馆正好在实验期间大量增购有趣的读物,引起多数学生的阅读兴趣;或学校正好在这段期间重视学生的阅读能力,此外,学校平时正规的教学也可能介入影响。可见,阅读能力的提高,并非单纯由实验处理所导致。

一般说来,实验期间越长,实验处理以外的其他事件的影响可能性就越大。

(2)成熟(maturation)。受试者在实验期间,不论生理或心理均会产生变化。例如,变得更成熟、健壮、疲劳、饥饿、分心或没兴趣等,这些改变会影响实验结果。在上述例子中,受试者因年龄增长而在认识能力方面的自然发展和成熟,或词汇的自然增长,都可能干扰实验处理的效果,所以阅读能力的提高,就难以单纯归因于新的阅读教学方法。

(3)测验(testing)。有很多教育实验,为了比较实验前后的情况,往往在实验处理之前进行测验,但前测的经验,却常常有助于后测分数的提高,尤其是前后测的题目基本相同时。因为受试者在经过前测之后,会熟悉测验的技巧和内容。所以,即使没有实验处理的效果,也可能因前测的经验的影响,而导致后测分数的提高。

(4)工具(instrumentation)。在测量过程中,因测量工具(如试卷、仪器等)不同,评量者身心发生变化(如评卷人员在评价后测时,变得比前测时较为疲劳、粗心或严格)也可能改变实验的结果。例如,在上述阅读教学方法的实验中,如果前测的试题比后测的试题容易,则后测分数高于前测分数,这可能是测量工具不同的结果,而非实验处理的效果。同一主试者,对实验处理后评量,可能会因其对实验较为熟练,或更了解实验目的,或因疲劳与厌烦,而改变评量的标准,结果导致实验效果受到影响。

(5)统计回归(statistical regression)。统计回归现象,是指受试者的测量分数在第二次测量时,有向团体平均数回归(趋近)的倾向。换言之,高分组的受试者在第二次测量时,其分数由于向平均数回归而有降低的趋势,但低分组的受试者,其分数却有升高的趋势。例如,研究者选择一些阅读测验分数最低的学生作为教学实验,经过一段时间的实验后,再以相同或相似的阅读测验题测量他们的阅读能力,由于统计回归的现象,这些受试者的分数会有升高的倾向,如以阅读测验分数最高的学生做实验对象,其分数则会有降低的现象。因此,在有前后测的实验设计中,若以极端分数的学生为对象,统计回归现象就容易产生。

(6)差异的选择(differential selection)。由于未用随机抽样和随机分派之故,所选择的两组或几组受试者,在未受实验处理之前,本来各方面的能力就有所偏差或不相等,那么实验结果的两组成绩不同,就不能说这种差异是单纯由于实验处理所造成的。所以,在采用两组或多组的实验研究中,研究者必须考虑不同组别受试者在各项特质上是否一样。如果组别之间受试者的特质不一样,实验效果可能是原来组之间所存在的差异,而非实验处理的结果。

(7)受试者的流失(experimental morta1ity)。研究样本在实验期间的流失,如迁居、退学、死亡等,则可能使实验结果难以解释。例如,研究者随机分派两组中学一年级新生进行某一新课程的新方法教学研究,假定实验一年期间,不少智力低的学生从实验组退出,而控制组却无此现象,研究结果如发现实验组成绩优于控制组,此结果很可能不是因实验处理所造成,而是因实验组多数低能力的受试者中途退出实验的结果。当实验组和控制组有不同比率的受试者退出实验时,就会导致实验结果的偏差。虽然,两组都是经由随机抽样和分派而得的,但由于不同比率的受试者从实验中退出,所剩下的样本可能有异于原来无偏差的样本。

(8)选择与成熟的交互作用(selection-maturation interaction)。上述 7 项因素的彼此交互作用,将是构成影响内在效度的另一个因素。选择与成熟的交互作用便是常见的例子。例如,研究者要检验某心理治疗方法的效果,分别选择一些有心理异常症状的学生为实验组,选择一些心理正常的学生为控制组,在实验处理之前,两组均做心理测验,测验表明,异常组的异常倾向分数比正常组的该项分数高得多。在异常组实施心理治疗后,再对两组进行心理测验,发现异常组的异常倾向分数大为降低,或接近正常组的该项分数(如图 9-1)。

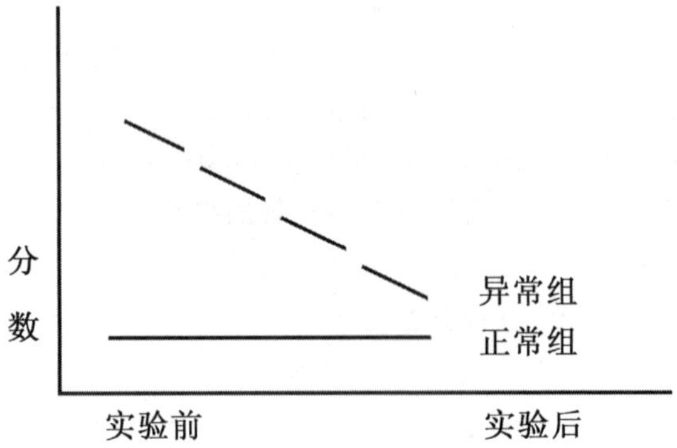

图 9-1　选择与成熟的交互作用

图 9-1 所示的交互作用,可能并不是心理治疗所发生的实验处理效果,而是因为选择了一组有自然恢复现象的异常组与一组无自然恢复现象的正常组所造成的。在这里,异常组与正常组本来就不同,这是"差异的选择"因素;实验处理后,异常组发生了自然恢复,正常组则无,这是"成熟"因素;这两种因素造成如图 9-1 所示的两直线不平行的关系,这是"选择与成熟的交互作用"因素。

上述 8 项影响实验内在效度的因素,必须加以适当的控制,才能正确解释实验结果单纯由实验处理所造成。

2. 外在效度

外在效度(external validity)指实验结果的概括性和代表性。换言之,就是指实验结果是否可推论到实验对象以外的其他受试者,或实验情境以外的其他情境。一个实验越能实现这个目的,就表示该实验越有良好的外在效度。在很大程度上说,内在效度是外在效度的先决条件。如果结果不能被解释,也就不大可能进行推广。

因为外在效度可能包含了对人群或条件的概括,考虑一个极端一点的缺乏外在效度的例子是非常有用的。

该研究关心的是,作用于视觉时间的长度对回忆无意义符号的影响(无意义符号可以是任意排列的字母)。研究对象(被试)是来自教育心理学专业的 10 个研究生志愿者。时间长度共分5种,每两个人接受一种检查。每人被分别呈现20个无意义符号,每次呈现后,被试即回忆符号,根据回忆的正确情况得出个人的表现分。

假如表现分数随呈现时间延长而提高,但这一结果能推广到哪一人群和哪种条件呢?能推广到中小学生学习有意义材料的过程中去吗?能推广到在高度结构化条件下工作的年轻人中去吗?结果甚至不能推广到研究生群体中,因为参与者是志愿的。总之,结果只适用于回忆无意义符号的10位志愿者,因而研究缺乏外在效度。①

我们也不能由此推论,为达到外在效度,结果必须能推广到许多不同的人群和条件中去。例如,如果研究只涉及天才学生,研究目的就只是推广到天才学生而不是所有学生。如果一个学校系统做一个需求评估的研究,其结果可以只推广到那个系统。特别是进行定性研究,研究者并不特别关心结果的广泛适用性,因此外在效度依赖于特定研究工作的条件及目的。

下列4个因素是影响实验外在效度的无关变量:②

(1)测验的反作用或交互作用效果(reactive or interaction effect of testing)。测验的反作用指前测对后测的作用;测验的交互作用,指前测与后测的交互相用。有前测经验造成后测成绩好。在有前测和后测的实验设计中,前测的经验往往会限制研究结果的推论性,因为,由于受试者对实验处理具有敏感性,平常情境下未曾注意到的问题或现象,这时变得更加敏感和警觉,以致实验效果可能部分来自于前测的经验所产生的敏感性。例如,研究者欲了解一周的政治理论学习对学生政治理论学习的态度改变的效果。学习之前,如先测量学生对政治理论的态度,则由于这一测验经验的影响,学生在一周的学习期间,特别集中注意学习和前测经验有关的问题和内容,结果导致测验成绩有很大的改变。这种改变可能是前测所产生的敏感性和政治理论学习的交互作用结果(因为前测使学生对政治理论的学习更加引起警觉和重视)。但在没有前测的实验情境下的一周的政治理论学习,可能就不会有这样好的测验成绩。因此,有前测的实验结果,只能推论到有前测经验的情境,而不能推论到其他没有前测经验的团体中去。

(2)选择偏差与实验变量的交互作用效果(interaction effects of selection biases and X)。当研究者选取一些具有独特心理特质的受试者做实验时,选择偏差与实验变量的交互作用效果就容易产生。因为这些独特的心理特质有利于对实验处理造成较佳的反应。例如,如果选择一些具有高智力的学生,进行启发式教学和传统式教学比较,实验结果发现前种教学法优于后种教学法。但这一结果不能推论到实验以外的其他一般的学生中去。因为选择参加实验的对象,具有高智力的独特心理特质(选择偏差),他们也许比这种特质低的学生(如低智能学生)更能从自发式教学法(实验变量)获益。如果将这种结果随意推论到智力一般或较低的学生,显然会造成推论的错误。

(3)实验安排的反作用效果(reactive effect of experimental arrangements)(这是著名的霍桑效应Hawthorne effect)。由于实验情境的安排,受试者知道自己正在被观察或正在参加实验,他所表现出来的行为,自然而然地与他不知道正在被观察或不是参加实验时有很

① [美]威廉·维尔斯曼著.袁振国主译.教育研究方法导论.北京:教育科学出版社,1997.8~9
② 李方编著.现代教育科学研究方法.广州:广东高等教育出版社,1989.232~234

大的不同。这时,他们往往为投实验者所好,可能改变正常的行为方式,努力表现实验者所期望的行为,以获得实验者的欢悦。但受试者在非实验情境的表现,可能与此完全不一样。例如,学生知道自己被选择在参加一项新的教学方法的实验,因而在实验期间表观出比平时更高的兴趣和动机,更大的学习主动性和积极性,结果使实验效果产生很大的改变。由此可见,在实验情况下所得的结果,可能和自然情境下的结果大不相同,这就是为什么实验结果常不能适用于日常生活情境的原因。一般说来,实验室的实验研究受这项因素的影响较大。

(4)多重实验处理的干扰(multiple-treatment interference)。当同样的受试者重复接受两种或多种的实验处理时,由于前面的处理通常不易完全消失,以致几项实验处理间会相互产生干扰的作用。因此,这种实验的结果,只能推论到类似这种重复实验处理的受试者,而无法应用于只有一种实验处理的情况。例如,实验集中学习法、分散学习法、整体学习法和部分学习法的效率时,让每位受试者重复采用这 4 种学习方法,如果发现其中的整体学习法效果最好时,研究者并不能将这种结论推论到仅仅接受一种整体学习法的处理情境,因为整体学习法之所以取得良好的效果,可能是和其他 3 种方法共同交互作用的结果。

综上所述,实验的内在效度愈高,其结果愈能确认是由实验处理所造成;而实验的外在效度愈高,其结果的推论范围就愈大。因此,实验设计必须重视这两种效度。但是,在实际情形中,要同时兼顾两者十全十美是很难做到的。一般说来,基本研究比较重视内在效度,而应用研究则比较重视外在效度(在不太影响内在效度的情况下)。

(二)教育实验的信度

信度指研究的前后一致性以及研究能在多大程度上重复。内在信度指在给定的相同条件下,资料收集、分析和解释能在多大程度上保持一致。如果使用多个人收集资料,内在信度的问题便是:收集人之间能达成一致吗?如果对教师行为进行研究,使用课堂观察方法收集资料,内在信度的问题便是:两个或更多的观察者在看待同一教师的表现时,能达成一致意见吗?这可称之为观察者之间的协同程度。如果缺乏内在信度,资料仅是收集者的一个函数,但不能反映真实发生的情况。

外在信度涉及的是一个独立的研究者能否在相同或相似的背景下重复研究。如果能的话,那么结果是否前后一致?如果研究是可靠的,一个使用相同方法、相同条件的研究者应得到与先前研究相同的结果。为保证可重复性,研究中必须包括对研究过程和条件的充分界定,不同研究所需界定的方面可能不一样多。

信度是效度的一个必要的保证,也就是说,一项研究不可能没有信度却具有效度。如果一项研究是不可靠的,我们就不可能有信心去解释结果并将它推广到其他的人群和条件中去。从本质上说,信度和效度共同构成了研究的可靠性。

第二节 教育实验的变量

在教育实验的过程中,会涉及许多可以变化的"因素",如教材、教学方法、教学时间、学生努力水平和学业基础、家长、学校环境等等,我们把教育实验研究中涉及的可以变化的

“因素”统称为“变量”。

变量在其实验研究过程中的作用可以分为“自变量”、“因变量”和“无关变量”3 种。一项成功的教育实验应当准确把握这三要素，即：操纵自变量、观测因变量和控制无关变量。

一、自变量及其操纵

自变量又叫实验变量、刺激变量或输入变量，它是实验前假定它存在的因果联系中的原因变量，也就是研究者施加于被试的可以操纵的教育影响，而且通过它的变化来引起其他变量发生变化。在实际的教育实验中，自变量往往就是那些改革措施，如教学方法、教学组织形式、教材内容、课程结构、师生关系、德育方法、管理制度等等。

在教育实验中，自变量具有如下特征。

1. 新颖性。科学研究所要探讨的都是具有新颖性的课题，借此为科学发展不断开辟新的领域。同样，教育实验所研究的也应是教育活动中需要解决的问题，要为教育活动提供更先进的理论认识、教育内容和教育方法。为此，用来进行实验的自变量就必须是新颖的，用以改革现有的、不尽合理甚至是落后的状况。

2. 有效性。教育实验所具有的教育性要求在选择实验内容、提炼实验假说、控制实验过程时关注教育实验对学生的正面影响，而尽量避免负面影响。其中，一个很重要的方面就是要确立有效的自变量，即能够使学生获得更好发展、产生更好教育效果的自变量。

3. 可操作性。在从理论认识上确立自变量后，如果不将自变量从抽象的概念水平转化为可以由研究者（包括教师）操作的行为规范和程序，也就无法对现实的教育活动、教育对象产生影响，也就无法检验假说、验证假说中设想的因果关系，从而无法达到实验的目的。要通过操纵自变量来对教育活动、教育对象产生更好的效果，就必须使自变量具有可操作性，即有可控制的操作规范和可观测的特征标志。

研究者能否成功地操纵自变量，使之真正有效地作用于被试，这是教育实验成功的关键之一。操纵自变量，有两层意思：一是要使自变量发生合乎实验要求的变化。通常，有两种变化情况，一种是从无到有的变化。从没有这种教育影响（教育措施）到有这种教育影响（教育措施）；另一种变化是有这种教育影响，但在形式上、层次上有差异。操纵自变量的另一层意思就是要使自变量真正有效地作用于被试，以期引起被试的变化。这就是说要把自变量具体化为几个可以操作的教育方案，并且加以实施。比如，进行某种新教法教育效果的实验，就必须使教学方法这个自变量发生变化，可以有“新教法”和“传统教法”这样两种变化形式，并且规定各自的操作要求，最终形成两种教案，以此实现对自变量的操纵。

二、因变量及其观测

因变量又叫效果变量、实验结果或输出变量，它是实验前假定存在的因果联系中的结果变量，是通过自变量的作用而产生变化的结果因素，如教学效果、教学质量。在教育实验中，因变量一般表现为学生的发展，这往往是经过一定的自变量的作用后产生变化的知识、能力、技巧、态度、兴趣、情感、意志以及各种素质的综合表现。在教育实验中产生的新教育方法、教学模式、课程等方面的优化，也属于因变量。从当今教育改革实验的发展情况来看，人们越来越趋向于把学生、教育活动本身乃至于教师的各种发展因素综合起来作为教育实验的因变量。这反映了教育活动本身的复杂性，尤其是复杂的因果关系。很明显，无论如何规定自变量的内容，它所涉及的这些因素仍要通过学生的发展变化才能反映出来。所以，教育实验的因变量都少不了学生发展状况这个因素。

（一）因变量的特征

1. 可变性。教育实验所选择的因变量必须是可以由一定的自变量作用而产生变化的因素，而且这些因素的变化能够显示出自变量影响的效果来。在教育活动中，有些因素是恒定的、无法发生变化的，例如性别，它就不能成为因变量。

2. 外依性。显然，在教育活动中，有些因素虽然是变化的，但它的变化并不能反映出自变量的作用效果，如年龄、身体的自身成熟机制等，也不能成为因变量。因为，因变量不仅应该是可变化的，而且还应是依赖于其他因素的作用才能产生变化的。只有具有外依性，自变量的影响作用才能成为必要的和可能的，从而使实验研究成为必要的和可能的。

3. 可测评性。正如自变量只有具有可操作性才能被研究者所操纵，因变量也只有具有可测评性才能被研究者用来了解实验的结果，即自变量产生影响的结果。否则，因变量过于抽象，就无法具体了解实验结果，而要评价实验的结果如何，也就没有任何客观的依据了。

（二）观测因变量应注意的问题

科学地观测因变量，这是教育实验成功的一个关键。为了了解自变量对因变量是否有影响，除了要操纵自变量，使之发生变化以外，还必须观测因变量是否也随之发生了变化。一般要考虑以下 3 个问题：

1. 因变量的确定

自变量作用于被试以后，被试可能在许多方面发生了变化，其教育效果往往可以表现在许多方面。就拿教学效果来说，它包括基础知识和基本技能的掌握、智力的发展、能力的提高、学习时间的长短等等。究竟从哪些方面来观测教育效果，在实验前必须明确。

2. 对因变量进行测定

因变量项目确定以后，要考虑通过怎样的方式把这些项目的效果测定出来。是口头测定，书面测定，还是操作测定？是个别测定，还是集体测定？是口头测定的要拟定访谈提纲和记录方式；是笔试的，要出好试卷；是操作的，要准备好器材，拟定操作要求。

这里要特别提醒大家注意的是，要注意被试变化过程的观察与记录，掌握被试受到自变量作用以后的变化过程的事实。

3. 进行成绩评定

项目和测定方法确定以后，还要确定如何评定成绩，是采用等级评定还是分数评定，各种等级的评定标准以及试卷的得分标准均需一一明确。

三、无关变量及其控制

无关变量也被称为干扰变量、控制变量，是指教育实验中除了自变量与因变量以外的其他一切变量。无关变量是与具体实验目的无关，与实验所要检验的、被表述为假说的因果关系无关。说它是“干扰变量”,是因为这些因素虽然在实验研究人员所要探讨的因果关系中既不是原因变量也不是结果变量,但它们对于结果变量(因变量)可能产生影响,因而可能会干扰研究者对自变量的操纵和对因变量的观测,从而干扰实验研究本身的效果;说它是“控制变量”,是因为它对实验效果具有干扰作用,因而需要研究者在实验设计和实施的过程中想法加以控制。

(一)无关变量的特征

教育实验中的无关变量具有如下特征:

1.教育实验中的无关变量具有多样性。教育活动涉及的因素非常多,各种因素的作用及其时间的相互作用方式也非常多。具体到某种实验因变量,能够对它产生影响的无关变量也是很多的。仅从无关变量对因变量和实验结果产生影响作用的性质来看,教育实验中的无关变量至少有以下这样一些情形:

(1)对实验因变量的变化产生消极影响,也对实验效果产生干扰的无关变量。前面说到,教育实验的教育性决定了研究要保证自变量对因变量产生积极的影响,保证学生的发展得到更大的可能性。有的无关变量却会对因变量产生消极的影响。具有这种消极作用的无关变量既有来自参与教育活动或影响教育活动的人的因素,也有来自客观物质环境的不利因素,还有来自活动内容或程序方面的干扰因素。例如,实验过程中诸如“长官意志”、研究者的个人偏好、周围的社会环境(尤其是家长)对实验研究存在着误解等一些不科学的人为干扰因素;噪音、暗淡的光线等实验场所中的不利因素;容易造成过度疲劳的活动内容或程序安排,等等。

(2)对实验因变量的变化产生积极影响,但对实验效果产生干扰的无关变量。在以教学方法为自变量的教育实验中,实验班教师的教学水平若高于对照班教师,这本身会促进学生发展得更好,但是对于该实验要探讨教学方法与教学质量之间的因果关系这个研究目的而言,实验班教师较高的教学水平却会使实验班所用的教学方法对因变量产生的作用掺杂了不符合研究目的的影响(尽管这种影响是有利于学生发展的),而使教学方法与教学质量之间因果关系变得不够清晰,也就破坏了研究者对这一因果关系的判断,破坏了实验目的的实现,干扰了实验研究的效果。因而,对于实验班和对照班,应选择教学水平基本相同的教师。

(3)有的无关变量在独立出现的场合或在个别人身上对因变量的影响属于随机的,因而无法简单地判断其对于因变量的具体影响是积极的还是消极的,但在与其他场合或其他人进行比较时显现出相对差异,因而有可能干扰实验效果。例如,不同学生的某些特长或个性特征,在具体的个体身上会有不同的影响,难以简单地作出优劣判断,但在不同学生之间进行比较从而显现出个体之间的差异时,这种差异就可能会干扰实验研究对假说中涉及的自变量与因变量之间因果关系的检验。虽然人们不易判断出这些因素在具体的场合对因变量的影响是否有利于学生发展,但在教育实验中尤其在实验班与对照班的对比中,不同学生在这些因素上出现的差异却有可能使实验所要检验的因果关系难以清晰地凸现,从而影响了实验效果。

2.教育实验中的无关变量具有复杂性。上面所说的多样性其实也是无关变量的复杂性的表现之一。此外,就具体的无关变量而言,它有可能在一种场合表现为是有利于学生的发展,而在另一种场合则表现为不利于学生发展。这也是无关变量的复杂性的表现。例如,学生往往由于被选入实验班感到骄傲而具有很高的学习积极性,这种积极性有时会成为促进他们学习进步的一种动力,但也有可能因此会使他们的发展背上包袱。如果实验研究暂时未取得明显进展,或者研究者工作有所起伏,学生又可能因为没有看到实验班的优势而形成心理上的失落感,从而阻挠了他们的进步。

无关变量的复杂性还表现在这样几个方面:有的无关变量是在具体情境中即时产生的,难以事先预料和实施控制,如上课时的突发事件(学生的身体疾病、对某个问题的争论等)。有的无关变量在某种情形下没有干扰教育活动和实验研究,但在另一种情形下却有干扰作用。如,让学生参加某种测试以了解某方面的发展情况,这本不会对教育实验产生干扰,但是让学生多次参加同类测试,则学生参加前面测试的经验可能会使新的测试成绩不能真实地反应其发展状况。

很显然,无关变量也都在作用于被试,使被试发生变化,进而产生教育效果。如果不对无关变量加以控制,就很难确认教育效果的提高是由于我们施加了自变量的关系,还是无关变量的作用所致,也就是说,自变量与因变量之间是否存在因果联系难以确定。

可见,有效地控制无关变量是教育实验成功的第三个关键。

(二)无关变量的控制方法

控制无关变量的方法通常有以下5种:

1. 消除法

这种方法就是把无关变量排除在实验之外,尽可能不让这些因素影响实验结果。如已知教室环境影响教学效果,就要选择安静的教室进行实验,防止环境因素干扰。

消除法是控制无关变量的最简单的方法。事实上,在教育实验中,教师的水平、能力、态度、教学时间、教材、学生智力、学业基础等无关变量往往是很难消除的。另外过于采用消除法,也会使实验情境失去自然性、现实性,与正常的教学活动情境差距太大,反而会引起被试的疑虑、期望、紧张等情绪变化,这些都会严重干扰实验的进程。因此消除法的使用有较大局限性。在采取消除法的同时,还应当采用其他方法加以控制。

2. 平衡法

这种方法通过设置对照组和实验组,使所有无关变量都以同一水平同时作用于这两个组,使之对两个组的教育效果的影响相同,以此平衡无关变量的影响,再来比较对照组与实验组教育效果的差异,从而确定自变量与因变量之间是否存在因果联系。

平衡法的基本要求是要设置对照组与实验组,使它们成为等组。所谓等组,就是基础相等的组。此外,在实验过程中,除了自变量不同,其他一切影响都应当相同。比如进行两种教法的对比研究,除了教法这个自变量不同以外,实验班与对照班的教师水平、能力、态度、教学时间、教材内容等其他无关变量都应当以相同的水平作用于实验班与对照班,不能厚此薄彼。否则就失去了平衡的意义,也就很难控制无关变量的干扰。问题是使诸多无关变量对各组影响效果完全相同,即使可能做到,但也是极其困难的,世界上很难找到各方面绝对相同的教师,很难配备各方面条件完全相同的学生。因此,平衡也是相对的。

3. 抵消法

抵消法可在一定程度上弥补平衡法的不足,这种方法让同样的被试先后接受几种不同的实验处理,被试自身以及实验顺序造成的联系、适应、疲劳等无关变量效应在先后轮换过程中可以相互抵消,从而可提高实验精确度。如有甲乙两个班,我们可以先随机地选取其中的一个班作为实验班,另一个班作为对照班,进行第一轮实验,然后将两个班对调,原来的实验班改为对照班,原来的对照班改为实验班,进行第二轮实验,最后将两次实验的实验班观测结果合并为实验班样本成绩,将两次实验的对照班观测结果合并为对照班样本成绩,再将这两个样本的成绩进行比较。我们不难看出,组成实验班样本的是甲乙两个班的全体,组成对照班的样本也是甲乙两个班的全体,每个班都经受了一次实验与一次对照。这样不但两个班的学生基础可以抵消,而且两个班的教师因素、家庭因素等无关变量都可以被抵消。但因教材、教学体系具有系统性,故不宜让被试一会儿学习甲教材,一会儿学习乙教材。

4. 恒定法

恒定就是使无关变量效应在实验前后保持不变,教育实验中除教学环境可以在比较短的时间内有限度地恒定外,其他无关变量采取恒定法去控制常常不适用。因为教育实验的周期较长,学生的知识水平、能力不断增长,教师的工作态度、教学能力也在不断改善,因而诸多无关变量无法恒定不变。因此恒定无关变量也是相对的。

5. 随机法

随机是指在选择被试、安排实验处理顺序等许多试验环节上不受实验人员主观意图的影响,而由随机安排决定。它是教育实验中唯一有可能控制所有无关变量的方法。问题在于教育实验一般不能打乱正常的教学秩序,有时实验者只限于在被允许的学校,原封不动用已有班级进行实验。实验者在确定实验学校、实验班以及实验教师等许多环节上不得不有意而为之,因而随机法也是难以完全实现的。

传统控制无关变量的方法在教育实验中都有一定的局限性,因此在教育实验中应根据具体情况选择不同方法,扬长避短,并注意不同方法的相互配合,兼用多种方法来达到控制无关变量的目的。

四、自变量、因变量、无关变量之间的关系

在教育实验中,自变量与因变量之间假设的因果关系居于核心地位。围绕这种因果关系,自变量被研究者引入和操纵,用以使因变量朝着因果关系所预示的方向发生变化;而无关变量被研究者关注和控制,用以使这种因果关系更有效地显现出来。

自变量、因变量、无关变量之间的逻辑关系,也就是教育实验的逻辑结构,可以表述为下图:

操纵		控制		观测
↓		↓		↓
自变量	—	无关变量	—	因变量

第三节 教育实验的研究程序

作为一项研究活动,教育实验也有一个基本的逻辑程序,也就是基本过程。一般来说,一个相对完整的教育实验全程应该包括准备阶段、实施阶段和总结阶段这 3 个环节。

一、教育实验的设计

教育实验具有非常明显的计划性和目的性,这就需要在正式实施实验研究之前作好充分的准备。在实验的准备阶段,主要有如下工作:

(一)确定实验课题和研究目的

发现问题比解决问题更重要。发现一个有价值的问题,往往能在教育改革中抓住关键因素,不仅能使研究者集中精力解决关键问题,而且可能由此带动一个学校、一个学科乃至更大范围的教育实践和理论研究获得实质性的发展;反之,如果仅凭感觉、"赶时髦"选择了一个并不合适的问题,不仅浪费了资源,而且耽误了实践和理论的发展。因此,研究者必须高度重视发现有价值的问题。

为此,研究者需要熟悉社会变革和教育实践,对有关的学术研究进展保持敏感和关心,并能在实践和理论结合的过程中发现有待研究、有待改进的问题。同时,要根据研究的理论价值和实践价值(尤其关注问题的独创性),根据研究者自身的各种主客观条件选择问题。在此基础上,结合具体的研究场景(如学校工作的实际),在听取有关专家和同行意见的基础上确定实验研究的课题和目的。

(二)提出假说,界定实验的变量

要让有价值的问题成为教育实验研究的内容,还必须根据教育实验的特点,提出实验的假说,界定实验的变量。其中,假说是针对问题而来的,是对问题所涉及的教育活动规律的一种猜测性的推断。假说有两个明显的特点,即具有推测的性质,并具有事实和科学知识的基础。显然,研究者对相关领域的理论与实践的熟悉程度,不仅决定着问题的质量,也决定着假说的质量。规范的实验假说不仅能够引导参与研究的人员从丰富而复杂的教育实践中区分出问题的领域,使研究内容更为集中,而且能够引导研究者把握实验的方向,更明确地操纵自变量、控制无关变量、观测因变量。当然,在提出假说的同时,还应该对这些变量作清晰的界定,使其具有可操作性;否则,就会使实验研究难以深入。

(三)选择实验对象和实验设计模式

1. 实验对象

研究者需要选择合适的实验对象,根据研究内容的需要和实际条件选择合适的对象。例如,若想针对学校的改造开展一项教师校本培训的实验研究,就必须选择薄弱学校的教师作为研究对象。在选择实验教师时,若需要他们理解研究意图并在教育行为中实施之,则需要挑选具有开拓意识且有一定经验和理论修养的教师;若不需要他们理解研究意图

(如罗森塔尔对“皮格马利翁效应”的研究),则可能随机选择教师。类似的,也要根据研究的需要选择学生。

2. 教育实验设计的模式

在提出假说并界定变量之后,研究者还需要根据实际,尤其是研究人员的理论准备、工作经验、研究工具(如测量工具)和物质条件等因素,选择合适的实验设计的模式。教育实验发展到现在,已经出现了多种不同的实验模式。虽然在理想的状态下这些模式有着精致与简单之分,但一旦具体到实际的研究情景中,人们发现:每一种模式都有其优势和不足。所以,对于工作在教育实践领域的广大教师而言,不必等待所有的条件都已具备才开始按照某些较为理想的实验模式开展研究,而完全可以根据实际情况作出不同的选择。(实验设计的模式介绍详见本章第四节)

(四)制订实验方案

一套完整的实验方案至少应该包括总体构想、实施措施和评价体系 3 个内容。如果一个研究课题下面又分出一些子课题,每一个子课题也可以单独制定一个研究方案。

在总体构思部分,要对实验假说、设计、实验进程和结果作一总体描述,包括:问题(课题)的提出、理论假说、变量界定和控制措施、主要项目及检测、实验的大体措施和要求、预期成果及表达方式。

在实施措施部分,要使总体构想具体化。这包括工作计划和工作制度两方面。实验工作计划,一般分为年度计划、分项目计划(包括子课题)、学校(班)年度工作计划或学期工作计划、专项工作计划等多种形式。基本内容是:指导思想、步骤及阶段要求、基本方法、组织与管理等。实验工作制度规则规定学生能否留级、跳级,能否参加非实验内容的竞赛、测查和接待参观;规定实验班教师人数,仪器设备配置、资料收集和积累等。这些制度主要保证对无关变量的控制。

评价部分则要确定实验各阶段成果及最终成果的评价标准、指标、检测程序和方法等。它的基本内容是:学生发展质量指标体系、教师发展质量指标体系、办学水平评价指标体系、检测时间、程序和方法、工具、评价人员等。

二、教育实验的实施

在这一环节,研究者具体进入到教育实践活动中,将研究方案正式转变为研究实践。

(一)有计划地操纵自变量、控制无关变量

有的教育实验所涉及的自变量和无关变量相对单一,可以在短时间内作比较精确的操作或控制。但是更多的教育实验则需面对教育活动中的复杂因素及其变化,要很好地操纵自变量、控制无关变量,就需要实验人员对有关的研究意图、研究方法和如何按照实验要求组织教育活动等方面有较系统的了解,并能在实践中努力达到这些要求。很多教育实验往往需要较长的周期,这就更需要研究人员具有足够的耐心和毅力,否则就会影响实验效果,纵有好的实验方案也无济于事。所以,有计划地操纵自变量、控制无关变量,是整个实验过程中的一个关键步骤,也是最需要努力的步骤。

(二)对研究进程及时进行调控

教育活动的复杂性使得教育实验必须面对许多非预期的情况,因为它们往往是随着教育活动的展开而不断生成的，是无法预计和提前控制的。因此，研究人员不仅要有充分的理论准备和实践经验以使实验方案尽可能完善，还需要有足够的创造性和智慧来调节实验进程。有的新情况可以被用来丰富相关的理论，充实研究内容；有的虽很有价值但不在假说涉及的范围之内，需要将这些因素的影响从本项实验中剔除，但又要留心将它们作为后续课题或同时产生的另一个课题的研究内容，由此不断拓展研究领域而又不影响本项实验的效果；有的因素则可能只会带来干扰，需要尽可能控制。因此，研究人员要用心了解、判断这些新情况的价值并作出相应的调节，从而发现问题、解决问题、开拓或深化研究。

（三）系统地观测和记录因变量变化情况和其他相关实验情况

这些研究情况包括自变量的操作情况、无关变量的控制情况、因变量的变化情况，等等。其中，因变量的变化情况可能涉及学生、教师、领导和办学体制等领域，而每个领域又有着复杂的因素和变化；这些情况对于本项研究的价值，往往只有等研究结束时才能作出全面的判断。因此，研究者要注意系统地观测和记录这些情况。

有时候，实验过程中偶然出现的某些变化或者师生的某些活动、某些作品往往正是说明教育实验成效的一个重要资料。但是，若没有及时地记录下来，事后就无法获得这些资料，从而留下遗憾。因此，不仅要关注实验方案或计划中预期的变化情况，还要做一个有心人，及时发现并记录研究中的非预期变化。

如有可能，应注意为一些活动留下录像或录音，注意将师生的作品（作业、绘画、札记、论文）、学校的工做记录等原始材料保存下来，以备将来查询和研究。

三、教育实验的总结

在实验研究结束时，需要对整个实验情况进行总结。

（一）数据分析

这需要根据研究目的和该项研究的评价标准对所有相关的研究数据进行分类整理，并根据评价标准予以分析和判断，然后获得对整个实验各方面及总体的评价。首先，要强调尊重事实，不用虚假的信息掩盖问题，浮夸成果，而要以冷静的、严肃的态度肯定实验的成功方面与有待完善和进一步研究的方面。其次，要注意透过表面现象看到教育活动内在的规律或问题，因此需要有足够的理论修养和思考能力，以便作出恰当的判断。否则，有可能忽视某些资料的价值，也有可能被一些无关的信息（尤其是与实验无关的种种“成果”）干扰了对实验的评价。在评价教育实验的结果时，需要对定性资料、定量资料进行分析。其中，在分析定量数据时，有的研究者按照常规的做法，对原始数据进行常规的统计处理，获得诸如总分、平均分等结果，这是很多教师常用的方法。也有的研究者运用统计学理论与技术方法对原始数据做较系统的分析和标准性处理①，获得诸如标准分、标准差、显著性检验、方差分析等结果，这是许多专业研究人员常常应用的方法。一般来说，标准性的处理所获的结果能以更高质量反映实验研究的实际情况，因此，应该提倡尽可能使用标准性处理。

① 在评价资料数据处理中，标准性是指按照现代统计学的有关理论和技术方法，对原始数据进行有关的处理，以获得标准性的数据结果，例如标准分、标准差、显著性检验、方差分析等；这些处理可被视为标准性的处理。——详见王策三主编．教育实验论．北京：人民教育出版社，1998. 321

但是,要想让身在一线的教师都据此分析数据,这在我国目前的教育实践中,还有一定难度。因此,有必要具体了解:什么时候可以用常规处理结果,什么时候必须有选择地运用标准性处理结果。需要注意两个问题:

1. 同一时间运用同样的测验题目获得的实验组与对照组测验成绩,如果相差比较大,可以用常规处理结果进行对比;若相差不太大,就需要采用差异显著性检验的结果。

2. 在不同时间(如前、后测)运用不同试题获得的数据,需要转换成标准分数进行比较。

(二)归因分析

在对实验结果(因变量的变化情况)有了明晰的判断后,还应该对此结果进行归因分析,以判明这些结果是否由实验措施所引起的;也可以说,要进一步分析自变量与因变量之间究竟是否存在着假说所预示的因果关系。

在作归因分析时,主要运用的就是"实验归因的逻辑",具体涉及求同法、求异法、共变法、剩余法、求同一差异法等思维方法。这里同样需要注意分析事物之间的相关关系与因果关系,在因果关系中,还需分辨一因多果、一果多因、多因多果、互为因果等情况。此外,还要注意到教育活动中的时间因素。有些教育效果不是短时间内就能充分显现出来的,所以还需要通过时间序列的实验设计来检验自变量与因变量之间的关系。在作归因分析时,还需要将实验研究的评价与其他角度对学校教育工作的评价区分开来,不能把一些实验自变量和无关的内容作为评价内容,包括把与实验无关的一些成果作为实验成果。

(三)撰写实验报告(具体写作规范详见第十章研究报告的撰写)

实验报告是反映一个实验研究的结果并将其公之于世的书面形式,是对实验研究的进一步验证、认可、推广和深入研究。撰写实验报告是一个实验研究的最后一步工作。实验报告的撰写十分重要,如果写得不好,整个实验研究就会"功亏一篑,前功尽弃"。因此,实验研究者应该重视撰写实验报告这一环节。一般来说,在撰写实验报告时,要以陈述事实为主,进行必要的定性分析和定量分析,同时要遵循撰写实验报告的常规。

第四节 教育实验设计的基本模式

在正式阐述几种基本的实验设计模式之前,先说明以下3点:

第一,实验设计的选择应考虑以下几个因素:哪一种设计适合你的研究,能验明研究假设,能较好地控制外来变量的威胁,能有助于研究结果的鉴定和推广且经济有效。

第二,关于讨论实验设计模式时所用的符号:

X:表示一种实验处理(treament),是指操纵的实验变量;

C:控制的变量(control variable);

O:表示一次测试或观察,是实验处理前或后的观察和测定(test,pretest or posttest);

R:表示被试已被随机选择分配和控制(random assignment of subjects to groups);

……:表示不等组间水平的线(groups are not randomly formed each line represents a group)。

第三,组间设计与组内设计——两种不同分组法。

组间设计也叫被试间设计(between-subjects design),是把数目相同的被试分配到自变量的不同水平或不同的自变量上,即每一组被试只接受一种实验处理。组内设计也叫被试内设计(within-subjects design),就是使每个被试轮流分配到自变量的不同水平或不同的自变量上,即每一组被试中的每一个被试都经受整个实验的各种实验处理。

例如,研究学习时间与学习效果的关系。如何进行实验,可以有2种不同的设计:一种,让15个被试学习20个英语单词1遍,让另15个被试学习同样的单词5遍,然后用再认和再现比较识记成绩。另一种方法,让15个被试对20个英语单词学1遍,对另外相匹配的20个英语单词学5遍,然后比较再认和再现的成绩。前一种方法叫组间设计,后一种方法叫组内设计。

两种设计各有优缺点,组内设计优点在于:可控制被试个别差异对实验结果的影响;用于研究练习的阶段性较理想;不需要很多被试,主要从每一被试身上获取几种不同的数据。问题在于:实验顺序造成各种实验条件相互干扰。组间设计的优点是:防止一种自变量影响另一种自变量;实验条件互不干扰。问题是:不同组之间被试差异可能与自变量混淆,所以一般采用随机化或匹配分组。

教育实验设计有多种分类方法,有的分为单组、等组、循环组设计。这里,我们借鉴坎贝尔和斯坦利的研究成果,按实验中的变量以及无关变量控制水平,划分为2大类。一类是单因素实验设计(仅含有1个自变量),具体包括前实验设计、准实验设计和真实验设计。另一类是多因素设计(包含2个或多个自变量)。

一、前实验设计

这种研究策略,通常是一种自然描述,用来识别自然存在的临界变量及其关系。它不是严格意义上的实验,但它却是真实验设计的组成部分或重要元素,所以称为前实验设计。

前实验设计对无关变量不能控制,但可以操纵自变量。这种实验设计有3种模式。

(一)单组后测设计,也叫单一性个案研究

基本模式:X　　O

特征:只有1组被试且不是随机选择,无控制对照组;实验中只给予1次实验处理;有1个后测。将后测的结果作为实验处理的效应。

这种实验设计,由于不能控制无关变量的影响,因而内外在效度都不高。

(二)单组前后测设计

基本模式:O_1 X O_2

特征:只有1个被试组且不是随机选择,无控制对照组;仅1次实验处理;有前测和后测,用前后测的差大于零来作为实验处理效应。

比如,关于集中识字在提高小学生识字能力效果方面的研究。选取1个自然班并进行前测,了解学生识字能力。然后安排2个月集中识字教学,教学后再进行识字能力水平的复测。两次测试的差用来表明集中识字在提高小学生识字能力方面的效果。

1. 优点

(1)因为有前测,可以在处理前提供有关选择被试的某些信息。

(2)通过前后测,可以提供每1个被试在实验处理前后2次观测条件下行为变化的数据,能明显地验明实验处理的效果(因为被试是自身控制的,即前后测被试变量同一)。

(3)被试兼作控制组,因而便于估计被试个体态度对实验结果的影响。

如果被试能够提供观测条件,而研究者又能够操纵实验条件,能了解被试在实验处理前后发生的变化,那么,单组前后测设计是种有用的前实验设计。

2. 局限

(1)由于没有控制组作比较,不能控制历史、成熟及统计回归等因素的影响。

(2)前测可能影响后测(处理效果),产生实验误差。一般有2种情况:一种是前后测相距时间很短,被试可能由于前测产生的练习效应,对后测内容敏感以及疲劳效应等而影响实验的结果;二是如果前后测相距时间过长,那么会出现保持和遗忘的个别差异的问题,致使不易分辨出确实是由自变量引起的反应变量,还是无关变量干扰的结果。

(三)固定组比较设计

基本模式:

X　O

…　…

　　O

特征:使用了不接受实验处理的控制组,以便于与接受实验处理的实验组对应比较。实验组与控制组是在实验前已组织起来的原组,如原有的教学班,或某个团体,不是随机选择,也未加任何控制选择偏向。2个组都有后测。比如,传统讲授法与新的自学辅导法对学生自学能力发展的比较研究,进行一段时间教学后,在2个班同时进行内容难度与范围基本一致的测验。从2个班学生成绩的对比中,分析2种教学方法在发展学生自学能力方面的不同特点、意义和效果。

固定组比较设计有若干变式,为了研究短期训练在改变儿童不公正行为和培养公正行为方面的心理机制,有人进行过矫正儿童不公正行为的短期训练研究。

实验设计是:

X_1　O

X_2　O

X_3　O

先把“不公正行为”儿童挑出来,然后安排不同的实验处理。

· 处理1:讨论组(故事讲解加讨论法)

· 处理2:练习组(练习评价法)

· 处理3:对照组(不进行训练)

时间1周,然后复测,看不同的方法在培养儿童公正行为上的意义。

1. 优点

(1)由于使用了控制对照组,所以在有关内部效度方面,如被试的成熟,会受到一定的控制。

(2)如果有其他与实验处理同时发生的变量影响了后测的成绩(因变量),则对这2个组的后测的影响很有可能是一样的,说明可以控制历史因素。

(3)统计分析上,要比前上 2 种(单组后测和单组前后测设计)的统计分析把握性大一些,在教育实验中,常常采用整组比较设计。

2. 局限

由于被试不是随机分组,又没有前测数据,因此判断被试组是否相等是困难的。

二、准实验设计

准实验设计是用于在真实的教育情境中不能用真正的实验设计来控制无关变量,不能采用随机分派被试的情况。准实验的产生是由于教育实验发展的需要。一是教育实验中由于研究对象的复杂性,要建立严格的随机化程序是十分困难的。二是 20 世纪 70 年代后更重视生态效度。从实验室研究转入现场情境研究,从而对实验设计提出了新的更高的要求。坎贝尔和库克于 1979 年对这种实验进行总结,并提出了较完善的理论基础。

准实验设计的特点是:不能按照随机抽样原则抽取被试和随机分配被试于各种实验处理,一般是以原自然教学班为实验单位,因此具有一定的外部效度。准实验强调对自变量进行操作控制,但对无关变量控制较差,只能对一部分无关变量进行控制。当然,可用统计方法进行控制或将一些无关变量纳入自变量因素来提高它对无关变量的控制能力。

准实验设计有多种模式,其中主要有以下 3 种:

(一)不等控制组设计

基本模式:

O_1 X O_2

… … …

O_3 　 O_4

特征:有 2 个组(实验组和控制组),一般在原有环境下自然教学班、年级或学校进行,不是随机取样分组,因此控制组与实验组不等,但实验处理可随机指派。由于不能以随机等组或配对方法去分配被试,只能试图去寻找与实验组相匹配的控制组,如年龄、性别、标准化学科测验分数、上课时的表现以及身体情况等方面,尽可能使组间平衡,两个组等价。都有前后测。

不等控制组设计在教育实验中应用最为普遍。

1. 优点

由于有控制组,有前后测比较,因此可以控制成熟、历史、测验、工具、统计回归等因素影响,一定程度上控制被试的选择偏差,从而提高了研究的内部效度。

2. 局限

(1)不是随机取样分组,选择与成熟交互作用可能会降低实验的内在效度。

(2)前后测的交互作用。因此,实验结果不能直接推论到无前后测的情境中,对实验结果的解释要慎重。要尽可能从同一总体中抽取样本,以避免被试差异所带来的实验误差。

3. 统计分析

这类实验设计的统计分析,一般是将实验组与控制组在因变量方面取得的增值分数,即(1)$O_2 - O_4$、(2)$(O_2 - O_1) - (O_4 - O_3)$的结果进行比较以估计实验处理的效果。两组增值分数平均数差数的显著性,可采用独立样本的 t 检验。如果要使两组平均数差数的显著性达到更精确的水平,还可采用协方差分析。

(二)时间序列设计

基本模式:O O O O X O O O O

时间序列设计指对一个非随机抽样的被试组做周期性的一系列测量,在这一时间序列中施以实验处理,然后观测呈现实验变量后的一系列测量分数是否发生非连续性现象,从而推断实验处理是否产生效果。这种实验设计可以使实验处理的效应得到充分显示。

应该注意的是,常常由于没有控制组,不能排除无关变量因素的影响,最后 1 次前测和第 1 次后测间可能对实验处理有影响;前测与实验处理的交互作用也有一个效度问题。因此要特别注意实验处理前后系列测验分数的总趋势和变化的连续性,要分析前测数据的相对稳定性。

时间序列设计的模式,基本上有 2 种:

· 单组相等时间样本(时间顺序)设计

时间顺序	1	2	3	4	5	6	……
处　　理	O	X	O	X	O	X	……

例:通过对学生讲故事的方式研究他们道德观念的变化。选 1 组有代表性的对象(如 1 个班),施以实验处理,研究榜样和强化对道德行为发展的作用。实验前,先测验学生道德判断水平,接着设置第 1 种实验情境,即树立好的榜样,在学生进行道德判断时,立即给予赞扬(强化手段),然后复测学生的判断水平,过一定时间后,再做,再测(设置第 2 种情境,条件一样)。为了控制练习效应,可以在设计时变成按 ABBA 顺序安排(A,无处理;B,处理):

时间顺序	1	2	3	4	5	6	7	8
处　　理	A	B	B	A	A	B	B	A

在这种情况下可用相关样本 t 检验处理实验结果。

· 多组时间样本设计(多重时间系列设计)

基本模式:

O O O O X_1 O O O O

…………………………

O O O O X_2 O O O O

	时间顺序	1	2	3	4	5	6	7	8
实验组 1	处理 1	A	B	B	A	A	B	B	A
实验组 2	处理 2	B	A	A	B	B	A	A	B

此种设计用固定常组,常用于学校课堂教学。统计分析,可以将 2 组被试各自一系列时间前测成绩的平均数与一系列后测成绩的平均数加以比较,从成绩的增值说明处理效

果;也可以将 2 组之间的一系列时间的前测成绩和后测成绩相比较,来判断 2 组接受不同处理所产生的效果。

1. 优点

外在效度较好,推论范围广。因为能够通过系列前测与后测,对一组被试的比较稳定的变化趋势有所了解,也能对两组处理前后比较稳定的系列变化进行比较,能控制历史和工具影响。

2. 局限

实验安排上的反应效果,如历史因素、霍桑效应、练习误差、多次测定中测量操作程序的变化等不容易得到很好的控制,系列的前后测均有可能引起被试的疲劳、敏感与练习效应。

(三)平衡设计

也叫实验条件平衡设计,固定组循环设计,或称拉丁方设计。指采用拉丁方格来安排实验条件。这是一种使被试变量和顺序变量可能发生的误差大约平衡,最终互相抵消的实验设计。

基本模式:

$X_1O \quad X_2O \quad X_3O$

$X_3O \quad X_1O \quad X_2O$

$X_2O \quad X_3O \quad X_1O$

特征:所有组接受各种处理,但是是一个不同的顺序。各组的处理的数目是相等、平衡的,用其平均成绩加以比较。比如,实验自学、讲授、发现学习 3 种不同教学方法的效果。

1. 优点

这种设计是把被试差异、时间顺序作为一个自变量纳入加以控制,是以假设不同组与实验处理之间没有交互作用为前提条件。在这种情况下,采用拉丁方实验设计的方差分析来处理实验结果。这种设计,每一组既是实验组,又是对照组,通过平衡配置,许多影响实验的无关变量因素相互抵消,从而提高了实验的敏感性。

采用拉丁方格的方式安排,固定取样组数与实验处理数相同。实验处理 3,组数 3,使之平衡一部分误差。如果是组数 4,处理 4,则采用以下安排:

A	B	C	D		A	B	D	C
B	D	A	C	或	B	C	A	D
C	A	D	B		C	D	B	A
D	C	B	A		D	A	C	B

2. 局限

此实验设计本身往往带来不少影响研究效度的因素和统计检验分析方面的问题。当同 1 个组接受 1 个以上处理时,有可能产生多重处理干扰,因为不可能对同 1 组学生用几种不同方式教同一概念。

三、真实验设计

这种设计使实验中的自变量、因变量、无关变量得到比较严格的控制,也就是说,它能较好地控制内外部无效因素,并有效地操纵研究变量。

真实验设计,都有一个控制组,被试随机选择和随机分派到组。

(一)实验组、控制组前后测设计

基本模式:

$$\begin{matrix} R & O_1 & X & O_2 \\ R & O_3 & & O_4 \end{matrix}$$

这是一种最基本、最典型的实验设计。

特征:随机分组;实验组接受实验处理,控制组则不给予实验处理;两组均进行前后测。

1. 优点

由于利用随机分派方法分出 2 个等组,就可以控制选择、被试缺失等因素对实验结果的干扰;都进行了前后测,便于作对照比较。如果在前后测之间这段时间内,有什么情况影响,或是成熟、测验、统计回归等无关因素发生了干扰,则 2 组是相同的。

2. 局限

可能产生前测与实验处理的交互作用效果而影响外在效度。

3. 统计分析

如果 2 组前测分数的平均数基本相同(基本等值),则将通过后测得到的 2 组平均数之差数进行有关 2 个独立组平均数分数参数的 t 检验。差异显著,则说明这种差异是实验处理的结果。

如果前测中发现 2 组不等值,则必须参照前测成绩对后测成绩作相应的分析与修正,对 2 组后测的增值平均数进行比较,求出 2 组变化分数,再进行 t 检验。

此种实验设计的变式:

$$\begin{matrix} R & O & X_1 & O \\ R & O & X_2 & O \end{matrix} \qquad \begin{matrix} R & O & X_1 & O \\ R & O & X_2 & O \\ R & O & X_3 & O \end{matrix}$$

(二)实验组、控制组后测设计

基本模式:

$$\begin{matrix} R & X & O_1 \\ R & & O_2 \end{matrix}$$

特征:随机化选择被试和分组,仅实验组接受实验处理,两组均只有后测,没有前测。例如,研究电视教学对初一学生英语学习成绩的影响。随机取样,形成两个等组,再随机指派实验组,进行电视教学,控制组仍按照常规进行教学。一段时间后,进行后测,将获得的分数值用独立样本 t 检验进行分析。

1. 优点

能消除前测与后测、前测与自变量的交互影响,内在效度较高。既具有前一设计的优点,同时避免了练习效应的影响,节省了人力和物力。由于随机取样、随机分组以及设控制组,这种设计可控制历史、成熟、测验和统计回归等无关变量的影响。但要注意取样总体的特征,在总体不够大,被试数目较少的情况下,2组或多组相等的假设就难以保证,如 $n<30$,个体差异较大。所以在可能的情况下,要想法加大样本,同时尽量使被试有代表性。

2. 局限

不能对被试的缺失加以控制。

此种实验的变式有:

R	X_1	O		R	X_1	O
R	X_2	O		R	X_2	O
				R	X_3	O

(三)所罗门四组设计

基本模式:

$$\left.\begin{matrix} R & O_1 & X & O_2 \\ R & O_3 & & O_4 \end{matrix}\right\}a$$

$$\left.\begin{matrix} R & & X & O_5 \\ R & & & O_6 \end{matrix}\right\}b$$

特征:随机选择被试;2组有前测,2组没有前测;1个前测组和1个无前测组接受实验处理;4个组都有后测。

这一设计是把实验组、控制组前后测设计与只有后测的设计加以组合,将有无前测这一变量纳入实验设计之中,将其变量所造成的差异数部分从总变异数中排除出去,以检验实验处理所产生的影响是否显著,外在效度较高。这是一种较理想的实验设计。

1. 优点

(1)可以将前测的反复效应分离出来,综合以上2种设计的优点,克服两者的缺点。

(2)实验者等于重复做了4个实验,可以作出4种比较。可运用 2×2 方差分析来处理该4组实验数据。

2. 局限

往往很难找到4组同质的被试;被试数目多时,数据分析比较困难。因此一般不适用于探索性实验。

3. 统计分析

进行检验,可用独立样本2(有无前测)×2(有无实验处理)的变异数分析方法来分析实验结果。

所罗门1949年提出了几种扩大了的实验设计,如所罗门两控制组实验(the Solomenttwocontrolgroupexperiment)

实验组	R	O	X	O
控制组1	R	O		O
控制组2	R		X	O

四、教育实验中的因素设计

因素设计是指在同一实验研究中,操纵两个或多个变量(因素)的设计,也称析因设计。这种设计的特点,是将实验中每一个变量的各个水平都结合起来进行实验。这种设计不是单因素设计的简单组合,而是更真切表现教育实验现象和过程中各种因素之间的复杂关系,而且有更好的外在效度。

因素设计有两因素设计(2×2),三因素设计(3×3),还有2×2,2×2×2,2×3×2设计等多种类型。设计一般涉及2个或3个因素,每个因素又有2到6种水平。其中2×2的两因素实验设计是最简单而应用最广的多因素设计。因素多,水平数多,都将使实验变得十分复杂而难以进行,无论哪一种类型,都要注意因子水平的组合,并且尽可能随机化。

基本模式:2×2因素设计

因素A

		A_1	A_2
因素B	B_1	A_1B_1	A_2B_1
	B_2	A_1B_2	A_2B_2

此类设计的特点是,2个自变量,每个自变量各有2个水平,4种不同的实验处理(各种处理的总数是各因素所包括的水平数的乘积)。按组间设计,需4个组;如按组内设计,每个被试都需要进行4次实验。

附录:

数据处理教学方法的实验研究[①]

数据处理是大学物理实验中一个重要的基础训练内容,对于初学者来说,由于中学阶段对数据处理方面的训练比较薄弱,特别是将高等数学用在物理实验中,成为学生学习过程中颇感棘手的问题。近年来在对江苏地区6个市(县)十几个教学班的期末测试调查过程中,发现同为普专班学生,不同的班级,学生数据处理的基本技能水平存在较大差异,为此,以"在相同的条件下,寻求数据处理最佳训练方法"为研究课题,选择扬州职业大学近两年工程类普专班新生为研究对象,进行研究,提出有效的教学方法。

一、研究方法

(一)起点调查

研究对象为扬州职业大学近两年工程类普专班新生,分甲、乙两组,通过问卷测试,统计结果见表1。

---

① 赵春红.数据处理教学方法的实验研究.扬州职业大学学报,2002(9)

表1 新生入学“数据处理起点水平测试”中各知识点正确率(%)统计表

测试内容数据	记录测量	有效数字的概念	作图法	测量结果的表示	绝对误差的计算	相对误差的计算
甲班(388人)	11	4	1	0	6	7
乙班(217人)	7	1	1	0	9	8

表1表明:1.甲、乙两组学生的起点水平相似;2.新生的实验数据处理基本技能水平很低,几乎为0起点,例如:在“用钢直尺测量课桌边的长度5次,记录数据”一题中,80%以上的学生没有采用列表法记录数据的习惯,90%以上的学生没有有效数字的意识。

(二)教学模式的选择

1.阶段性教学模式:第一阶段为误差理论及数据处理基础训练,第二阶段为基础实验,第三阶段为设计性及开放性实验。第一阶段集中10~15课时,在教室中进行,重点在数据处理的训练上,同时辅以适量的课堂练习及课外作业。第二阶段和第三阶段重点在实验操作上,只对数据处理提出要求,不再进行知识的讲解及训练。

2.同步性教学模式:数据处理训练与实验操作同步进行,地点在实验室。此种教学模式,多年来一直为远距离的县级以下教学班所采用。

(三)研究方法

甲、乙两组均为整班测试,使用同一教材由同一教师执教,两组用于数据处理训练的课时数基本一致,教学进度大致相同。甲组采用阶段性教学模式,乙组采用同步性教学模式。

以《刚体转动实验》实验报告为研究样本,统计对比分析甲、乙两组学生在数据处理方面差异。

跟踪甲组(388人)学生的学习过程,整班抽取学生的作业及实验报告为研究样本,研究学生对数据处理基础知识的认知规律,分析数据处理训练的最佳教学方案。

二、研究结果与讨论

(一)在教学方法上应提倡超前和相对集中的阶段性教学模式

以“刚体转动实验”中“曲改直作图法”为例,整班抽取甲、乙两组学生“刚体转动实验报告”为研究样本,统计如下表2。

由表2可见,知识点“3”和“5”的错误率最高,知识点“3”,大部分学生用“·”符号标出测试点。知识点“5”,许多同学并不是根据直线上任取两点求斜率,而是将数据表中的数据代入 $r=kI/t$ 中,求得斜率,反映了学生并没有理解作图的目的。甲、乙两组存在较大差异,甲组明显优于乙组。

表 2　刚体转动实验“曲改直作图法”中各知识点错误率统计调查表

知识点	甲组(388 人) 错误率%	乙组(217 人) 错误率%
1. 列出 $r=k1/t$ 数据表	0	9
2. 建立坐标系,注意纵轴与横轴的比例	3	6
3. 用“+”或“×”符号,标出测试点	20	72
4. 横点连线(成直线)	0	9
5. 合理选择直线上两点,求斜率 k	3	81
6. 由公式 $k=\sqrt{\frac{2SI}{mg}}$,求出 I	0	0

同步性教学模式由于受教学形式的限制,学生的课堂练习及课后作业训练缺乏及时性,训练量不足,因常在实验室上课,容易将学生的兴奋点引入到仪器的使用及实验操作上,使学生忽略了对数据处理和实验理论的学习,因此同步性教学模式效果欠佳。

因此,数据处理的训练宜采用阶段性教学模式,首先让学生了解数据处理的基本知识和方法,并通过练习和作业,掌握正确处理数据的思路和方法,具备一定的实验数据处理能力。然后将这种能力迁移到具体的实验操作的过程中以及实验报告的处理上。由于不同阶段,侧重点不同,有利于学生由浅入深,循序渐进地掌握好各重点知识。

(二)运用“三练法”将获得最佳的训练效果

以甲组全体学生为研究对象,跟踪学生实验理论基础知识的学习过程,测试学生的学习效果,统计如下表 3。由表 3 可见,从总体教学效果来看,练习 3 次效果明显,3 次之后趋于平稳或有一定的波动性。

根据知识结构,可将表 3 中的知识点分为 A、B 两类。

表 3　数据处理能力训练中练习次数与错误率统计表(%)

项目	练习次数				
	1	2	3	4	5
1. 绝对误差与相对误差计算	12	3	0	0	0
2. 科学计算法	18	6	0	0	0
3. 零点读数	30	12	3	5	1
4. 读数与有效数字	42	18	3	6	2
5. 测试结果的表示	54	36	12	24	8
6. 直接测量的误差估计	12	3	6	2	4
7. 间接测量误差公式的推导	61	21	10	21	7
8. 曲改直作图法	36	6	3	5	3
9. 逐差法的应用及计算	12	2	0	0	0

A 类,属于单一性知识点,即这类知识点涉及的知识面较窄,如知识点 1、2、3、4、9。由图 1 可见,经过 2~3 次训练即可掌握,且波动性小,其中知识点 3、4,练习 3 次之后,有微小

波动，原因主要是疏忽大意。

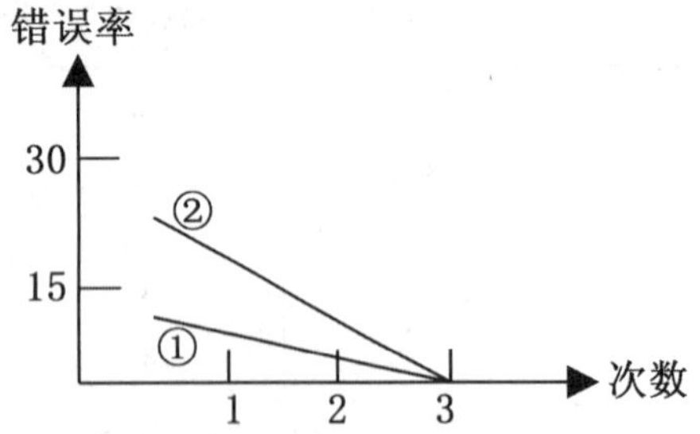

图1　A类错误率与练习次数关系图
①对应知识点1；②对应知识点2

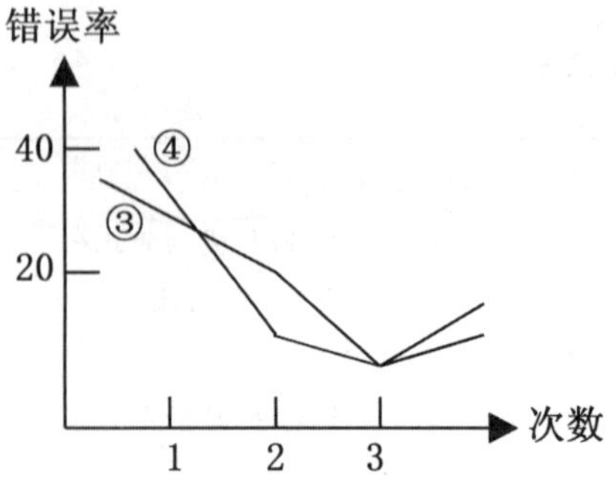

图2　B类错误率与练习次数关系图
③对应知识点5；④对应知识点7

B类，属于综合性知识点，即这类知识点涉及的知识面较宽，如“5.测量结果的表示”涉及最佳值、误差的计算、科学计数法和有效数字等。由图2可见，此类知识点，练习3次，效果明显，3次之后，仍有较大的波动性，其中知识点6、8，波动性小，掌握得较好，知识点5、7，波动性较大，掌握得不太好。

三、结论

因此，必要的练习与训练是提高学生数据处理能力的有效手段，学生对于新知识点的掌握，一般需要2~3次的练习训练。在教学中注意具体的物理问题与抽象的数学模型的结合，数据处理中涉及的数学知识虽然面很广，但并不复杂，因此，在教的过程中往往因简单而被忽视，另一方面，我们发现，即使数学学得很好的同学，面对物理问题，也往往束手无策，如前面所举的刚体转动实验中，用曲改直作图法求I，就是一个很好的例子，从纯数学的角度看，绝大部分的同学没有问题，但是却有91%的同学没有真正理解“用曲改直作图法是为了解决什么样的物理问题?”因此，教师应注意培养学生运用数学知识解决物理问题的能力。

对于综合性知识点，要由浅入深，逐步训练。如误差公式的推导，需要用到高等数学的知识，是学生的难点，因此，需要有一个由浅入深逐步训练的过程。

在《大学物理实验》教材中，数学方法的应用内容偏少，应在教材中增加这方面的知识含量，即使不作为教学大纲的要求，也可供学生课后阅读或今后从事专业实验时，作为资料精阅。

本项研究工作经过了2~3年600多学生的实验统计积累过程，但由于采用的是自然实验法，因此，有待于进一步的实验验证。

第十章

教育研究报告的撰写

教育科学研究本身就是一个复杂的系统工程。当一项教育科学研究课题的研究工作按计划结束,并将有关的材料和数据整理完毕之后,还需要对整个研究过程及结果进行分析、总结、用文字表达出来,形成一份该课题研究的书面材料,这就是我们通常所说的教育研究报告。教育研究报告是对整个教育课题研究过程的高度概括和科学总结,是教育科研工作完成后的理论升华。由此可见,撰写好教育研究报告在整个教育研究过程中具有十分重要的地位,它不仅关系着整个教育科研工作的成效,也影响着教育科研成果的交流和运用。本章将主要介绍有关教育研究报告撰写的基本步骤和原则,各种研究报告的撰写格式及其要求,并简要介绍研究报告的质量评价。

第一节　教育研究报告撰写概述

一、撰写教育研究报告的意义

撰写教育研究报告是研究工作的最后一道程序,是对研究工作的目的、过程、成果等的概括和总结,是研究工作者对某种教育现象、某一教育课题或教育理论进行调查研究、实验或论证后所得出的新的教育观点、教育思想、教育理论的集中反映,在整个教育科学研究工作中具有重要意义。

(一)凝聚教育科研劳动的智慧结晶

完成一项教育科学研究课题,推出一项教育科学研究成果,并非一项简单的工作,而是需要经过周密计划、反复实践、科学分析,才能完成的一项复杂的工作。因此,完成一项教育科研任务,要付出艰苦复杂的劳动。教育研究报告作为表现这种复杂劳动成果的一种形式,不是对研究过程镜子式的反映纪录,而是需要从复杂的事实材料中提炼出科学观点,以论点论据形式形成有内在逻辑的研究报告体系,并以抽象的文字符号表达出来,是一个科学抽象的思维加工过程,是凝聚了科研工作者汗水与辛勤劳动的智慧结晶。

(二)进行学术交流和科研成果推广的重要形式

从事教育科研的目的是将取得的科研成果应用于教育实践,以此来推动教育工作。要将教育科研成果加以推广和应用,教育科研报告是一种重要的形式。因此,撰写教育科研报告,就是为了科学地总结自己的研究工作,提供有关研究过程的实际资料及对研究结果的评价分析,这有助于与他人交流学术见解,互相争鸣研讨,以促进教育学术领域的繁荣,以丰富教育理论宝库和推动教育实际工作。

(三)提高教育研究水平的重要实践

教育科学研究报告的撰写过程不是对研究过程进行简单的文字化的反映,而是对整个教育科学研究工作进行系统总结的过程,是对研究结果进行思维加工、深入研究的再分析、再创造的过程。通过对整个研究过程的回顾和总结,有助于提高研究工作者的分析综合能力、逻辑思维能力和表达能力。同时,也促使研究的深化、成果的扩展,进一步发现新问题和新的事实,提高研究的科学化水平。

(四)体现教育研究价值和水平的标志

教育研究报告是教育研究工作全过程的缩影,是研究结果的文字记载。衡量一份教育科研报告质量的高低,要看它是否具有学术价值和社会价值。所谓是否具有学术价值,是指研究成果对教育科学的某一领域是否提供了新的知识,是否丰富了所涉领域的知识,为新的研究过程提供了新的资料和观点。所谓是否有社会价值,是指研究成果是否提供了某一教育问题的真实情况和解决这个问题的理论依据、建议、方案和方法,使教育工作可以根据研究报告的意见进行改革和完善。不难看出,撰写研究报告即是显示研究水平和价值的标志。

二、撰写教育研究报告的一般步骤

撰写教育研究报告,是一项有计划、有步骤的活动。不管其类型如何,从构思到完成,一般需经过以下几个步骤:

(一)立意与谋篇

撰写研究报告,首先要全盘考虑,谋篇构思,这是一个冥思苦想的过程,我们把这个过程称为立意与谋篇。所谓立意,即是确定论文的主题和类型,明确阐述什么思想和基本观点。所谓谋篇,即是筹划采用怎样的结构,选择哪些材料,才能有效地表达主题。立意与谋篇是写好研究报告必不可少的准备过程,主要包括3个方面,即研究主题的确定、材料的选择和结构的安排,这三者是有机配合、密不可分的。

1. 确定主题

研究报告的主题即是研究报告的中心问题,是研究者的思想、态度和观点的集中反映。一篇研究报告的材料如何取舍,结构如何安排,语言如何运用以及标题如何确定等,都要根据表现主题的需要来确定。正如古人所说的"意在笔先",就是说一切文章动笔写作之前,都要先确定主题。

一篇好的研究报告,确定的主题要求做到深刻、创新、集中、鲜明。首先,研究报告的主题要深刻,能深入揭示事物的本质,把问题上升到理论高度。其次,就是主题要有新意、有创见。言前人所未言,发别人所未发,不步人后尘,拾人牙慧。再者,主题要集中,不要多中心或大而空。一篇研究报告不可面面俱到,只有主题集中,才能把问题讲深、讲透。最后主题要鲜明,通过标题、摘要、前言等,让读者一目了然地把握研究的中心内容。

2. 选择材料

确定主题后，接着就围绕主题研究和选择材料。选材贵在一个“严”字，因为研究要用充分的事实材料说明问题。选材的总的原则是：去伪存真，去粗取精，由此及彼，由表及里，用最有说服力的材料来论证主题和表现主题。一项研究的内容不可能“包罗万象”，那么，首先，要选典型的材料，具有广泛的代表性，能揭示事物本质，代表事物特征的材料。其次，选择的材料必须真实、准确、可靠无误，能如实反映事物的客观实际。再者，选择的材料必须与研究报告的观点、主题相对称，做到材料、观点、主题的有机统一。此外，选择的材料还要注意详略得当，主次分明。

3. 安排结构

如果说一篇文章的主题犹如人之“灵魂”，材料好比人之“血肉”，那么文章的结构正恰似人之“骨骼”。没有灵魂只能是一个躯壳，没有血肉只剩下一个空架子，而没有坚实健壮的骨骼，血肉固无所依附，灵魂亦无处寄托。可见，结构是文章表现形式的一个重要问题。因此，动笔之先需要匠心独运；写作之中需要惨淡经营。写文章也好比盖楼房，盖楼房首先要设计蓝图，从外部型的确定，到内部厅、室的布局，廊、梯的设置以及门窗的开设等，都要在蓝图上规划好。撰写研究报告，也要设计好结构。不同类型的主题，需要什么样的撰写格式，全文分几大部分，各部分写什么内容，互相怎样衔接过渡等，都要事先筹划好。结构的安排必须严谨，各部分、各层次之间环环相扣，顺理成章，合乎逻辑，行止自如，有效地表现主题。

（二）拟定提纲

拟定提纲是立意与谋篇的具体化，是继结构安排之后对文章的篇章结构、内容层次作一番更精心的设计，对撰写研究报告极为重要。有些人写文章，不愿花很多时间去考虑立意谋篇和拟写提纲，认为这是花费时间，这种想法是不正确的。没有提纲，就下笔写东西，犹如信马由缰，下笔千言，洋洋洒洒，结果却是离题万里。正如没有蓝图就建不好高楼，没有提纲同样也写不好研究报告。

教育研究工作者在下笔写研究报告之前，必须对通篇内容作一番精心设计。从篇章结构，中心思想，内容表达层次，每一章节叙述什么内容，穿插哪些图、表、照片，都要做缜密考虑，并列出粗纲，然后修改补充为详细提纲。拟定报告撰写提纲的过程，实际上也是对研究工作的全面总结和构思过程。在草拟提纲过程中，必须注意中心思想要明确，思路要清晰，观点与材料要做到有机统一，结构形式安排合理。材料的精选要为主题服务。另外，还要考虑文章整体结构上的美。

（三）撰写初稿

拟定提纲之后，就可以着手撰写研究报告初稿了。各种类型的研究报告，其格式、体例虽然有所不同，但所有类型的研究一般都有标题、署名、正文、参考资料等部分组成。

1. 标题

标题是研究报告的题目，必须反映报告的主要内容，必须做到确切、简练、醒目，要应用最恰当的词句组合，以概括全篇内容。如果语意未尽，可用副标题加以补充。

2. 署名

署名一般在标题之下，用作者真名，并签署作者的工作单位。署名的目的是对研究报告负责，并记下他们为发展科学事业做出的贡献，给予他们应得的荣誉。署名先后的问题，则要以贡献大小先后次序为标准，而“谁提出了研究设想，谁承担了主要研究工作，谁解决了关键问题”，①则是衡量贡献大小的标志。

3. 正文

正文是研究报告的具体内容阐述，由若干个部分组成，一般包括前言、主体、结尾等部分。各类研究报告的撰写要求，将分别在第二节作详细阐述。

4. 参考文献

参考资料包括引文注释、参考文献和附录。目的在于补充说明文章内容，注明资料来源和引文出处，为读者提供查阅的线索，也是尊重别人劳动的表现，反映出作者严肃的科学态度，体现论文的科学依据。

引文注释分为页末注（脚注）、文末注（段落后或篇后注）、文内注（行内夹注）和书后注4种。页末注是在本页文章的下端，与正文之间画一条横注线，在注线下方注释；段落后注是在段落的后边，一般使用“注字”或“注 1”、“注 2”等；编后注是在每一篇文章后面，编制一个顺序，依次加以注释；文内注一般用小号字体，穿插在引文后面；书后注，则是把注释安排在全书最后。

引文注释应按引文出现先后顺序标明数码或符号 *，※等，然后依次加以注释。注释内容包括作者姓名、文献标题、书刊名称、卷数、册数或期数、出版地点、出版社名称、出版年份、页码。从别的书上转引的材料，则应注明引自何书。

同一页上的引文如与前一条相同，则可注“同上”或“同①第几页”。

引用外文资料，注释中的书名和篇名可用译文，亦可用原文。重要论文的篇末往往还附有参考文献。参考文献一般排列方式如下：期刊，依次列出作者姓名、文章标题、期刊刊号和月号；书籍，依次列出作者姓名、书名、出版社名、出版时间及页码。

附录一般引用原始资料，放在论文后面。研究者认为有参阅价值或必要但不便在正文中描述的，皆可作为附录。如果附录超过一个以上，必须加上符号的标题，如附录一、附录二等。

其实，撰写研究报告没有千篇一律的模式，每一篇论文的结构，可依各自内容和题材不同而有所不同。写作过程中要注意 4 个问题，一是注意立论、推论和表述的科学性；二是注意论点、论据和论述的逻辑性；三是注意数据和文字表述的有机统一；四是注意典型分析和一般分析的结合。

（四）修改定稿

列夫·托尔斯泰曾说过：“写作而不加以修改，这种想法应该永远摒弃，三遍、四遍那还是不够的”。研究报告的初稿写好之后，还要进行反复推敲，不断修改。不仅要对文章的内容进行核实、补充或删改，必要时还可以对文章结构进行适当调整，在文字上必须认真加工、润色。既要统筹全局，又要注意到细节。比如一些统计数字、标点符号、图表、公式、参考文献，要反复核对校正，否则某些小的错误就可能会影响论文的科学性和准确性。

此外，自己修改之后，还应请别人帮助修改。俗话说“旁观者清，当局者迷”。自己写的

---

① 谭炳煜．怎样撰写科学论文．沈阳：辽宁人民出版社，1982. 27

文章，总觉得“无语不妙”“无一不佳”，往往看不出问题来，虚心向他人求教，可得到更加客观全面的评价，发现自己难以发现的问题，得到中肯的意见和建议。一篇研究报告只有经过反复修改，认真琢磨、推敲，才能达到比较成熟的程度，成为同行承认的好的研究报告。

三、撰写研究报告的基本原则

教育研究报告是反映科学研究成果并将其公之于世的书面形式，是对教育科学研究成果的真实纪录。它的撰写不同于一般的工作总结，从大体上讲，必须遵循以下几个原则：

（一）精确性

科研报告的价值是以方法的科学性和研究结果的可靠性为条件的，只有研究方法科学，才能保证研究成果可靠。因此，科研报告中所运用的概念含义应符合科学理论的阐释；数据应准确、可靠；对结论的阐述应合乎实际、论点明确、证据充分；调查与实验研究所呈现的数据与图表也要求客观、精确，统计及运算方法准确无误等。研究者在撰写研究报告过程中应仔细斟酌推敲，不要把错误的概念和信息传播出去，以免对实际工作造成可能的错误导向。

（二）客观性

用事实说话，用数据立论，是教育研究报告的基本要求。这就要求撰写研究报告应尊重客观实际，实事求是地反映事物的真实面目，从客观事实中整理出本质规律的东西；不主观猜想和臆断，不想当然；要言之有理，持之有据；在整理分析数据时，不能因为统计检验与研究假设不相符合，为了达到理想的结果，就有意篡改原始资料或统计结果，并将虚假的结论纳入研究报告，这是科学研究上的一种不道德行为，不仅是对科学的亵渎，也将直接危害实际的教育工作。所以，研究者必须认识到肩负的重任，在撰写报告时要始终坚持客观性原则，以科学的态度对待自己的工作和成果。

（三）公正性

教育活动是由人来设计和进行的，为了保证研究所设计的各种人的权利，教育研究必须遵循一些伦理规范。教育研究报告的撰写，也要求尊重和公正地对待与研究有关人员的名誉与权利。在未经本人同意的情况下，不能公布个人资料与姓名；报告作者的署名次序，应按照个人对研究工作的贡献大小而定。在教育实验的研究中，一般不写出参与实验组和对照组的各组教师的姓名，甚至学校、班级的名称，也不涉及对某单位或个人的工作评价。研究中所涉及的资料，一般应以群组资料的面目出现（个案研究例外），尽量避免涉及个人隐私和姓名地址。这也是一般的科学研究的道德常识。

（四）逻辑性

毛泽东同志曾经说过：“写文章要讲逻辑。就是要注意整篇文章、整篇说话的结构，开头、中间、尾巴要有一种关系，要有一种内部的联系，不要相互冲突。”同样，撰写教育研究报告也要求“言之有序”，说理透彻、明确，推理严密。科学要领准确、判断恰当。全文的章节之间的逻辑顺序、观点与材料、数据与结论应环环相扣，顺理成章，整体结构布局匀称。

（五）创新性

科学研究的生命在于创新。教育研究报告的创新主要是看研究的观点、材料和方法是否新颖，是否具有独到的见解，研究成果是否具有先进性，是否填补空白或修正前说，或在前人的基础上以新的材料、从新的观点进行探索。一篇好的研究报告应见别人所未见，言别人所未言，发别人所未发，应在已有的研究基础上进一步推进，有所创新，反映出研究的价值和意义，体现对人类知识所做的贡献，而不是人云亦云，拾人牙慧。

(六)可读性

撰写科研报告虽不能像文学作品那样讲究辞彩，注重语言的形象生动，但也必须注意章法，推敲语言，追求科学与文学、美学的完美结合。针对不同的读者对象，在所采用的文字风格、概念阐释水平和理论观点的陈述深度方面也应有所不同。语言上力求简明准确、通顺流畅、易于理解，做到字斟句酌，切忌生僻、拗口、抽象艰涩的罕见词语；报告中所呈现的图表和数据应形象化、直观性地提供给读者有关信息，切忌装腔作势故作高深状，将可以简单阐明的东西搞得复杂化，使人感到“看不懂”。概言之，撰写研究报告既要考虑内容充实深刻，又要考虑形式的完美和谐，把论文写深、写透、写美，既让人信服，又让人爱读。

第二节 教育研究报告的撰写

在教育科学研究活动中，研究成果的表现形式多种多样，不同体例的教育研究成果，其结构也有所不同。

一、教育调查研究报告

教育调查研究报告是反映教育调查过程和结果的一种研究报告，它着重把教育调查研究取得的结果、观点或某种理论，用一定的形式表达出来。它是在一定教育思想的指导下，通过对教育调查材料的整理、分析而写成的有事实、有分析、有理论观点的文章。

一般来说，教育调查报告撰写的基本结构从提出问题、分析问题到解决问题，大体上由标题、前言、正文、结论及附录 5 部分组成。

(一)标题

调查报告的标题应明确具体地表明调查的对象和内容，反映出主要的研究问题。比如“普通高校毕业生就业现状的调查和对策研究”，也可加副标题，完善对主标题的补充，用以说明在什么范围内基于什么问题的调查。

标题要求简明、概括、确切、中肯、恰当、醒目。

(二)前言

调查报告的前言要简明扼要地交代清楚调查的目的、意义、任务和方法，使人对调查内容获得总体认识，或引起人们对调查的问题的关注，对整篇文章起提纲挈领的作用。

调查报告的前言一般有如下几种写法：

1. 目的直述法，即在前言中简要说明调查的主要目的和宗旨。这种写法有助于读者具体把握调查报告的主要宗旨和基本精神。

2. 情况交代法，即在前言中着重说明调查工作的具体情况，调查的时间、地点、对象、范围、取样及调查方式方法,使读者了解调查工作的历史条件。

3. 结论先行法,即开门见山、直入主题地把调查结论写在开头处,令人一目了然。

4. 提问设悬法,即开头就提问题,设悬念,增强文章的吸引力。

前言部分要写得简洁明了,紧扣主题,既要突出中心,又要适合正文的要求,为展开正文提供基础和方便。

(三)正文

正文部分是教育调查报告的主体部分。它的任务是要对调查的内容、事实、数据、经过或问题等进行整理归纳,用纲目、项或篇、章、节的形式把主体内容有条理地、准确地揭示出来。

正文部分的写法灵活多样,一般有两种不同写法。一种是纵式结构的写法,即按照事物的发展顺序和脉络来叙述事实,阐明观点。把调查的基本情况分成互相衔接的几个部分,逐步深入地来写。另一种是横式结构的写法,即把调查的基本情况按性质和种类分成并列的几个部分或方面来写,从不同方面共同说明主题。

此外,正文的撰写,要注意数据确凿,事例典型,材料真实,观点明确,主次分明,详略得当,联系紧密,层层深入,对一些数据尽可能用图表表示出来。

(四)结论和建议

调查了什么问题,获得了什么结果,说明了什么问题是,调查报告的结尾部分。调查报告的结论部分,也是作者通过对整个调查内容的研究分析的基础上,概括出事物内在的联系和规律,形成的总体观点。或是概括主题,深化主题;或是提出新的见解和理论;或是展开讨论后提出参考意见;或是展望未来,说明意义。

但不管以何种方式结尾总结,调查报告的结论都必须客观、真实,提出的观点要从事实中引出。同时要考虑其他社会影响因素,全面衡量理论或建议的合理性和可行性,不可草率下结论和提建议。

(五)附录

附录的内容包括用于收集和分析资料的调查表(或问卷),部分原始资料、少数典型个案资料、研究记录等。加附录的目的是让别人分析、鉴定你收集和分析资料的方法是否科学,材料是否可靠。

附录的编制要防止杂乱无章和过于简单。

二、教育实验研究报告

教育实验研究报告是对某种教育现象进行实验研究后,以书面形式反映教育实验过程和结果的一种研究报告。它的显著特点是客观性,重在用数据说明问题,实验方法和过程的分析要较为详细、具体,使读者看了报告之后,对所报告的实验有一个全面、系统的了解,为读者评判、应用实验研究的成果提供依据。

教育实验报告的基本结构按其出现顺序,一般包括标题、前言、方法、结果、讨论与结论及参考文献部分。

(一)标题

实验报告的标题是一种通报性的标题,必须准确、清楚地呈现出研究的主要问题。因此,常常直接采用研究课题的名称,指明所研究的主要变量、领域、方法和问题,使人对研究问题一目了然。如:“奖励与惩罚对学生学业成绩影响的比较研究”。

标题要简练具体、精确严谨、逻辑性强,避免笼统、抽象。

(二)前言

前言也称引言、导语、序言或问题的提出,是研究报告的正文开头部分。它包括以下几个部分:

1. 研究课题的提出,即课题提出的缘由、目的。要求必须说明所研究的是个什么样的问题,该研究有何意义和价值。比如,说明该课题众所关心而迄今又尚未解决的问题,以说明该研究的研究价值及重要性;也可说明所研究的问题是教育实践中亟待解决的重大问题,以说明该研究的现实意义。

2. 问题背景,即文献述评。目的是使读者了解研究的背景,问题是怎样提出的以及该项研究的理论和实践依据。在文献评述时,选择不同观点方法的研究,以及近期或最近发表的研究,要指出以往研究的特点。研究到何种程度?用了哪些方法?取得了什么成果及留下了什么未解决的问题?切记:文献评述的篇幅不宜过长,不要堆积资料。

3. 研究的目的和假设。大胆的假设,小心的求证,历来是科学研究探索的正确途径。一般来说,是先有目的,而后在研究目的之下提出假设。但有时也可以先有假设,后有目的,因为在教育研究中有些问题也许早已有了假设,只是等待实验验证而已。

4. 重要名词诠释

作者在说明研究问题的性质、意义、目的、假设之后,对于文章中出现的一些重要名词,必须严格给予界定,有时还要写出操作性定义。

概言之,前言部分应提纲挈领地显示该研究的直接目的、针对性,在教育理论与实践中的价值,以及在国内外同类研究中所处的学术地位。文字要简洁明了,开门见山,字数不宜过多,表述要清楚具体。

(三)研究方法

实验报告所采用的“研究方法”是评价实验报告的很重要的方面。从某种意义上说,研究方法的设计影响着该实验的研究价值。研究方法的阐述便于人们对整个研究过程的科学客观性加以评价鉴定,也便于他人用同样的方法重复实验。该部分主要包括:

1. 研究对象。作者在该部分必须说明该研究对象的条件、数量及取样方法。如果实验是分组的,还应该说明按什么方式分组。

2. 研究工具。研究工具是用来收集资料的量表、测验、问卷等的工具。对于众所周知的工具,只列出名称,无需另加解释。若是鲜为人知或作者自行设计的工具,尤其自编的量表、问卷或修订的测验等,必须加以说明,必要时也应把它们编列在附录内。

3. 研究步骤。即说明该实验研究是怎样进行的实验设计,实验组与控制组的情况,自变量因素的实施及条件控制,数据资料的收集、分析、处理方式,试验结果的检验方式。

此外,研究方法的阐述要求条理清楚,结构联系周密,用词要准确明白,以强调该项实验研究的客观性和科学性。

(四)研究结果

研究的目的在于要获得一定的研究结果,所以对研究结果的陈述是实验报告的重心所在。要求将研究结果作为客观事实呈现给读者,基本内容包括:

1. 对研究中原始数据资料、典型案例、观察资料进行比较、分类、归纳、整理,使之系统化,以图表或结合文字形式呈现出来。

2. 在对定性资料进行归纳、定量资料进行统计分析的基础上,得出研究的最终结果和结论,用文字概括说明。

另外,结果部分的撰写要求:首先是强调实事求是、以准确无误的数据资料说明问题,以保证结果的客观性、准确性;其次要求定量与定性分析相结合。对数据资料要严格核实,注意所用图表的正确格式;最后要求资料要翔实,层次分明,前后连贯,文字准确简明。所下结论必须是严谨的、科学的、合乎逻辑的论证,切忌夸夸其谈、任意夸大。

(五)讨论与结论

讨论是对研究结果作出理论上的分析、解释和评价,从广度和深度两个层面来加深对研究结果的认识,为整个实验报告的结论提供理论上的依据。基本内容包括:

1. 从理论上分析和论证试验结果。根据实验结果指出实验的研究假设是否成立,同时,就实验中出现的某种特殊情况提出自己的见解。

2. 对本实验研究的科学性和局限性进行探讨。如对结果统计的误差、显著性等指标对实验成果的可靠程度及适用范围进一步说明。指出本实验研究之不足及未来研究的设想。

3. 提出可供深入研究的问题或本实验研究中需要进一步解决的问题,以及对如何推广研究提出建议。

结论主要是回答从试验结果本身概括出来或归纳出来的判断。下结论要恰如其分,留有余地,既不能把问题说得模棱两可,又不要说得太绝对。对于试验结果的推广应用,作结论时要慎重。

(六)参考文献和附录

在研究报告的末尾,应注明文中的主要参考资料的来源,以表示对他人劳动成果的尊重,也方便读者查阅。

参考文献排列为:在期刊的参考项目中,应依次为作者姓名(如果是多个作者,常在第一作者后加"等"字),文章标题,期刊刊名和期号;在书籍的参考项目中,依次为作者姓名,书名,出版社名,出版时间及页数。

三、教育经验总结报告

经验来源于实践,又直接有效地指导实践。在古今中外教育发展史上,有许许多多的教育教学经验总结,至今仍被我国教育界广为传播和借鉴。《学记》就是2000多年前我国古代教育经验的总结。其中关于教育制度、教育目的、教育作用、教学思想、教学原则的论述,至今仍给我们有益的启示。陶行知、苏霍姆林斯基等许多中外教育家也通过总结自己的经验为教育科学领域增添了宝贵的财富。直到今天,经验总结仍然是教育科研,特别是一线的学校教师进行教育科研的一种主要形式。

教育经验总结报告是对教育教学实践当中积累的经验进行归纳、总结之后所形成的科研成果。它的学术性虽不及学术论文那么强，但实践性最强。经验总结报告的内容应具有典型性、代表性。通过典型事例的分析，找出具有规律性的东西，使之上升到理论高度，具有普遍推广的意义和价值。

一般来说，经验总结报告的撰写从结构上可包括标题、前言、正文、和结尾 4 个部分。

(一)标题

经验总结报告的标题，通常有 4 种写法：

1. 交代总结的内容，例如："××学校 2005 年度工作总结""关于教育科研工作的认识和实践"这是一般性的总结题目，虽然使人一目了然，但比较呆板。

2. 表明成功的经验，如"主动参与自我体验——加强学生主动参与品德教学的体会""让每一个孩子受到尊重——班主任工作经验总结"。

3. 反映工作的过程，如"摒弃错误的评价，树立良好的教师形象""和风细雨润童心"。

4. 揭示要解决的问题，如"素质教育的办学模式及实施策略的探索""怎样在语文教学中培养学生的自学能力"。

经验总结报告的标题从形式上讲可以丰富多样，根据研究报告的内容，灵活处理。

(二)前言

经验总结报告的前言部分，依据总结内容的不同，写法也就不同。基本上可概括为以下几种：

1. 简单介绍基本情况，常用于全面经验的总结，如：学校工作的全面总结，班主任工作的全面总结。

2. 说明总结课题的背景及目的意义，这种常用于专题经验的总结。

从总体上说，前言作为开头部分，应力求简洁明了，高度概括，篇幅不要过长，以免全文头重脚轻。

(三)正文

正文是撰写经验研究报告的重点部分，它主要反映研究者的工作过程和经验体会，一般包括以下内容：

1. 基本情况概述。一般包括时间、地点、过程等方面，必要时也应介绍背景，提供给读者以总体认识。要求写得简洁、具体，高度概括。

2. 主要经验。这是全文的关键所在。这一部分要指出具体经验是什么，应对成绩和经验进行分析、归纳、论证，使之上升到理论的高度，从中找出规律性的东西。这一部分要写得详细、具体，尤其注意内容的归类和安排，做到重点突出，观点鲜明，条理清楚。

3. 存在的问题和教训。"胜固欣然败亦喜"。在总结经验的同时，也应查找工作的不足，对存在的问题和教训作认真分析，找出原因，吸取教训，进而指导人们去另辟蹊径，不再犯同样的错误。

4. 今后的努力方向。阐明经验和教训之后，还可以提出今后的打算，以求达到增强信心、鼓舞斗志的目的。

常见的这部分的撰写有两种写法:一种是纵式写法,行文是按事件或思想的发展过程、环环相扣、逐步展开的。如先谈工作过程,再说取得的成绩,然后谈经验体会,最后谈存在的问题或建议。另一种就是横式写法,是把工作过程和经验体会概括成若干个问题来写,各分问题之间是并列关系,若干个问题集中说明总结的总课题,在形式上除了总标题之外,每一部分还有一个小标题,这种写法较为常见。

(四)结尾

经验报告的结尾是研究者通过大量报告内容的分析概括,得出的独到见解,也是报告的精髓所在。结尾的写法比较灵活,应依正文部分情况而定,或以一段总结性的语言作结,或以提出一些问题或建议作结,还有的随正文部分各个具体的分问题结束而结束,没有专门的文字作结。

四、学术论文

学术论文是对教育科学中的某些问题,通过种种途径和方法,进行科学的探索或思考而写成的以论述为主的文章。它展示的是一个新的论点及理论体系的形成,是一个创造性的认识活动过程。因此,与研究报告相比,学术论文在反映科研成果上更具有理性的论述,它更强调内容的创新,强调学术价值和社会价值。按研究目的的不同,又可分为理论探讨性论文、论证性论文、综合论述性论文和预测性论文。无论哪一类学术论文,形式规格上基本上遵循“绪论、本论、结论”的逻辑顺序。基本的框架结构一般可分为6个主要部分:

(一)标题

标题是学术论文的眼睛,它是论文内容的高度概括,向读者说明研究的基本内容或基本观点。标题的形式多种多样,可以点明中心论点,如“论校园文化建设”“科研方法比具体结论更重要”;也可以指出研究范围,如“课堂教学评价的几个问题”“浅论素质教育的特征”;还有的用提问的方式立题,如“怎样写学术论文”“如何提高英语高考应试能力”;也可加副标题补充主标题如“教育学如何走向21世纪——关于教育学内容体系建构之思考”。

一般来说,好的学术论文标题应符合3方面要求:一是准确概括论文内容,一目了然;二是文字要简洁、精练、新颖、独特、引人注意;三是便于分类,即不仅使人从题目上能判断研究的学科范畴,而且能抓住该研究课题在这一领域有关问题研究发展过程中的位置及特点。

(二)内容摘要

摘要是论文的浓缩,是对研究主要内容与结构的简单介绍。其作用是帮助读者通过摘要掌握论文要点,也为文摘、索引、出版物转载时提供方便。

撰写摘要需要较高的概括能力,必须做到:

1. 文字简短、精练。期刊文章或研究报告的摘要,一般为二三百字为宜。学术论文的摘要,往往五六百字至1000字为宜。

2. 内容全面。要对论文的主要内容,如研究目的、主要观点、研究的方法及意义作出全面概括的介绍。

3. 准确简练、重点突出、结构严谨、逻辑性强。

4. 要采用第三人称表达方式。

(三)序言

序言也叫引言、绪论,写在正文之前。用于说明研究的目的、意图及研究方法,一般包括以下内容:一是阐明研究的背景,从而衬托出所论问题的重要性。二是简述研究的缘起,为什么研究,试图解决什么问题。三是指出该研究方法和有关研究手段。四是概述研究这一课题的价值和意义。

序言部分的写作要求简单扼要、开宗明义、条理清楚、据理分析,切忌空泛、含糊其辞或言过其实,篇幅不宜过长,以免全文头重脚轻。

(四)正文(本论)

正文是学术论文的主体、核心,是对课题的研究方法、研究内容和研究全过程的介绍和阐释。学术论文质量的优劣、水平的高低、价值的大小,很大程度上取决于正文部分的写作。在篇幅上应占全文的2/3以上。

正文撰写的基本要素是论点、论据、论证。论点是需要加以证明的问题,论据是用来证明论点的一些判断,而论证是论点和论据之间的逻辑关系和证明方式。正文的写作关键在于论证,即证明自己提出的论题。论证的方法多种多样,常见的有以下两种形式:直线推论式和并列分论式。

1. 直线分论式,就是提出了一个论点或问题后,一步步深入,一层层展开论述,循着一个逻辑线索直线移动,直到最后得出结论。

2. 并列分论式,是把从属于全文基本论点的几个分论点并列起来,逐一加以论述,每一个部分围绕着一个分论点展开。在许多情况下,上述两种形式是结合使用的。例如在研究流失生的论文中,无论是其表现、危害还是原因、对策,都可往下分为几个并列的小论点加以论述。比如对策就可以从家庭、学校、社会3个并列方面来考虑。

概言之,正文部分是对研究内容的全面阐述和论证。在实际的撰写过程中应注意:

1. 论点明确具体,论据要丰富充足,论证符合逻辑,要有理有据。在这里,要避免两种毛病:一是只有观点,没有材料,空洞无物;二是只有材料,没有观点,读起来感到臃肿,不得要领。

2. 论述方法要多样,动用各种逻辑方法,多维度、多方向、多层次地论述问题。注意分清主次,抓住本质,条理清楚。

(五)结论与讨论

结论与讨论是学术论文的收尾部分,是研究者在对全部研究内容进行分析、综合、抽象概括之后的全面总结。这部分内容主要包括:对研究总体性的判断,总体性的见解;提示切实可行的解决问题的策略和措施;指出尚未解决的问题及研究的局限性;今后进一步解决的问题和方向。

结论部分的写作要求:内容简洁,措辞严谨,逻辑严密。

(六)引文注释与参考文献

科学研究总是在前人或他人已有的研究成果的基础上进行的。论文中应列出直接提到的或利用资料的来源。一是帮助读者了解有关本课题的研究历史和已有成就,作为进一步研究依据;二是尊重他人的研究成果,体现作者严谨求实的科学态度;三是便于别人查证。(有关引文注释、参考文献和附录的著录格式,前面第一节已有介绍,在此不再赘述。)

综上所述,不同内容的研究工作,其撰写研究报告所采用的格式、体例、写法也就有所差异。但应该说明的是,研究报告习惯格式的沿用,并不能限制文章结构形式的创新。研究报告的结构还是可以根据内容、体裁的不同而灵活掌握的。只要能够达到结构完整、层次分明、逻辑缜密、条理清楚的要求,在写作形式上是可以有所不同的。

第三节 教育研究报告的质量评价

教育研究是一个无止境的系统的探索过程,任何一种研究成果最终都要面向社会,接受社会的检验。因此,从某种意义上说,教育研究报告的鉴定和评价,是使社会和学术界接受并传播研究成果的重要途径,其意义和作用是不可低估的。

一、教育研究报告评价的意义

教育研究报告的评价即是对教育研究取得的成果进行分析和评价,对研究的过程、方法、结果的科学性和论文内容的质量作出判断,无论是对推广教育科研成果,还是改善教育研究工作,推动教育研究发展都具有重要的意义。

(一)教育研究报告的评价是推广科研成果的前提

随着科研工作的繁荣发展,表述研究成果的文章也越来越多,但教育科研工作并非一做就有成效,也存在无效、低效的可能。只有通过对研究报告的评价,及时检验教育研究成果在改进教育实践和发展学术理论等方面的价值,才便于学术界和社会了解、承认,进而促进教育科学知识的普及和教育科研成果的应用和推广。

(二)教育研究报告的评价是沟通和反馈科研信息的重要渠道

一项教育研究课题取得成果之后,及时给予评价,并予以公布,有利于沟通学术信息,避免他人的重复研究。同时,依据评价所提供的反馈信息,研究者可以更好地把握方向,按照更高、更新的标准,对后续研究的目标、过程和方法进行及时调整,以保证研究成果的有效实现。此外,通过对相关研究的对比评价,也有利于研究者了解各项研究特点和水平,便于认识各自的现状、优势和差距,从而相互学习,共同提高。因此,评价研究报告的过程同时也是一个不断提高教育科学整体研究水平,使研究者不断自我完善的过程。

(三)教育研究报告的评价是教育科研管理工作的一个重要环节

通过评价教育研究报告,有利于教育行政部门收集教育科学研究的有关资料,便于加强本地区、本单位教育科研的宏观管理和指导;同时也有利于建立教育科研的基本规范和要求,指导教育研究工作逐步达到高质量、高水平,这对于总结和改进教育研究的方法,发现和选拔优秀教育科研人才,建立有效的教育科研体系都有重要作用。

二、教育研究报告的评价标准

教育研究报告是研究质量和作者水平的综合体现。高水平的研究报告，不但可以让读者获得最新研究信息，还可以使读者体验到科学研究中探索的激情、大胆的设想、巧妙的构思和严谨求实的作风。在科学的发展过程中，研究成果成百上千，如何评判前人已经积累的研究成果，如何在较高的起点上进行自己的研究，如何在一项研究结束时将自己的研究成果更好地展示在读者面前，避免仅凭个人喜好、印象或偏见去评价一篇研究报告的优劣，对于所有研究者来说，都是至关重要的。因此，认真探讨教育研究报告的评价标准不无必要。

1974 年出版的《美国心理学会发表手册》（第二版），规定了心理学研究论文的格式和写作方式，这一手册已成为心理学杂志发表论文报告的标准，也是最有代表性的、符合国际惯例规范的格式。其中对心理学论文与研究报告的评价，规定有如下 8 条标准：①

· 具有一个或多个具有理论意义的新结果；

· 研究结果具有重要的实际意义和可应用性；

· 论文构思新意或者以新方式说明老问题；

· 研究结果的解释明确合理；

· 论文以简明方式综合了新的研究数据；

· 论文指出了先前所持的某种理论观点的问题或局限；

· 研究有明确的研究图式、思路或者实验（或实践）操作；

· 所报告的结果或理论具有普遍性。

我们认为，评价一篇研究报告或论文的等级优劣，可以集中于从研究的意义和研究的质量两个方面来进行分析评价。

（一）从研究的意义上评价

从研究的意义上评价教育研究报告，必然兼顾研究的理论意义和实践意义两个方面。

理论意义上，主要考虑该研究对增加教育理论知识的贡献，诸如对理论观点上的创新、补充和发展新理论、新思想，提出有生命力的研究课题，研究方法和技术上的突破、某些学科领域空白的填补以及研究结果对其他学科的借鉴和启迪意义等。

实践意义上，主要考虑该研究成果对教育的实践和发展所发挥的现实作用，诸如对解决某些教育实际问题提出建议、方案和方法，或为政府教育行政部门和学校提供认识某一教育问题的理论观点以及研究成果在现实教育中的推广价值、适用性和可能起到的推行作用。

值得注意的是，由于教育的培养周期长以及影响教育成效的多因素性，很多情况下，研究成果的意义和价值并非立刻就能呈现出来，而是要经历相当长一段时间的实践反复检验。这就要求评价时也要考虑到该研究的潜在发展性意义。

以上评价要点，可以归纳成清单，供大家评价时参考：②

1. 对有关解决教育问题的基础知识的贡献。

2. 对教育理论的贡献。

---

① 转引自王重明．心理学研究方法．北京：人民教育出版社，1990. 312 ~ 313

② 转引自［美］威廉·维尔斯曼著．袁振国主译．教育研究方法导论．北京：教育科学出版社，1997. 493

3. 具有方法论的贡献。

4. 对解决长期和短期教育问题的贡献。

5. 预期结论的潜在的普遍性。

6. 预期结论对改善教育实践具有的潜在影响。

(二)从研究的质量上评价

从研究质量上进行评价，主要是从研究报告的表达形式和各个部分的内容上进行评价，主要包括研究问题、文献综述、研究的方法和设计、研究结果、讨论、结论与建议等方面。从研究的质量上评价研究报告应注重研究报告内容的系统完整和表达形式的规范。以下问题可供评价时参考：

1. 题目

题目表述是否简明、规范、确切？

摘要是否反映全文概貌？

关键词是否恰当、准确？

2. 研究问题

研究问题是否有新意？表述是否清楚？

是否适当限定了研究的范围？

是否指出其研究的意义和重要性？

是否界定了与问题有关的重要名词术语？

是否应用操作性的定义？

研究变量、研究假设是否清晰、易于理解？

3. 文献综述

文献综述是否与研究问题相关？

对文献综述的叙述结构是否条理清晰、易于理解？

是否能满足研究的需要？

引用的文献是否权威、有代表性？

与文献综述比较，能否看到研究的创新之处？

4. 研究方法与设计

研究方法的选择是否符合研究问题的需要？

抽样是否恰当？样本容量是否合理？

对研究被试情景或环境等特征是否做出说明？

研究的步骤是否合理？

测量工具是否可靠？

对无关变量是否作了适宜控制？

对有关变量是否作了操作定义？

统计和分析的方法是否恰当、精细？

与综述中的同类研究相比，方法上是否有所改进？

5. 研究结果

研究结果是否客观、可靠？

论证的依据是否合理?
统计图表的使用是否恰当、有效?
统计分析是否得当?
是否对统计结果作了合理解释?

6. 讨论

讨论是否联系研究问题和假设?
分析是否合乎逻辑?
与综述中的相关研究相比,是否有新的突破?
是否指出了研究的局限性?
是否揭示了研究结果对理论和实践的贡献?

7. 结论与建议

研究结论是否依据研究资料和研究结果?
论据是否充分? 推论是否合理?
研究结论是否简明易于理解?
研究结论是否能进一步验证?
研究建议是否指出研究之不足?
是否指出今后的研究方向?

8. 参考文献与附录

附注格式是否规范?
参考文献是否可靠?
是否包含了所有引用过的资料?

综上所述,评价一篇教育研究报告,一般应从该研究的课题和研究成果的意义出发,结合研究报告撰写的规范、结构的安排、分析的深度以及行文的表达等方面来综合评定其品质。然而,应该说明的是,对研究报告的评价,并无绝对的标准。本节介绍的这些质量评价标准,只是向报告作者与读者提供一种评价的思路。作为研究者,可参考这些质量评价标准,作为努力的方向与进行自我评价的依据,而作为报告的读者,则可参考其角度,对别人的报告加以鉴定和评价,以判其科学性和有用性价值。

附录一:研究报告样例

高师生心理健康教育实验研究①

一、前言

大量的调查研究显示,大学生中有心理健康问题的人数比例不少。据国家教委 1989

① 王玲等. 高师生心理健康教育实验研究. 心理科学,2000(3)

年对12.6万大学生的调查结果显示，大学生中有不同程度的心理障碍的人数比例高达20.3%。一些研究资料还显示，大学生中因为精神问题而休学或退休学的占总人数的30%左右。师范大学生的心理健康状况也是不容乐观的。我们曾用SCL－90对1 332名师范大学新生进行心理健康测试，发现有中度或中度以上心理障碍的学生占15.2%，师范生是未来的人类灵魂工程师，他们的心理健康状况将直接影响下一代的成长。因此，对于改善师范生的健康状况，培养良好心理素质的心理健康教育及其研究是十分必要的。

关于大学生的心理健康教育方面的研究，国外早已有了许多研究成果，而我国的研究主要是近10年内发展起来的。大学生心理健康干预最主要的形式，包括个别心理咨询、团体咨询、心理健康教育、心理训练、心理健康知识讲座等，其中心理健康教育越来越受到人们的重视。浙江大学于1987年2月在国内第一个开设了大学生心理卫生课。从对教育干预效果的无记名调查来看，96%以上的大学生认为对自己"帮助很大"或"有帮助"；在14项调查内容上心理健康平均水平由干预前的"一般"提高到"良好"。由此可见，在大学生中开展和加强心理健康教育是非常重要的，是可行的。

以往的有关心理健康教育的研究指出了心理健康教育的有效性，但很少有研究探讨心理健康教育有效性的心理机制。本研究将着重探讨心理健康教育师范生健康信念、健康行为和健康水平的影响，以便揭示心理健康教育有效性的机制。

二、研究方法

2.1 研究对象

本实验在广州市华南师范大学进行，以公共选修课的形式向各系大学三年级(95级)学生开课。在报名选修本课程的学生中随机抽取126名学生构成实验组，并按文理分班上课。文科班包括地理、外语、音乐、中文、经济、信息、政法系的学生，而理科班包括数学、电教、生物、物理、化学系的学生。

在中文、数学系未修"学生心理健康与心理辅导"课程的同年级学生中随机抽取109人作为控制组。

2.2 研究工具

本研究采用开放式与封闭式相结合的调查问卷，作为评价师范生的健康信念、健康行为和健康水平的研究工具。它包括3个部分：一般背景信息，包括系别、性别、年龄、班级、干部、三好生等等；关于健康信念(个人对健康、健康原因和健康方法的认识)与健康行为(个人为自己的健康所做的一切)的开放式问题以及Cawte量表。其中Cawte量表是用来评估个人的健康水平，它包括2个分量表，分别测量身体健康和心理健康的水平。每个分量表有10个有关身心症状的是否判断题目，分数越高，则健康水平越低。

2.3 研究步骤

"学生心理健康与心理辅导"公选课程在三年级第一学期进行。开课前，先用健康信念和健康行为问卷及Cawte健康量表对实验组进行前测。

然后将实验组分为文理两个班同时进行"学生心理健康与心理辅导"的课程教学。教学时间为18周，每周3节课，共54个课时。以华南师大心理系应用心理教研室所编的《学生心理健康与心理辅导》为主要教材，教学内容包括：心理健康概论、学生心理适应问题、学习问题、人际交往、情绪障碍、人格障碍、性心理困扰以及相应的心理辅导、心理咨询的方法与技能。教学方法根据主题需要而灵活变化,有讲座、讨论、座谈、观看实验录像及学生心理咨询课堂模拟训练等。

在课程结束后,采用师范生健康问卷同时对实验组和对照组被试进行调查和收集资料。最后,对实验组被试前后两次调查测试结果以及实验组与控制组的调查测试结果进行对比统计分析。

三、结果与分析

3.1 健康概念的调查结果及其比较

我们就健康概念,分别在控制组与实验组的前测结果之间、控制组与实验组的后测结果之间,以及实验组自身前测与后测结果之间进行了比较和差异显著性检验(见表1)。我们发现控制组与实验组的前测结果之间存在显著差异($\chi^2=6.67, P<0.05$),控制组与实验组的后测结果之间存在非常显著的差异($\chi^2=16.23, P<0.01$),实验组本身的前测与后测结果之间也存在非常显著的差异($\chi^2=15.14, P<0.01$)。以上结果表明,通过一个学期的心理健康教育,被试对健康概念的理解的确发生了显著的变化。这种变化主要是单纯从生物学意义上去理解健康的学生人数减少,更多学生能全面、正确理解健康的概念,即认识到健康不仅是身体没有残疾,还要有完整的生理、心理状态和社会适应能力。

3.2 关于健康方法信念的调查结果及其比较

表1　健康概念的调查结果

项目	控制组	实验组	
	%	前测(%)	后测(%)
身体健康(1)	11.9	6.2	1.6
心理健康(2)	81.7	86.7	80.2
社会适应(3)	6.4	7.2	18.2

我们就健康方法的信念,对控制组被试、实验组被试的前测和后测的3个结果(%)进行了比较和差异显著性检验(见表2)。

表2　被试健康方法信念的调查结果及其比较

健康方法	控制组(A)	实验组(B)		比较(χ^2值及显著性水平)		
		前测(B_1)	后测(B_2)	$A-B_1$	$A-B_2$	B_1-B_2
体育锻炼	86.2	83.3	84.9	0.38	0.08	6.56*
有病及时看医生	0	1.6	7.1	1.75	8.09**	5.63*
饮食营养	39.4	31.0	26.2	1.86	4.69*	8.85**
充足睡眠和休息	33.0	20.6	9.5	4.62*	19.86**	0.13
个人和环境卫生	4.6	6.3	7.9	0.35	1.09	0.24
丰富业余生活	11.9	15.9	24.6	1.39	6.17*	3.95
情绪调节	52.3	49.2	53.2	0.22	1.24	0.11
乐观人生态度	45.9	42.9	53.2	0.22	1.25	5.14*
交友	20.2	26.2	38.1	1.18	8.98**	2.05
认知提高	21.1	28.6	38.1	1.73	8.01**	17.45***

注:* $P<0.05$,** $P<0.01$,*** $P<0.001$

从表 2 可看出,控制组被试健康方法信念的调查结果与实验组被试的前测结果基本一致(除充足睡眠和休息这一项有显著差异之外);控制组被试健康方法信念调查结果与实验组被试后测结果的差异增多,显著差异的健康方法是饮食营养、有病及时看医生、充足的睡眠与休息、丰富业余生活、交友、认知提高等;实验组被试健康信念的前测和后测结果在某些项目上有显著的变化。以上结果表明,健康教育实验有效地改进了学生的健康信念,特别对有关心理调节方法的认识有了提高。

表 3 被试健康行为的调查结果及其比较

健康方法	控制组(A)	实验组(B)		比较(χ^2 值及显著性水平)		
		前测(B_1)	后测(B_2)	$A-B_1$	$A-B_2$	B_1-B_2
体育锻炼	57.8	66.7	67.5	1.96	2.34	20.89***
有病及时看医生	2.8	5.6	5.6	1.13	1.13	7.48**
饮食营养	28.4	28.6	19.8	0.01	2.38	3.64
充足睡眠和休息	23.9	19.8	24.6	0.55	0.18	0.19
个人和环境卫生	7.3	2.4	4.0	3.22	1.27	0.13
丰富业余生活	18.3	12.7	25.4	1.44	1.68	18.18***
情绪调节	22.0	27.8	40.5	1.03	9.16**	2.41
乐观人生态度	10.1	12.7	16.7	0.39	2.15	0.06
交友	13.8	19.0	35.7	1.18	14.81**	4.93*
认知提高	21.1	16.7	22.2	0.76	0.43	6.21*

注:* $P<0.05$, * * $P<0.01$, * * * $P<0.001$

3.3 被试健康行为的调查结果及其比较

从表 3 的结果可看出,在健康行为上,控制组的调查结果与实验组的前测结果之间没有显著差异;控制组的调查结果与实验组后测结果之间有显著差异,主要是实验组的情绪调节和交友行为显著多于控制组;实验组被试的前测与后测结果之间存在显著差异,主要是体育锻炼的学生有所增加,有病及时看医生的学生有所变化,丰富业余生活、交友和认知提高的学生明显增加。以上结果说明,心理健康教育实验明显改进了学生的健康行为,特别是有关心理调节的行为明显增多。

3.4 被试健康水平的测试结果及其比较

我们将控制组健康水平测试结果与实验组前后两次健康水平测试的结果进行统计分析和平均差异的显著性检验(见表 4)。

表 4 被试健康水平测试分数($\chi+s$)及其比较

Cawte 分数	控制组(A)	实验组		比较(t 值及显著性水平)		
		前测(B_1)	后测(B_2)	$A-B$	$A-B_2$	B_1-B_2
身体健康	1.45/1.51	1.34/1.30	.81/1.04	.58	3.77***	4.64***
心理健康	3.13/2.25	3.24/1.89	2.47/1.74	.40	2.50*	4.40***
健康总分	4.58/3.24	4.58/2.69	3.28/2.45	-.00	3.45**	5.79***

注:* $P<0.05$, * * $P<0.01$, * * * $P<0.001$

从表 4 可看出,在 Cawte 健康测试的两个分量表分和总分上,控制组与实验组前测结果均没有显著差异,控制组与实验组后测结果均存在显著性差异,实验组前测与后测结果之间均存在非常显著的差异。这些结果表明,一个学期的心理健康教育实验显著提高了学生的健康水平,包括身体健康和心理健康水平。

四、讨论

本研究结果表明,心理健康教育不仅提高了大学生的身心健康水平,而且改善了大学生的健康信念和健康行为。一个人的健康水平不仅与个人素质和环境卫生条件有关,而且与个人健康信念和健康行为有密切的关系。个人的健康信念制约着自己的健康行为,而健康行为又与个人的健康水平直接相关,健康水平的变化会通过反馈作用影响个人的健康信念,并进一步强化或削弱健康行为,从而形成了一个相互联系和相互作用的循环。我们可以用一个简化的理论模式来表示健康信念、健康行为和健康水平之间的相互联系和相互作用。(见图 1)

图 1　健康信念、健康行为与健康水平的相互关系

从该理论模式出发,并结合以往的实证研究材料(即健康信念、健康行为和健康水平存在显著相关),我们可以较有把握地推论出心理健康教育是对学生健康影响的心理机制之一,即心理健康教育影响和改善个人的健康信念和健康行为,进而影响个人的健康状况,健康状况的改善又通过反馈作用进一步强化健康信念和健康行为,由此形成良性的相互作用循环,提高个体的健康水平。

附录二:

关于“新课改”中教师压力的调查研究[1]

一、问题的提出

自 2001 年 9 月起,新一轮基础教育课程改革(本文简称“新课改”)在全国范围内自上而下地展开,预计于 2004 年秋季进入全面推行阶段。“新课改”在课程内容、课程编制、课程管理、课程实施、课程评价等方面做出了全新的规定,它要求教师在教育理念和教学实践等方面做出相应的调整和转变。在“新课改”的推行过程中,不少教师感受到了压力。本研究正是在这样一个背景下对“新课改”实施过程中教师压力作进一步探讨。通过研究,向课程改革的推行者展示教师在“新课改”中的压力情况,以便于他们适当调整改革步伐,为教

① 刘磊等. 关于“新课改”中教师压力的调查研究. 教育研究与实验,2004(3)(因篇幅过长,对该文进行了少量删节。)

师提供更多的支持性环境，从而确保教师在"新课改"中的身心健康并促进"新课改"的顺利推行。

二、研究方法

本研究通过编制"'新课改'中教师体验调查问卷"，运用因素分析的方法展示"新课改"中教师压力状况，归纳"新课改"中教师压力的主要来源并进一步探讨其影响因素。

（一）问卷编制

首先运用开放式问卷，让参与"新课改"的一线教师写出"'新课改'中教师压力的主要来源"，收回有效问卷80份。在发放问卷过程中，分别对3名教师和3位校长进行了20分钟的访谈。结合开放式问卷和访谈资料，同时依据国外相关研究成果，初步将教师在"新课改"中的压力来源概括为：学生和家长，上级主管部门或学校，"新课改"的评价体系，"新课改"的支持环境，教师个体应对"新课改"的能力，"新课改"对教师的客观要求和教师在"新课改"中的顾虑等7个方面。依据上述7个维度，初步编制出一份包括49个项目的"基础教育课程改革中教师体验调查问卷"。请有关专家（2人）、教师（2人）和博士、硕士研究生（6人）对每个项目的可读性和适宜性做出评议，删除其中语义不清或重复的项目9个，并对一些项目的表达方式进行了修改，最后整理形成包括7个维度、40个项目的调查问卷。问卷采用5级分制，项目得分愈高，说明该项目愈易引发教师压力。

随机选取大连市两所学校参与"新课改"的教师90名，发放问卷90份，回收80份。对预测结果进行分析，计算问卷奇偶分半信度为0.7095（$P<0.01$，N=80），说明预测问卷具有一定的可靠性。经校正的题总相关和变量多重相关的平方的项目分析，删除了3个项目，形成正式的"新课改'中教师体验调查问卷"。该问卷由两部分构成，第一部分包括2个项目，旨在调查"新课改"中教师的压力状况。第二部分包括35个项目，旨在探索"新课改"中教师压力的来源，其中关于学生和家长的5个；关于上级主管部门或学校的5个；关于"新课改"评价体系的7个；关于"新课改"支持环境的4个；关于教师个体应对"新课改"能力的5个；关于"新课改"对教师客观要求的5个；关于"新课改"中教师顾虑的4个。

（二）测量

在大连市内随机选取5所小学、5所初中，共500名参与"新课改"的教师。发放问卷500份，回收470份，剔除不合格问卷57份，实际获得有效问卷413份。其中，男教师78人，女教师335人；教龄在1~3年的88人，教龄在4~6年的54人，教龄在7~25年的199人，教龄在26~33年的44人，教龄在33年以上的28人；中专学历的32人，大专学历的155人，大学本科的226人；主科教师260人，副科教师86人，艺术科教师67人；参与"新课改"时间在一年以内的182人，一年及一年以上的231人；小学教师154人，中学教师259人；科任教师246人，班主任167人。

（三）数据处理

对收集来的资料进行整理，采用SPSS10.0 for Windows软件包对数据进行分析。

三、研究结果

(一)“新课改”中教师压力状况分析

表1“新课改”中教师压力状况频次分布

压力状况	压力很大	压力较大	一些压力	压力较小	没有压力
百分比(%)	24.8	45.4	23.7	4.75	1.35

(二)正式问卷的统计分析

1.问卷的因素结构

分析变量的相关矩阵,目的在于考察所有条目是否适于因素分析,采用Bartlett球型检验和Kaiser-Meyer-O1kin度量来判定样本的适合度。KMO值为0.855,表明因素分析的结果能够解释变量之间的关系。Bartlett球型检验呈显著水平,表明变量的相关矩阵差异显著,而非单位矩阵。因此,可以对本研究的数据进行因素分析。

对35个项目采用主成分分析提取主要因素,结果显示特征值大于1的因素共11个,共解释总方差的56.642%。35个项目的“碎石图”显示,陡降发生在第4个因素,从第5个因素开始趋于平缓,最后确定尝试提取4个因素。提取出的4个因素的特征值分别为5.884,2.907,1.657,1.540,总解释量为34.250%。35个题项的共同度在0.457~0.697之间,表明35个题项的信息在4个因素模型中得到了一定的体现。

为了对因素做出解释,采用极大方差旋转得到因素负荷矩阵。结果发现,第1、6、10题在各个因素上的负荷量都很小,应将其删除。其他题项均与这4个因素中的某一因素有较高的相关。删除第1、6、10题后,对正式问卷中每个题项逐一进行项目分析。用问题与问卷总分间的相关系数作为该题的区分度指标。结果发现,各题项与问卷总分之间的相关系数均在0.01水平上达到显著,说明问卷所有题目都有一定的鉴别度。

2.问卷的信度检验

本研究使用了奇偶分半信度,结果显示问卷的各个维度及总问卷的分半信度系数都达到了很高的显著水平(见表2)。

表2　问卷的信度

	因素一	因素二	因素三	因素四	总问卷
奇偶分半信度	.546**	.631**	.512**	.348**	.749**

** $P<0.01$

3.问卷的效度检验

根据心理测验理论,问卷总分与各分测验之间的相关系数可以作为问卷结构效度的衡量指标,表3是各分测验之间与其问卷总分之间的相关系数矩阵,表明本问卷具有较好的结构效度。

表 3 分测验之间及其与问卷总分之间的相关系数矩阵

	因素一	因素二	因素三	因素四
因素二	.394**			
因素三	.509**	.288**		
因素四	.463**	.497**	.307**	
总问卷	.824**	.711**	.745**	.688**

** $P<0.01$

(三)影响"新课改"中教师压力因素的分析

独立样本 t 检验显示,性别、参与"新课改"的时间、学校类型及学历等 4 个因素对于教师在"新课改"中的压力没有显著影响。独立样本 t 检验显示,科任和班主任教师间的得分存在显著差异($t=-4.652, P<0.001$)。多重比较分析结果显示,教龄为 1～3 年($M=102.6705$)与 4～6 年教师($M=110.4815$)有显著差异($P<0.001$),教龄为 1～3 年($M=102.6705$)与 7～25 年教师($M=107.2663$)有显著差异($P<0.001$),其他类型的教龄间不存在显著差异;主科教师($M=108.3038$)与副科教师($M=104.8014$)之间存在显著差异($P<0.01$),主科教师($M=108.3038$)与艺术科教师($M=102.1642$)之间存在显著差异($P<0.01$)。上述结果表明,教师在班级中的角色、教龄和教学科目等 3 个因素对教师在"新课改"中的压力有显著影响。

四、讨论

(一)"新课改"中教师压力调查问卷的适用性

本研究采用奇偶分半信度对问卷进行信度检验,结果表明问卷及其 4 个分量表的信度系数都达到了 0.01 的显著水平,这说明该问卷具有较好的信度。

本研究采用内容效度和结构效度对问卷的效度进行检验。问卷的内容效度以专家鉴定和各分量表与问卷总分的相关系数作为指标。通过检验,问卷的各项内容效度指标是较高的。问卷的结构效度以因素提取的 4 个因素与理论构想的 7 个维度所有题目的拟合度来检验,结果发现因素提取的 4 个因素刚好是理论构想 7 个维度中的后 4 个维度,这说明本问卷的结构效度是较好的。

(二)"新课改"中教师压力的归因

从研究的结果中可以看出,教师在"新课改"中的压力主要来自于 4 个方面:"新课改"的支持环境、教师应对"新课改"的个人能力、"新课改"对教师的客观要求和教师在"新课改"中的顾虑。

"新课改"中教师压力归因的 4 个方面可以通过心理学的应激认知交互作用理论得以充分的解释。该理论认为,外界刺激能否使个体产生压力关键在于个体自身的主观评估。个体对于压力源的评估分为 3 个阶段:初级评价、二级评价和再评价。初级评价"关注的是一个人在所遇到的事的结果中,所能得到的利益"。当个体认为压力源可能导致自身损失某些物质财富、精神资源(如亲情、自尊等)或既得利益受到威胁时,个体接下来要对压力源进行二级评价。当个体认为自身无法有效地应对压力源时,压力源则转变为真正的压力事件,导致个体的精神紧张、情绪低落,甚至发生相应的生理反应。实际上,教师对于“新课改”的顾虑也正是他们对于“新课改”进行的一级评估。多数教师在“新课改”中顾虑重重,则已经显示他们在一级评估中已经将“新课改”视为潜在压力源。教师个体对于“新课改”的应对能力和“新课改”对教师的客观要求也正是他们进行二级评价的基础。由于“新课改”是新生事物,教师在教育观念和教学实践中尚无法完全适应。而“新课改”本身对教师素质又提出了较高的要求,上级主管部门、学校、学生以及学生家长也对教师在“新课改”中的表现给予了很高的期望。于是就产生了广大教师在“新课改”中普遍存在较大压力的客观结果。“新课改”中教师压力是客观的,但也并非是一成不变的。据应激认知交互作用理论,个体对于压力源评估的第三阶段是再评价。当个体对压力源进行再次评价时,可以通过增强压力事件的合理性,改变事件的意义,降低事件的重要性等方式缓解压力。

（三）影响教师在“新课改”中压力的因素探讨

本研究探讨了性别、教龄、学历、教学科目、参与“新课改”的时间、学校类型、教师在班级中的角色等7个因素对于教师在“新课改”中压力的影响。研究发现,性别、学历、参与“新课改”的时间和学校类型等4个因素对于教师在“新课改”中的压力无显著影响。教龄、教学科目和教师在班级中的角色等3个因素对教师在“新课改”中的压力有显著影响。

1. 教龄因素

本研究关于教龄各阶段的划分借鉴了休伯曼(Huberman)等人提出的教师职业周期理论。休伯曼把教师职业生涯划分为7个时期,依次是:“入职期”(1~3年),“稳定期”(4~6年),“实验和歧变期”,“重新估价期”(7~25年),“平静与关系疏远期”和“保守与抱怨期”(26~33年),“退休期”(34~40年)。研究结果显示,“新课改”中,教师压力在“入职期”与“稳定期”之间存在显著差异,且“入职期”压力远远低于“稳定期”;教师压力在“入职期”与“实验和歧变期”或“重新估价期”之间也存在显著差异,且依然是前者远低于后者。其他教龄阶段的教师压力均不存在显著差异。我们的研究结果,即处于7~25年教龄段的教师在“新课改”中的压力略高,正与休伯曼的研究相符,且说明我国在7~25年教龄段上的教师处于“重新估价期”的略多。

2. 教学科目因素

依据辽宁省当前“中考”的相关规定,本研究将学校课程分为主科、副科和艺术科3种类型。研究结果显示,“新课改”中主科教师分别与副科、艺术科教师在压力方面存在显著差异,并且主科教师压力高于副科教师和艺术科教师。这一结果可能正是我国当前升学考试制度与“新课改”目标不够吻合所造成的。“新课改”要求教师关注学生的全面发展,而多数社会成员又极力强调学生的升学竞争。在这其中,主科教师面临的挑战更大。我们进一步在教师压力归因的4个因素上对主科、副科和艺术科教师进行方差分析。结果显示,主科教师在“新课改”的支持环境和“新课改”对教师的客观要求两个因素上与其他两科教师有明显差异,并且主科教师在这两个因素中的得分最高。这也对上述关于主科教师压力偏大的解释给予了必要的佐证。

3. 教师在班级的角色因素

“新课改”中,班主任与科任教师之间在压力上存在显著差异,并且班主任压力高于科任教师。笔者认为，这一结果首先与班主任的工作性质有密切的关系。班主任在学校中要充当更多的角色，担负更多的责任。在“新课改”中，班主任要依据“课改”的新理念和新标准不断调整和完善自身原有的各种角色。当社会或家长不理解“新课改”时，班主任还要充当“新课改”的宣传者，力图取得他们的理解和配合。其次，某些学校竞争式的评价体制增大了班主任在“新课改”中的压力。调查结果显示，90%以上教师认为“新课改”中上级部门或学校对教师教学效果的评价以竞争为主。学校内部竞争主要包括两大方面：任课教师教学成绩的竞争和班主任教师班级管理的竞争。这两方面的竞争都是班主任必须面对的。可见，班主任在学校面临的激烈竞争足以加大他们在“新课改”中的压力。另外，在“新课改”中，班主任的工作量要远远大于科任教师。他们一方面要完成正常的教学工作，另一方面还要组织各种班级特色活动，准备大量迎接上级部门检查的书面材料等等。过重的工作负担成为他们压力的又一来源。

五、结论

1. 统计结果表明，在“新课改”中，教师普遍面临着压力。

2. 因素分析结果显示，教师在“新课改”中的压力主要归因于4个方面：“新课改”的支持环境，教师应对“新课改”的个人能力，“新课改”对教师的客观要求和教师在“新课改”中的顾虑。

3. 处在1～3年教龄段的教师与处在4～6年教龄段、7～25教龄段的教师在“新课改”中的压力有显著差异，且前者低于后者。

4. 在“新课改”中，主科与副科、艺术科教师之间的压力存在显著差异，主科教师压力大于副科、艺术科教师。

5. 在“新课改”中，班主任与科任教师之间的压力存在显著差异，班主任的压力大于科任教师。

参考文献

一

1. 李秉德主编. 教育科学研究方法. 北京:人民教育出版社,1986
2. 瞿葆奎主编. 教育学文集 · 教育研究方法. 北京:人民教育出版社,1988
3. 裴娣娜. 教育研究方法导论. 合肥:安徽教育出版社,1994
4. 董奇. 心理与教育研究方法. 广州:广东教育出版社,1992
5. 王重鸣. 心理学研究方法. 北京:人民教育出版社,1990
6. 朱智贤等. 发展心理学研究方法. 北京:北京师范大学出版社,1991
7. 叶澜. 教育研究及其方法. 北京:中国科学出版社,1990
8. 何凡兴等编著. 社会调查与研究方法. 北京:红旗出版社,1991
9. (美)肯尼思,D. 贝利著,许真译. 现代社会研究方法. 上海:上海人民出版社,1986
10. 戴建中. 社会调查研究方法. 北京:人民出版社,1989
11. 吴定初. 教育科学研究概论. 成都:四川教育出版社,1992
12. 郝德元. 周谦编译. 教育科学研究方法. 北京:教育科学出版社,1990
13. 杨小微,刘卫华主编. 教育研究的理论与方法. 武汉:湖北教育出版社,1994
14. 陈震东. 教育科学研究法. 北京:人民教育出版社,1980
15. 宋虎平. 行动研究. 北京:教育科学出版社,2003
16. 王文科编译. 质的教育研究法. 台北:台湾师大书苑出版社,2000
17. 王文科. 教育研究方法. 台北:台湾五南图书出版公司,1987
18. 关达主编. 中小学教育科研. 成都:成都科技大学出版社,1993
19. 刘问岫. 教育科学研究方法与应用. 北京:北京大学出版社,1993
20. 吴靖,陈金赞编著. 实用教育科研指南. 北京:文化艺术出版社,1992
21. 韩金生,路冠英编著. 教育科学研究法. 石家庄:河北大学出版社,1992
22. 谢俊后主编. 教育科学研究方法基础 100 问. 天津:天津教育出版社,1992
23. 刘范等编. 儿童心理发展研究. 成都:四川教育学院资料编辑室印,1984
24. 黄希庭主编. 心理学实验指导. 北京:人民教育出版社,1988
25. 杨治良主编. 实验心理学. 上海:华东师范大学出版社,1990
26. 戴忠恒. 心理与教育测量. 上海:华东师范大学出版社,1987

27. 王汉澜编著. 教育统计学. 北京:教育科学出版社,1985
28. 李方著. 现代教育研究方法. 广州:广东高等教育出版社,2004
29. 王孝玲编著. 教育统计学. 上海:华东师范大学出版社,1991
30. 郭述平,王景英编著. 教育测量. 长春:东北师范大学出版社,1988
31. 谭炳煜编著. 怎样撰写科学论文. 沈阳:辽宁科学技术出版社,1982
32. 陈坚,金思辉主编. 教育科学情报与文献检索. 长春:吉林教育出版社,1988
33. 顾泠沅. 教学实验论. 北京:教育科学出版社,1994
34. 吴元梁. 科学方法论基础. 北京:中国社会科学出版社,1984
35. 陈桂生主编. 到中小学去研究教育——"教育行动研究"的尝试. 上海:华东师大出版社,2003
36. 赵祥麟,王承绪编译. 杜威教育论著选. 上海:华东师范大学出版社,1981
37. 宋乃庆,朱德全,彭智勇等著. 教育实验研究. 重庆:重庆出版社,2000
38. 王坚红. 学前儿童发展与教育科学研究方法. 北京:人民教育出版社,2003
39. 刘电芝. 教育与心理研究方法. 重庆:西南师范大学出版社,1997
40. 郑金洲等. 学校教育研究方法. 北京:教育科学出版社,2003
41. 陈向明. 质的研究方法与社会科学研究. 北京:教育科学出版社,2000
42. 丁念金. 研究方法的新进展. 北京:教育科学出版社,2004
43. 华国栋. 教育科研方法. 南京:南京大学出版社,2000
44. 韩建功. 课程改革中的教育科研方法. 北京:中央民族大学出版社,2004
45. 杨小微. 小学教育科学研究. 北京:北京师范大学出版社,1999
46. 陈向明,林小英. 如何成为质的研究者——质的研究方法的教与学. 北京:教育科学出版社,2004
47. 陈时见,俞妮亚主编. 边缘崛起——广西民族贫困地区妇女社区学习研究. 北京:接力出版社,2003
48. 吴永军. 课程社会学. 南京:南京师范大学出版社,1999

二

1. 柯兴. 我国教育科学研究的 10 年. 教育研究,1988(12)
2. 戴长河. 行动研究概述. 教育科学研究,1995(1)
3. 全国教育科学规划领导小组办公室. 我国教育科学学科科研现状与发展趋势调查报告. 教育研究,1995(9)
4. 张志远. 我国教育科学学科研究的动向与趋势. 教育评论,1995(5)
5. 褚洪启. 我国教育理论研究的反思与前瞻. 教育研究与实验,1995(4)
6. 董奇. 如何选择研究课题. 心理发展与教育,1989(2)
7. 董奇,夏勇. 10 年来我国儿童心理、教育心理学研究的内容分析. 心理发展与教育,1990(3)
8. 石绍华. 10 年来我国儿童发展教育心理学研究的发展趋势. 心理发展与教育,1990(3)

9. 吴增基. 不同社会群体的社会心理承受能力比较．社会心理研究，1995(2)

10. 刘电芝. 自然观察的几种方法与技巧．四川心理科学，1987(1)

11. 龙立荣. 论心理与教育研究中的抽样问题．心理学探新，1992(1)

12. 周国韬. 问卷调查法刍议．心理发展与教育，1990(1)

13. 刘电芝. 问卷设计中一些常见错误分析．四川心理科学，1989(1)

14. 刘电芝. 问卷调查法的编制技术．江西教育研究，1995(3)

15. 龙立荣. 心理学问卷调查中常见的几类问题分析．教育研究与实验，1994(4)

16. 金辉. 关于进一步提高教育经验总结科学水平的讨论，上海教育科研，1994(6)

17. 张声远. 经验总结的操作程序．上海教育科研，1992(6)

18. 杜殿坤编译. 关于总结先进经验的问题．上海教育科研，1992(3)

19. 张声远. 经验总结的几个理论问题．上海教育科研，1993(3)

20. 吴盘生. 略论比较方法与教育．教育研究，1992(3)

21. 李定仁. 谈谈教育科学研究中心的比较方法．教育研究，1987(1)

22. 商继宗，钱颖. 社会心理科学的比较研究方法．社会心理科学，1996(4)

23. 赵中建. 英国比较教育专业研究生培养的个案分析——以伦敦大学教育学院国际与比较教育系为例．比较教育研究，1995(3)

24. 朱源等. 中国科大第三期少年班学生追踪研究．全国第五届心理学学术会议文摘选集．中国心理学会编印．第 122～124 页。中国心理学会编印。

25. 张春燕等. 大学生体质现状调查与研究——来自中国青年政治学院的个案研究．中国青年政治学院学报，2005(2)

26. 陈志君等. 对一个早慧超常儿童的研究．西南师范大学学报(哲社版)，1991(4)

27. 裴娣娜. 教育实验的理论假设的构建与实验．教育研究与实验，1995(1)

28. 徐晓云. 教育理论和实践的生命力在于教育实验——国外教育实验研究发给我们的启示．教育理论与实验，1992(2)

29. 朱德全. 课堂教学评价的模糊性与模糊数学．中国高等教育评价，1997(1)

30. 王华容. 她为什么害怕上学？——对一个学习适应不良学生的个案分析．当代教育科学，2005(8)

31. 贺武华. 地方性升级院校的跨越式发展——以井冈山学院个案为例．职业技术教育，2005(7)

32. 刘磊等. 关于“新课改”中教师压力的调查研究．教育研究与实验，2004(3)

33. 王玲等. 高师生心理健康教育实验研究．心理科学，2000(3)

34. 郭慧珍. 近年来我国教育技术研究的内容分析．河南师范大学学报(哲学社会科学版)，2001(5)